RUMBO A LA LIBERTAD

ÁLVARO VARGAS LLOSA

RUMBO
a la
LIBERTAD

¿Por qué la izquierda
y el "neoliberalismo"
fracasan en América latina?

 Planeta

Vargas Llosa, Álvaro
    Rumbo a la libertad.- 1ª ed. – Buenos Aires : Planeta, 2004.
    344 p. ; 23x15 cm.

    ISBN 950-49-1257-5

    1. Ensayo Peruano I. Título
    CDD Pe864

Diseño de cubierta:
Departamento de Arte de Editorial Planeta

© Copyright © 2004 by Alvaro Vargas Llosa
Published by arrangement with Farrar, Straus and Giroux, LLC, New York

Derechos exclusivos de edición en castellano
reservados para todo el mundo:
© 2004, Grupo Editorial Planeta S.A.I.C.
Independencia 1668, C 1100 ABQ, Buenos Aires
www.editorialplaneta.com.ar

1ª edición: 6.000 ejemplares

ISBN 950-49-1257-5

Impreso en Grafinor S. A.,
Lamadrid 1576, Villa Ballester,
en el mes de agosto de 2004.

Hecho del depósito que prevé la ley 11.723
Impreso en la Argentina

Para Susana, Leandro y Aitana

The thing is, to outgrow governments; the people, left to themselves, don't act that way.

La cuestión es superar a los gobiernos; los pueblos, librados a sí mismos, no actúan de esa manera.

ALBERT J. NOCK, carta a Ruth Robinson,
11 de junio, 1915

Gratitudes

Una mañana de 2002, abandoné el Perú, mi país natal, forzado por una cacería política y eludiendo una espesa neblina. No era mi primer trato con el exilio, pero sí el más irónico: quienes se ensañaban conmigo y mi familia eran los mismos con los que había sumado esfuerzos para derrocar a una dictadura y que constituían el nuevo gobierno de la nación.

Un tiempo después, la recobrada libertad me condujo, a través de mi amigo Carlos Ball, a un improbable lugar: el Independent Institute, en la *East Bay* californiana, donde nunca había puesto los pies. Cuando David y Mary Theroux se interesaron por mí, aún no los conocía en persona pero ya sabía qué libro escribiría gracias a la invitación académica que me ofrecían. Hice una primera versión en inglés, que está por publicar la editorial neoyorquina Farrar, Straus & Giroux, y otra en español, que es la que el lector tiene en sus manos: ejercicio inédito para mí que no ha consistido tanto en escribir dos veces la misma obra como en escribir dos obras distintas que, sin embargo, son la misma.

La investigación que nutre este libro ha sido posible gracias al generoso patrocinio de Peter Howley y de la John Templeton Foundation y, en particular, al estímulo de David y Mary. Su devoción por la causa de la libertad ha sido una fuente de inspiración para mí.

Debo las gracias también a otras personas. Alex Tabarrok, William Ratliff y Lawrence Harrison, que tuvieron acceso al manuscrito original, hicieron sugerencias muy pertinentes. No menos atinados fueron los comentarios de Paul Elie y Kathryn Lewis, de Farrar, Straus & Giroux.

Sanjeev Saini me facilitó el acceso a innumerables libros y publicaciones periódicas.

Va también mi gratitud para los amigos del Independent Institute por su afecto y discreción, virtud, esta última, que valoro por encima de casi todas las otras.

Destaco el provechoso intercambio de ideas con el analista argentino Gabriel Gasave.

Por supuesto, ninguna de las personas mencionadas tiene responsabilidad por el contenido de este libro, del que soy único culpable.

A. V. Ll.

Introducción

Hace algunos años, el mundo creyó que América latina por fin despegaba[1]. Muchos latinoamericanos se engañaron también a sí mismos. La velocidad y el tamaño de las reformas que, bajo la pomposa etiqueta del "consenso de Washington"[2], tenían lugar desde el Río Grande hasta la Patagonia, en plena moda universal de los "mercados emergentes", convirtieron en delito capital predecir que se trataba de un nuevo cambio ilusorio, hijo de una historia rica en cambios ilusorios. Tres verbos de un castellano chirriante que eran también, se pensaba, la fórmula del desarrollo en tres tiempos —"estabilizar", "liberalizar", "privatizar"— pasaron a dominar el léxico público. El cuerno de la abundancia estaba a la vuelta de la esquina.

Hoy, pasado el vendaval, se comprueba que la frase que mejor describe el reciente ensayo de transición latinoamericana hacia el capitalismo y la democracia liberal es la que, en un contexto nada similar, Tomasi di Lampedusa colocó en boca de un personaje de su famosa novela: "Si queremos que todo siga como está, es preciso que todo cambie"[3].

[1] El término "América latina" es una creación de sociólogos franceses del siglo XIX, cuyo uso se ha extendido por todo el mundo, con excepción de España, donde se prefiere el término "Iberoamérica".

[2] La expresión "Consenso de Washington" la acuñó en 1990 el economista John Williamson del Institute for International Economics.

[3] *Se vogliamo che tutto rimanga com'è, bisogna che tutto cambi.* Giuseppe Tomasi di Lampedusa, *Il Gattopardo*, Milán, Feltrinelli, 1960, p. 42. *(T. del A.)*

Si derechas e izquierdas, socialistas y conservadores, planifi-
cadores sociales y campeones de la empresa privada se las habían arreglado a lo largo del tiempo, con engañosas oscilacio-
nes del péndulo ideológico, para fabricar más de 200 millones de
miserables en una América latina oprimida incluso bajo democracias que periódicamente hacían disminuir los horrores de las
dictaduras, ¿no era evidente el peligro de que esas reformas de-
sembocaran en una nueva recomposición de las elites y los intereses enfeudados al poder? Y cuando se quebrara el hechizo, ¿no
se abriría un abismo entre el latinoamericano común y sus líderes y gobiernos?

El nuevo milenio desnudó la realidad que casi nadie había
osado anticipar. La Argentina, hasta hace un siglo una de las doce naciones más prósperas, entró en estado de histeria colectiva
al desplomarse su economía y con ella varios gobiernos sucesivos, mientras seis de cada diez personas se veían en la incapacidad de atender urgencias básicas. El Brasil, la octava economía
del mundo, no pudo evitar que su moneda perdiese un 40% de
su valor en 2002, y una mayoría de sus desheredados, casi 60 millones de personas atrapadas en la pobreza, se entregaron a un
líder, el actual presidente de la República, que propagaba por entonces un mensaje de angustia y rencor contra la globalización.
Desde la impotencia, México, el socio orgulloso de los Estados
Unidos, vio sus negocios y empleos emigrar a China, mientras se
multiplicaban súbitamente las voces contra el "libre comercio"
de América del Norte y millones de seres sin nada que perder seguían arriesgándolo todo para cruzar la frontera, camino a una
nación traumada por la hostilidad internacional y obsesionada
por las amenazas a su seguridad. La Venezuela petrolera, tercer
abastecedor de los Estados Unidos, que hace medio siglo pasaba por próspera y cuya estabilidad democrática pareció un milagro a lo largo de casi toda la segunda mitad del siglo xx, se
abandonó a un conflicto interno feroz, bajo un gobierno autoritario que a lo largo de 2003 presidió una caída productiva de dos
dígitos. Colombia no tuvo tiempo para otra cosa que la guerra,
librada en todas las esquinas, contra el terrorismo y las drogas.
El nuevo gobierno del Perú, maltrecho por la corrupción, logró

la hazaña de convertirse en el más impopular de la historia, arrastrando a su paso el prestigio de las recién nacidas instituciones democráticas. En Bolivia, un jurásico cultivador de coca enemistado con Washington casi llega a Palacio Quemado, y el hombre que lo derrotó salvó por un pelo de la muerte poco después de asumir el mando, cuando las balas de quienes protestaban por un aumento de impuestos coordinado con el Fondo Monetario Internacional se abrieron paso hasta su despacho; meses después, otra revuelta lo hizo dimitir. En el Ecuador, como había ocurrido pocos años antes en Venezuela, un ex golpista uniformado ganó la batalla de las urnas.

El año 2003 devolvió algo de calma a países como la Argentina y el Brasil, pero la economía de América latina en su conjunto no registró ni siquiera un crecimiento del 2%. Los organismos internacionales empezaron a hablar de "media década perdida", evocando la famosa "década perdida" de los años 80[4]. En el 2004, el aumento de los precios de las materias primas ha permitido un repunte que nada tiene que ver con méritos reformistas.

¿Por qué debemos sorprendernos? De haber sido sensibles a la historia del continente, los reformistas y sus admiradores internacionales habrían recordado que en dos siglos de vida republicana hubo varios intentos de reforma: la condición para que este nuevo intento prosperase era entender por qué los anteriores fracasaron. De haber prestado atención a las causas del subdesarrollo y, de forma inversa, a aquello que hizo posible el éxito de las naciones de vanguardia, habrían advertido que lo intangible —la forma en que se organiza el poder, las reglas mediante las cuales la gente se relaciona entre sí y con quienes mandan, determinar si la ley es o no superior a la voluntad de los legisladores y si los derechos se asignan vertical u horizontalmente— es más importante que lo tangible: la inversión, la producción y el creci-

---

[4] El informe de la Comisión Económica para América Latina y el Caribe (CEPAL) que se refiere a la "media década perdida" se cita en *The Economist*. Véase "Wanted: A New Regional Agenda for Economic Growth", *The Economist*, 26 de abril, 2003, pp. 27-29.

miento son apenas manifestaciones exteriores del desarrollo. De
haber advertido mejor cómo se estaban traduciendo las reformas
en el llano, habrían aprendido que la mayor parte de las personas, ansiosas de poseer y comerciar, estaban siendo excluidas del
ámbito de las oportunidades, aun cuando por obra de los cambios ese ámbito se poblaba de nuevos beneficiarios y el capital iba
cambiando de manos, a veces de forma vertiginosa. De haber estado atentos a esa sociedad civil, amorfa y vibrante, nacida del
empeño de supervivencia de los inmigrantes rurales y de sus hijos en las principales ciudades —a través de asociaciones voluntarias que proveen los servicios sociales que el Estado es incapaz
de proveer—, habrían comprendido que los pobres requieren el
fin de la discriminación legal por parte de la autoridad política.
De haber anticipado la fatiga moral y espiritual que causa la de-
silusión entre los marginados cuando la esperanza es su único capital disponible, habrían advertido el peligro de que, a fuerza de
pisotear los derechos de los ciudadanos comunes, las repúblicas
latinoamericanas perdieran legitimidad: divorcio institucional
que en muchas partes del mundo, incluyendo la propia América
latina, redujo la coexistencia pacífica a cenizas en el pasado.

Las recientes reformas han tenido un efecto similar al que experimentan esos famosos cangrejos de la Florida, los *stone crabs*,
cuando son arrojados al agua con las patas amarradas, excepto
una, que, obligada a hacer todo el esfuerzo, se desarrolla hasta
convertirse en un espléndido y carnoso manjar a expensas del
resto del cuerpo.

Nada será tan útil para la liberación de América latina y de
otras naciones que comprender por qué estas últimas dos décadas de transformaciones políticas y económicas engordaron a
una elite a expensas del resto de la sociedad. Sólo entendiendo
por qué las democracias se comportan como dictaduras y las empresas privadas como burocracias gubernamentales, por qué las
leyes y las constituciones resultan una ficción y tantos ciudadanos malviven bajo climas hostiles a la ambición de crear, poseer,
comerciar y explotar las posibilidades de la condición humana,
saltará a la vista que el reciente intento de reforma de libre mercado estuvo plagado de amenazas desde el día en que comenzó.

El desarrollo económico, ¿es hijo de las instituciones o de la cultura? En otras palabras, ¿puede un país volverse próspero removiendo las trabas institucionales que entorpecen la acción de sus ciudadanos o debe, antes, transformar su cultura de modo que la reforma institucional se sostenga desde el punto de vista político y los miembros de la sociedad puedan responder a las nuevas oportunidades de forma adecuada? Lo único definitivo, en esta variante del dilema del huevo o la gallina, es que las instituciones y la cultura se necesitan y atraen. Excluir a cualquiera de estas opciones de una discusión en torno al desarrollo es una mutilación.

Si, con ánimo de síntesis, definimos a las instituciones como las reglas mediante las cuales los individuos se relacionan entre sí, y a la cultura como la trama de valores que informan la conducta humana, reformar las instituciones del subdesarrollo será inútil a menos que los individuos actúen de acuerdo con los valores que corresponden al nuevo ordenamiento, y los valores que orientan el comportamiento ciudadano no sufrirán modificación sustancial a menos que la nueva mentalidad tenga una correspondencia, en la vida diaria, con aquellos incentivos y recompensas que el cambio institucional hace posibles.

Los "culturalistas" creen que el apogeo de ciertos valores y creencias, en particular los que irradió la Reforma protestante, llevaron a Occidente a la prosperidad; que las instituciones políticas de la libertad no harán brotar el desarrollo a menos que estén precedidas por una transformación de la mente, y que es la cultura la que determina las opciones que hacen suyas las personas —políticas, económicas u otras— cuando son libres de escoger. Sostienen que, si no se da un cambio de valores, la conducta prevaleciente echará a perder o interrumpirá el progreso que resulte de las reformas institucionales, en el caso improbable de que éstas sean viables[5]. Por su parte, los "institucionalistas" creen

---

[5] La familia "culturalista", constituida por una amplia gama de puntos de vista diferentes y hasta ideologías encontradas, registra nombres como los de Max Weber, Albert J. Nock, Edward Banfield, Lucien Pye, Lawrence

que un ordenamiento social y político basado en los derechos de propiedad y en los contratos entre particulares explica el galope de Occidente a lomo de un capital en continuo crecimiento; que para que los habitantes de una nación subdesarrollada puedan realizar su potencial deben ser eliminadas las barreras institucionales contra la libertad, y que sólo mediante el sistema de incentivos que es la sociedad libre podrán los individuos acumular riqueza de generación en generación[6].

Los "institucionalistas" opinan, como afirma John Waterbury, que "la cultura modifica pero no determina" y que la cultura "no puede disociarse de instituciones que pudieran ellas mismas ser aculturales o extraculturales"[7]. Desde la otra orilla, y en palabras

---

E. Harrison, Francis Fukuyama y Mariano Grondona, para citar algunos. Véanse *The Protestant Ethic and the Spirit of Capitalism*, por Max Weber, Nueva York, Scribner, 1958; *Our Enemy, the State*, por Albert J. Nock, Nueva York, William Morrow & Company, 1935; *The Moral Basis of a Backward Society*, por Edward C. Banfield, Chicago, Free Press, 1958; *Asian Power and Politics: The Cultural Dimensions of Authority*, por Lucian W. Pye, Cambridge, Mas., Harvard University Press, 1985; *Underdevelopment is a State of Mind: The Latin American Case*, por Lawrence E. Harrison, Lanham, Md., Madison Books, 2000; *Trust: Social Virtues and the Creation of Prosperity*, por Francis Fukuyama, Nueva York, Free Press, 1995, y *Las condiciones culturales del desarrollo económico: hacia una teoría del desarrollo* por Mariano Grondona, Buenos Aires, Ariel-Planeta, 1999.

[6] Al igual que los "culturalistas", los "institucionalistas" conforman una familia heterogénea, con puntos de vista y hasta ideologías divergentes. Peter Bauer, Robert Dahl y Douglass North son algunos de los nombres de la lista. Véanse *The Economics of Underdeveloped Countries*, por Peter T. Bauer y Basil S. Yamey, Chicago, University of Chicago Press, 1957; *Polyarchy: Participation and Opposition*, por Robert A. Dahl, New Haven, Yale University Press, 1971; e *Institutions, Institutional Change and Economic Development*, por Douglass C. North, Cambridge (RU), Nueva York, Cambridge University Press, 1990.

[7] La frase se cita en "Development and Civil Society in Latin America and Asia", por William Ratliff, *The Annals of the American Academy*, septiembre, 1999, p. 98. La cita original figura en *Exposed to Innumerable Delusions: Public Enterprise and State Power in Egypt, India, Mexico and Turkey*, por John Waterbury, Nueva York, Cambridge University Press, 1993.

de Daniel Etounga-Manguelle, para los "culturalistas" la cultura
es la madre y las instituciones sus hijos[8] (incluso para Tocqueville "se atribuye demasiada importancia a la legislación, muy poca a las costumbres"[9]). Según de qué "bando" hablemos, se da un
énfasis preponderante a la cultura o a las instituciones.

Hay ejemplos suficientes para justificar ambas visiones. Parece estar fuera de duda que el espíritu puritano ayudó a formar
muchas de las instituciones del capitalismo. Pero no es menos
cierto que ya hervía un capitalismo emprendedor en el norte de
Italia mucho antes de la Reforma y que, gracias a la relativa libertad de que gozaron, los miembros de la civilización sarracena
ya estaban empeñados en descubrimientos científicos y practicaban un vibrante comercio cuando la mayor parte del Occidente europeo dormía su noche medieval. Es verdad que la tradición
íbero-católica pesa como un muerto sobre el desarrollo latinoamericano, pero no es menos real que, a diferencia de América latina, hace buen rato que los países que nos legaron esa cultura,
España y Portugal, dejaron atrás el subdesarrollo. La herencia
ibérica ha jugado un papel evidente en el subdesarrollo de Cuba
(que siguió siendo española durante todo el siglo XIX), pero los
inmigrantes cubanos se han adaptado con éxito y rapidez a las
instituciones de los Estados Unidos. Los mismos valores confu-
cianos que explican, a ojos de muchos, el capital social sobre el
que reposa el reciente desarrollo del Asia oriental estaban presentes en aquella parte del mundo antes de los años '60, en pleno subdesarrollo.

Viendo las cosas, sin embargo, desde el otro lado, ¿no es probable, acaso, que una tradición alérgica a la tolerancia haya cons-
pirado contra las reformas liberales del siglo XIX en las turbulen-

---

[8] Daniel Etounga-Manguelle. "Does Africa Need a Cultural Adjustment
Program", en *Culture Matters: How Values Shape Human Progress*, editado
por Lawrence E. Harrison y Samuel P. Huntington, Nueva York, Basic
Books, 2000, p. 75.

[9] Alexis de Tocqueville, *Democracy in America*, Nueva York, Alfred A.
Knopf, 1994, p. 322.

tas comarcas de América latina, convirtiéndolas en lo contrario
de lo que presumían ser[10]? ¿De qué serviría modificar las instituciones que hacen del gobierno un instrumento de privilegio y explotación si esos cambios fuesen a ser revertidos por una cultura renuente a trocar la seguridad de una situación dada, aun la
más adversa, por las incertidumbres y reajustes del libre albe-
drío? Eso mismo le ocurrió a la Argentina, después de casi medio siglo de libre mercado, cuando eligió, a partir de fines de los
años '20, la vía contraria. El crecimiento no podría sostenerse si,
una vez liberada la capacidad productiva de un país de los apre-
mios institucionales que la oprimen, los ciudadanos de ese país,
ajenos a la idea del ahorro y la inversión de largo plazo, prefirie-
sen dilapidar sus excedentes.

En cualquier caso, la libertad nunca se gana del todo y para
siempre. En los Estados Unidos —donde el Estado creció mucho
a lo largo del siglo XX— la cultura individualista (gobierno limitado, trabajo productivo, responsabilidad personal) nunca desplazó del todo, en la tierra de la libre empresa, a ese instinto que
se ampara en el poder coactivo de la autoridad para apropiarse
de la riqueza ajena, supuesto rasgo cultural de la América latina
subdesarrollada. Esto indicaría que la cultura individualista es
reversible, como lo pueden ser las reformas institucionales no
precedidas por un cambio cultural. Se constata que la causa de
la libertad no conoce fechas límite.

Este libro ensaya la respuesta a una pregunta central: ¿Por
qué las reformas de mercado de fines del siglo XX, festejadas en
su día como modelos para los países subdesarrollados, han fracasado en América latina? Empleo, para responder, una perspectiva a un tiempo "culturalista" e "institucionalista". El énfasis varía según el asunto tratado. La propuesta final —una reforma
distinta y radical— es en última instancia institucional, porque
postergar la eliminación de las causas inmediatas de la opresión

---

[10] A lo largo de este libro, la palabra "liberal" se emplea —a menos que
el contexto indique algo distinto— en su sentido clásico, referido a las ideas
de libre comercio y gobierno limitado.

hasta que los valores adecuados impregnen la mente latinoamericana nos condenará a la impotencia y cederá espacios a la tentación de usar esos mismos instrumentos de opresión para forzar el cambio cultural. Bajo un clima institucional libre, se materializará un sistema de oportunidades y recompensas, amigo de aquellos instintos humanos —la supervivencia y la cooperación social como vía de superación personal— que asoman en muy diversas culturas junto con impulsos menos civilizados. Pero, desde luego, la cultura no está ausente de una propuesta que sitúa en las opciones de la sociedad libre, en lugar de hacerlo en la imposición del Estado, la responsabilidad de crear un nuevo sistema de valores.

La PRIMERA PARTE explora el fracaso latinoamericano desde la noche de los tiempos hasta hoy. Los primeros dos capítulos rastrean el largo itinerario de lo que llamo "los cinco principios de la opresión" en América latina, desde la antigüedad hasta fines del siglo XX, cuya perdurabilidad explica en gran parte por qué las reformas recientes se frustraron: corporativismo, mercantilismo de Estado, privilegio, transferencia de riqueza y ley política. Estos cinco principios de gobierno son precisamente los que una futura y verdadera reforma deberá derrotar. El tercer capítulo, que cierra la primera parte del libro, echa una mirada a la forma a menudo involuntaria, pero a veces intencional, en que las naciones de avanzada, en particular los Estados Unidos, han promovido a lo largo del hemisferio occidental valores opuestos a aquellos que explican su propio éxito.

La SEGUNDA PARTE se pregunta qué hizo posible la prosperidad de otras regiones y qué hay de rescatable en América latina. El cuarto capítulo explora las razones por las cuales ciertos países occidentales prosperaron en poco tiempo, mientras que otros escogían la vía contraria. El quinto capítulo, que cierra la segunda parte del libro, rescata lo que llama una "tradición liberal" de América latina, que, aunque vencida por la otra, la de los cinco principios de la opresión, indica que otro pudo ser el cantar en nuestras tierras.

La TERCERA PARTE se zambulle de lleno en todos los aspectos de las reformas realizadas. Los cuatro capítulos que forman la tercera parte abordan la llamada "revolución capitalista" de América latina, con sus masivas privatizaciones, su reforma monetaria, fiscal, tributaria, comercial, financiera y laboral, y el nuevo trato dado a la inversión. Despuntó en Chile en la década de 1970, brincó a México en la década de 1980, se apoderó del resto del continente en los años '90 y murió cuando nacía el nuevo milenio. En vista de que los cambios ocurridos se hacen eco, en cierta forma, de experimentos anteriores, un repaso a las falsas reformas liberales del pasado sirve de punto de apoyo para la crítica de este nuevo ensayo, de más envergadura, y nos recuerda la persistencia de esos cinco principios de la opresión que ya antes habían desfigurado toda tentativa reformista y perpetuado aquello que se pretendía revertir. Es una antigua paradoja, confirmada en las últimas dos décadas, que estos capítulos diseccionan. Este tramo del libro se cierra con una exploración del abismo moral y cultural en el que se han precipitado los latinoamericanos ante el despojo de sus derechos individuales por parte de las instituciones del expolio y la opresión. Se trata del saldo doloroso que arroja la sucesión de reformas ilusorias entre ciudadanos de toda condición.

El décimo y último capítulo —la CUARTA PARTE— es un llamado a la acción. Este libro quisiera contribuir a disipar algo del cinismo que se embosca en los pronósticos sobre el mundo subdesarrollado. Se cierra, por tanto, con una propuesta de reforma a partir de unos principios de gobierno que van en sentido diametralmente opuesto a la experiencia reciente. Ella no esconde su vocación de asalto al sistema político para transferir el poder al individuo sin condiciones ni regateos, en todas las esferas de la acción humana. Ofrece una reivindicación institucional de los modos y usos creativos de las víctimas del sistema imperante, una transformación del papel que juegan los tribunales de justicia, y una transición responsable para aquellos que dependen en mucho o en todo del actual estado de cosas. Los cambios propuestos —equivalentes en el fondo a un ejercicio de humildad por parte de los responsables políticos— apuntan a una sociedad libre y ética.

PRIMERA PARTE

LO QUE FALLÓ

I. Los cinco principios de la opresión

Si no se contara con más elementos de juicio, bastaría la historia de América latina para dar crédito a la teoría de que la fuerza bruta, mediante la conquista y la expropiación, fue el origen del Estado[11]. En la larga historia de lo que hoy se conoce como América latina, con prescindencia de cuántos períodos de rutina pacífica, descentralizada y confinada en los clanes uno pueda rastrear, el expolio de los más a manos de unos pocos —la imposición de una clase particular de personas sobre el mayor número— es un patrón recurrente. No puede descartarse que los Estados prehistóricos hayan sido el resultado del consentimiento y el interés propio por parte de quienes vivían bajo sus reglas, pero en ese caso algo nunca antes dilucidado tendría que explicar cómo y por qué el Estado pasó de ser un ente inofensivo a convertirse en la maquinaria de explotación encarnada en los cacicazgos, reinos e imperios de los últimos seis mil años. Al igual que en los asientos de otras civilizaciones anti-

---

[11] Aunque Herbert Spencer analizó el rol de la guerra en la formación del Estado, se suele identificar a Ludwig Gumplowicz y Franz Oppenheimer como los primeros en desarrollar una teoría de la conquista y el expolio. Véanse *Principles of Sociology*, por Herbert Spencer, Nueva York, Appleton, 1986-1987; *La Lutte des Races Sociales, Recherches Sociologiques*, por Ludwig Gumplowicz, París, Guillaumin, 1893 (traducido del alemán: *Der Rassenkampf: Sociologische Untersuchungen*, Innsbruck, Wagner'sche Univ. Buchhandlung, 1883), y *The State: Its History and Development Viewed Sociologically*, por Franz Oppenheimer, Nueva York, Vanguard Press, 1926.

guas, como Mesopotamia, Egipto o la China, al parecer en los valles de México y el Perú, en aquellos lugares donde las barreras naturales hacían imposible que el bando perdedor de una guerra escapara a otras tierras cultivables, la dominación política de los grupos más fuertes desembocó en formas incipientes de Estado. En espacios más abiertos, es probable que los perdedores se vieran obligados a subordinarse en lugar de emigrar por el hecho de que los recursos estaban concentrados en un área determinada o porque estaban rodeados por otras poblaciones. Los subordinados estaban obligados a producir un excedente para pagar impuestos, mientras que aquellos que ejercían el poder, desembarazados de la necesidad de trabajar para subsistir, se constituían en la clase gobernante. Con el tiempo, algunos cacicazgos crecieron, conquistando a otros. En la práctica, se volvieron Estados capaces de imponer trabajos forzados, tributos y levas masivas, y de aplicar sus leyes[12]. La secuencia de hechos no fue lineal, ni los Estados surgieron de manera simultánea en cada región. Mientras se formaban Estados en otras áreas, ciertas comunidades pacíficas subsistieron en algunos lugares[13].

Pero el Estado había nacido: su tendencia era crecer y durar. Fueron expresiones máximas de poder estatal las ciudades-Estado de los mayas en el sur de México y América Central, entre los

---

[12] Véase "A Theory of the Origin of the State", por Robert L. Carneiro, en *The Politicization of Society*, editado por Kenneth S. Templeton, Jr., Indianápolis, Liberty Press, 1979, pp. 37-51.

[13] Los arqueólogos han determinado recientemente que la ciudad de Caral, erigida en el año 2627 de la era precristiana y ubicada en el valle de Supe, en el Perú, es el yacimiento arqueológico más antiguo de las Américas. Parece que vivió del intercambio y no de la guerra, según lo indica la ausencia de armas, restos mutilados y parapetos. Los habitantes realizaban a cabo un comercio con las comunidades costeras, intercambiando algodón y frutos por alimentos. Véase "Dating Caral, a Preceramic Site in the Supe Valley on the Central Coast of Peru", por Ruth Shady Solís, Jonathan Haas y Winifred Creamer, *Science*, vol. 292, 27 de abril, 2001, pp. 723-726.

siglos III y IX d.C., y, más tarde, los imperios azteca e inca en México y el Perú[14].

Los templos mayas de Tikal, las pirámides aztecas y las fortalezas incas de Machu Pichu o Sacsahuamán nos hablan de cierta grandeza cultural. Admiramos la forma en que los mayas se dieron a la agricultura intensiva cavando acequias y canales para controlar el flujo del agua, o la capacidad de los aztecas para construir acueductos y puentes levadizos, o los andenes con que los incas superaron la dificultad de retener el agua en una geografía montañosa en la que era escasa la tierra plana. Conocemos con asombro los excedentes de maíz que producían los mayas y los que generaban en mayor escala los incas, que almacenaban grandes cantidades de comida con una precaución de la que ha carecido, luego, la cultura fiscal de América latina. Y, sin embargo, tendemos a dejar de lado dos verdades que ensombrecen estos mismos símbolos de éxito: que ellos fueron el resultado del colectivismo, de sistemas mediante los cuales el poder político organizó a la población como rebaños de ovejas, y de una depredadora redistribución de recursos, como ocurrió contemporáneamente con el imperio soviético, capaz de concentrar su energía en un vasto complejo militar al tiempo que condenaba a la inmensa mayoría de la población a la mera subsistencia, dejando poco espacio para empeños menos colectivos.

[14] El término "incas" viene de la palabra "inca", referida al jefe de los quechuas en el valle del Cuzco, pero se utiliza, por extensión, para referirse a la civilización en su conjunto. El término "aztecas" se acuñó después de la conquista de México. Antes de la conquista, el término "nahua" hubiera sido el más apropiado, pues designaba a varios grupos del valle de México, entre los cuales predominaron los mexicas. La triple alianza de los mexicas, los acolhuas y los tepanecas hizo posible una formidable expansión que desbordó el valle a gran escala. Numerosas alianzas así como tribus subordinadas constituyeron lo que se conoce como el Imperio Azteca, una organización menos totalizadora, centralmente controlada e "imperial" que la de los incas.

La opresión indígena

Se puede distinguir, a partir de aquellas civilizaciones antiguas y aceptando diferencias de grado, cinco principios de organización social, económica y política que oprimían al individuo: las llamaré corporativismo, mercantilismo de Estado, privilegio, transferencia de riqueza y ley política. El Estado expresaba una visión corporativista de la sociedad porque sus leyes y su poder no se relacionaban con los individuos sino con los grupos, en virtud de la función que cada cual cumplía. La maquinaria del Estado no era una entidad diseñada para servir al pueblo: exigía, más bien, de la plebe, la vasta mayoría, el esfuerzo de sostenerlo y agrandarlo. El privilegio gobernaba la relación entre las diferentes "corporaciones" de la sociedad, y entre ellas y el Estado. Consecuencia de esa institución era el principio económico de la transferencia de riqueza de abajo hacia arriba. Finalmente, la naturaleza sagrada de la autoridad, encarnada en un gobernante supremo, descendiente de los dioses o figura mítica, convertía a la ley emanada del Estado en una verdad no negociable ni impugnable. Estos cinco principios —corporativismo, mercantilismo de Estado, privilegio, transferencia de riqueza y ley política— fueron los grandes enemigos del individuo en tiempos precolombinos. Como veremos luego, su perdurabilidad ha sido trágica.

Una persona no era una persona. Él o ella eran piezas de un mecanismo superior. La persona existía sólo en la medida en que pertenecía a una colectividad. El noble difería del sacerdote, el sacerdote del guerrero, el guerrero del artesano, el artesano del campesino y el campesino del esclavo. La mayoría labraba la tierra: su función consistía en producir alimentos; en ciertos lugares, como ocurría por ejemplo en el incario, trabajaban asimismo en las minas, y en las zonas costeras o lacustres, pescaban. Las mujeres, que también labraban la tierra, elaboraban tejidos. Pero no sólo la plebe ejercía una función. Los nobles organizaban y formaban parte de la burocracia, y administraban el imperio o el reino; los sacerdotes, variante de la nobleza, se ocupaban de la religión. Todo el tejido social estaba compuesto de colectividades que ejercían funciones, aun si la "corporación" más desamparada la formaban, como en el centro de México, clanes familiares que trabajaban sus respectivos lotes de tierra común.

Así operaba el principio del corporativismo.

La población no producía para sí misma sino para el mantenimiento de una entidad, el Estado, que ejercía poder sobre ella. No trabajaba para subsistir: subsistía para trabajar en favor del Estado. Mediante tributos y la obligación de prestar servicios personales, el gobierno, que no era distinto del Estado, vampirizaba su capacidad de producir. El Estado se apoderaba de los excedentes que superaban el nivel de subsistencia, ya fuese en la forma de productos o de horas trabajadas. El rey maya que atosigaba a sus súbditos con impuestos, la capital azteca de Tenochtitlán que exigía tributos a decenas de provincias aledañas o el inca que forzaba a los campesinos a labrar los campos del Estado, eran manifestaciones diversas de un mismo principio: el mercantilismo de Estado. Aun dentro de una misma area geográfica, como la zona central de México, el principio podía desplegarse de varias formas. El Estado tarasco era más parecido a la estructura totalitaria del Estado inca que al esquema de los aztecas, quienes respetaban más la autonomía local.

En el caso de los incas, el sistema era particularmente sofisticado. El gobierno dividía la tierra en tres partes. Una parte, de pobre calidad y de un tamaño calculado para mantenerla con vida y nada más, se daba a la gente común, que la cultivaba de acuerdo con las costumbres de su comunidad. Las otras dos estaban reservabas para el Estado y para actividades religiosas. El *kuraka* o cacique local era el encargado de hacer cumplir las obligaciones de la comunidad, como la de trabajar en las propiedades del Estado[15]. Cada año, para evitar desigualdades de-

---

[15] John Murra, "Social, Structural and Economic Themes" y "On Inca Political Structure", en *Systems of Political Control and Bureaucracy in Human Societies*, editado por Vern F. Ray, Seattle, American Ethnological Society, 1958, p. 34.

rivadas de las diferencias en la productividad, la tierra se redistribuía de modo que la población pasaba a trabajar en nuevas parcelas. El inca decidía qué obras públicas eran necesarias a lo largo y ancho del territorio, y los ingenieros del Estado movilizaban a la población para construir los andenes y canales, las fortalezas y los templos. Con cada nueva conquista, se reubicaba a la población por la fuerza para dislocar las lealtades tradicionales de la comunidad y acentuar la dependencia con respecto al Estado[16].

Entre los aztecas, el código de Moctezuma reglamentaba la vestimenta mediante implacables restricciones, así como los incas reglamentaban el agua, la madera y el uso de los animales. Inclusive en aquellas áreas en las que el Estado azteca concedía ciertos espacios, como era el caso de los comerciantes que administraban el mercado de Tlatelolco, el monto de los tributos que extraía y su interferencia política en la conducción de los asuntos reducía de forma considerable las posibilidades de crecimiento y mejora.

Así operaba el principio del mercantilismo de Estado.

La tercera y la cuarta característica de la antigua América —los principios del privilegio y de la transferencia de riqueza— se vinculaban entre sí de forma íntima. El privilegio de ser noble era hereditario, por supuesto. Los nobles gozaban de muchos beneficios aparte del trabajo y los tributos de la población. Los nobles aztecas podían llevar ropa de algodón y joyas, beber cocoa y comer alimentos suntuarios, o usar esclavos como animales de carga; tenían inclusive sus propios tribunales de justicia. En el mundo de los incas, sólo los nobles podían educarse. Ellos también gozaban de derechos exclusivos en cuanto a vestimenta y joyería. Desde el sistema económico hasta los signos ornamentales, todo estaba diseñado para distinguir a la clase noble de la mayoría de la gente. No era tanto un privilegio feudal como un privilegio santificado por una autoridad central: el Estado. El Es-

---

[16] Luis E. Valcárcel, *Historia del Perú Antiguo*, 3 vols., Lima, Editorial Juan Mejía Baca, 1964, vol. 1, pp. 44, 131, 555.

tado protegía a la clase noble, que también pertenecía a él porque administraba el imperio burocrático y, a través de la red de sacerdotes, controlaba la religión, que era oficial.

Así operaba el principio del privilegio.

Los nobles constituían una minoría privilegiada que se beneficiaba de los tributos de la población y de los servicios personales que ésta les prestaba. La plebe les pagaba tributos y les prestaba servicios en algunos casos en régimen de esclavitud, pero por la mayor parte produciendo bienes para ellos. En el imperio azteca, el Estado garantizaba a los nobles el derecho a la tierra, el trabajo y los tributos, confiriéndoles el control de las propiedades y de quienes trabajaban para ellos[17]. De ese modo se redistribuía la riqueza, bajo la forma de bienes o de servicios, hacia el escalón superior de la sociedad. La maquinaria que llamamos Estado era la encargada de aplicar el sistema.

Así operaba el principio de la transferencia de riqueza.

El rey o emperador descendía de los dioses, o estaba emparentado con ellos, lo que nimbaba su mando de autoridad absoluta. El derecho era una prolongación del rey: no un ideal contra el cual se debían medir las leyes y normas del poder, ni una emanación de instituciones y costumbres vivas que evolucionaban con la sociedad, sino una encarnación de la divinidad en la forma de la voluntad todopoderosa del gobernante[18]. La ley y la voluntad del poder eran una misma cosa. Como se creía, por ejemplo, que el inca descendía del sol, su imperio, heliocéntrica constelación de astros, giraba alrededor de la voluntad del emperador-sol.

La legitimidad que el mito confería al jefe del Estado y su corte era tal que el Estado podía reescribir la historia y decretar verdades oficiales. Tanto los aztecas como los incas practicaban el

---

[17] Michael D. Coe and Rex Koontz, *Mexico: From the Olmecs to the Aztecs*, 5ª edición, Londres, Thames & Hudson, 2002, p. 195.

[18] Dicho sea de paso, los tribunales reales, tanto de los aztecas como de los incas, tenían fama de justos; el homicidio, el robo, el adulterio y la ebriedad se castigaban severamente.

sutil arte de recomponer la historia de modo que el pasado también pudiera consustanciarse con el deseo del gobernante supremo. Si el soberano tenía poder sobre la verdad, lo tenía sobre la vida. Es por eso que los mayas y los aztecas practicaban el sacrificio humano a gran escala (los incas, que cometían crueldades con los pueblos conquistados, no ejercían el sacrificio humano de forma ritual).

Así operaba el principio de la ley política, quinto principio de la opresión.

Los cinco principios de organización del poder en la antigua América configuran un Estado mediante el cual una clase de hombres explotaba a otros hombres para satisfacer sus deseos. Tomando prestada la definición de Franz Oppenheimer, puede concluirse que ellos significaban el uso de medios "políticos" —es decir, de la la depredación— en lugar de medios "económicos" —es decir, de la producción y el intercambio— para sostener la vida[19].

La opresión ibérica

En España y Portugal, los países que conquistaron lo que hoy se conoce como América latina, los cinco principios de la opresión también se confabularon para someter al espíritu individual. Se consolidaron con el surgimiento, en el siglo XV, de una monarquía unificada y centralista que, al mando de los Austria, dominó buena parte de Europa. En aquel mundo, los derechos y libertades eran corporativos, no individuales[20]. Bajo el título de *fueros*, los reinos regionales habían concedido muchas libertades o derechos a numerosos grupos, incluidas corporaciones municipales, órdenes religiosas y militares, y guildas que representaban activi-

---

[19] Franz Oppenheimer, *The State: Its History and Development Viewed Sociologically*, Nueva York, Free Life Editions, 1975, pp. 12-13.

[20] Howard J. Wiarda, *The Soul of Latin America*, New Haven, Yale University Press, 2001, pp. 61-64.

dades económicas[21]. La monarquía unificada sistematizó la tradición de no otorgar derechos universales y horizontales que abarcaran a todos los estratos sociales y, en su lugar, de negociar concesiones muy específicas para ciertos grupos, de acuerdo con la dignidad o reconocimiento que el Estado quisiera prestarles. Este sistema, que veía el mundo no como una sociedad de personas sino de funciones, facilitaba el retiro de los derechos y libertades parcialmente otorgadas, según fuese necesario, a un costo mínimo, porque la pérdida de un grupo podía ser la ganancia de otro; en ningún momento se daba el descontento simultáneo de todos. También mantenía a las varias corporaciones de la sociedad en competencia por obtener concesiones del Estado.

Antes de la unificación, todos los cuerpos consultivos o representativos, incluidas las asambleas o *cortes*, de los reinos regionales habían estado formados por delegados de grupos escogidos por los reyes para negociar entendimientos. Al cerrarse el siglo xv, la monarquía unificada reprodujo a escala nacional una tradición corporativista que ya existía a nivel local en los territorios reconquistados de manos de los sarracenos[22]. Cuando, en el siglo xvi, España y Portugal conquistaron América Central, América del Sur y parte de América del Norte, la península vivía el apogeo de esa larga tradición corporativista que había colocado un apretado corsé alrededor del espíritu individual.

Así operaba el principio del corporativismo en la Península Ibérica.

[21] Clarence H. Haring resalta los contrastes entre Castilla y Aragón, los dos reinos unificados bajo Isabel y Fernando. Aragón tenía un gobierno más limitado y una mayor tradición de derechos individuales. En Castilla, las ciudades habían gozado de una cierta autonomía, arruinada luego por las guerras entre ellos, y entre ellos y la aristocracia, ella misma enemistada, a su vez y de forma permanente, con la Corona. El absolutismo se empinó por encima de aquel caos para imponer el orden del Estado central. Véase *The Spanish Empire in America*, por Clarence H. Haring, Nueva York, Harcourt, 1963, p. 2.

[22] Desde 1248, los sarracenos habían estado circunscritos a Granada. Fueron expulsados en 1492.

El Estado nacional surgió en España más o menos al mismo tiempo que los europeos descubrían el Nuevo Mundo. Tan pronto se consolidó, se abocó a la ambición de sostenerse y crecer. De inmediato, el Estado comenzó a echar mano de la riqueza social. Sus ingresos fiscales, preocupación obsesiva desde el primer instante, crecieron más de veinte veces en cuestión de tres décadas[23], lo que dejaba muy en claro que los recursos del país iban a ser destinados a satisfacer a esta nueva entidad, que había adquirido una vida propia, independiente de las necesidades de la gente sobre la cual gobernaba. El Estado asumió connotaciones místicas, un alma "nacional", algo que superaba el tipo de relación contractual que, aun siendo desigual, habían mantenido antes los pequeños reinos y los grupos emergentes entre los cuales se fragmentaban las diversas comunidades. Ahora el poder orientaba a toda la sociedad en función del objetivo de mantener al Estado, que imantaba los recursos económicos hacia su esfera[24].

Como consecuencia de la rapacidad de un Estado constantemente envuelto en toda suerte de cruzadas militares y religiosas a lo largo del continente, se planteó un conflicto decisivo entre la necesidad fiscal y los derechos de propiedad. La víctima privilegiada de este enfrentamiento fue el individuo. El Estado decidió que, o bien los individuos y los diferentes grupos se enriquecían y el Estado perecía, o se enriquecían el Estado y sus satélites, y la sociedad pagaba la factura.

Los dueños del Estado eran conscientes de que no podían esquilmar a todos los grupos todo el tiempo. Para procurarse el dinero, optaron por beneficiar a aquellos intereses que podían suministrarle ingresos fiscales inmediatos, a expensas de los otros. No es cierto que no existían derechos de propiedad o una economía privada, como se ha sostenido con frecuencia, generándose,

---

[23] Douglass North y Robert Paul Thomas, *The Rise of the Western World*, Cambridge (RU), Cambridge University Press, 1973, p. 86.

[24] Clarence H. Haring, *The Spanish Empire in America*, Nueva York, Oxford University Press, 1947, p. 6.

con ello, un malentendido con respecto al sistema que pronto España y Portugal trasplantaron a América. Ambas cosas existían, pero el Estado las consideraba un mecanismo de subasta mediante el cual beneficiaba con una concesión exclusiva al grupo o los grupos con mayor capacidad para satisfacer sus necesidades. Los derechos de propiedad exclusivos de determinada corporación eran el precio que el Estado estaba dispuesto a hacer pagar a otros grupos para obtener riqueza.

Entre las distintas guildas, la de los pastores de ovejas, principal fuente de recaudación fiscal dentro de España, era la reina. La crianza de ovejas y la producción de lana constituían la industria por excelencia. Para poder, en los meses del otoño y el invierno, conducir a sus rebaños desde las áreas frías, en el Norte, hasta las cálidas, en el Sur, los miembros de la guilda conocida como *la Mesta* obtenían sus derechos de manos del gobierno. Era un caso perfecto de derechos corporativos que suplantan derechos individuales: se violaba la propiedad privada —y con ello la posibilidad de expandir la agricultura en una época de población creciente—, pues, gracias a la potestad conferida a los pastores, las ovejas migrantes podían invadir y pisotear las tierras que encontraban a su paso[25].

Bajo el Estado-nación y fruto de su rapacidad fiscal, los derechos de propiedad eran una transacción mercantil entre la autoridad central y los grupos particulares, a una escala muy superior a la que había tenido lugar en suelo ibérico previamente. Estas transacciones nunca bastaban para pagar lo que el Estado costaba. Se hacían necesarias, pues, fórmulas complementarias: impuestos a las ventas, tributos religiosos y otros más. Cuando los derechos de propiedad selectivos y los impuestos no fueron suficientes, el Estado expropió directamente riqueza privada.

---

[25] Douglass North y Robert Paul Thomas, *The Rise of the Western World: A New Economic History*, Cambridge (RU), Cambridge University Press, 1973, pp. 85-88.

Así operaba el principio del mercantilismo de Estado en la Península Ibérica[26].

Los otros tres rasgos característicos de las potencias ibéricas de la Conquista —aparte del corporativismo y el mercantilismo de Estado— tenían vínculos umbilicales con el sistema descrito. El privilegio, la transferencia de riqueza y la ley política eran consustanciales a él. El Estado pasó a ser un dispensador de privilegio. La tradición estoica romana de la "dádiva" había cobrado, en la España medieval, la forma del clientelismo de Estado. La nueva entidad, dotada de autoridad suprema, institucionalizó esa práctica. Las encomiendas, cupos de siervos que el Estado concedía a aquellos a quienes quería recompensar por sus victorias militares u otras razones, eran un perfecto símbolo de privilegio[27]. Dicho símbolo reflejaba la idea predominante acerca de la riqueza: ella no se debía producir sino acaparar a partir del trabajo de otros, obteniéndose así un estatus. Producir riqueza mediante el trabajo y el comercio era degradante. Los beneficiarios militares, religiosos y burocráticos de este sistema formaban la casta privilegiada. Muchos accedían, por supuesto, a la nobleza.

Así operaba el principio del privilegio en la Península Ibérica.

Era inevitable que bajo un sistema como aquél se diera una transferencia de riqueza de abajo hacia arriba. Si los que estaban arriba no producían la riqueza, correspondía a los de abajo hacerlo. Hemos visto cómo la riqueza gravitaba hacia el Es-

---

[26] La voracidad del Estado creció, desde luego, con las colonias del Nuevo Mundo. A pesar de recibir remesas enormes de sus colonias europeas, como los Países Bajos, y de las transatlánticas, como México y el Perú, la monarquía española se encontraba desfinanciada de manera crónica. Clarence H. Haring sostiene que, por no haber desarrollado el "tipo económico", España fue incapaz de beneficiarse de la riqueza de su imperio colonial, que se volvió un pasivo. Véase *The Spanish Empire in America*, por Clarence H. Haring, Nueva York, Oxford University Press, 1947, pp. 28-29.

[27] Robert G. Keith, *"Encomienda, Hacienda* and *Corregimiento* in Spanish America: A Structural Analysis", *Hispanic American Historical Review*, 51:3, agosto 1971.

tado a través de varios mecanismos, desde los derechos de propiedad excluyentes hasta los impuestos o la expropiación directa. Una vez que la riqueza fluía desde los productores hacia el Estado, era dirigida hacia los distintos compromisos del poder, uno de los cuales consistía en mantener a una clase privilegiada a cambio de ciertos servicios, incluidos los militares y religiosos. El Estado transfería riqueza de abajo hacia arriba a través de la mano de obra que trabajaba directamente en beneficio de los privilegiados labrando sus vastas tierras, o por la vía indirecta, mediante atosigantes cargas impositivas sobre los demás campesinos, los comerciantes y los que cumplían oficios urbanos. Pero había otras formas, menos intencionales, de redistribución. Una de ellas era la inflación, causada por la moneda acuñada con metales preciosos cuando éstos empezaron a llegar del Nuevo Mundo. Como consecuencia de la inflación, el gobierno fijó precios máximos para el trigo[28]. El efecto fue también la transferencia de riqueza en perjuicio de la agricultura; la migración a las ciudades fue torrencial. Los pobres, supuestos beneficiarios de la medida controlista, resultaron sus peores víctimas.

Así operaba el principio de la transferencia de riqueza en la Península Ibérica.

Finalmente, el cimiento sobre el que reposaba el edificio del Estado-Nación era la autoridad divina del rey: la ley política, el quinto principio de la opresión. La Corona hizo uso de la ley política para consolidar la unidad nacional. Iberia tenía una tradición mixta de derecho consuetudinario, que se remontaba a los celtas y los íberos (y, más tarde, en cierta forma a los visigodos), y de derecho romano, pero especialmente del tipo codificado, más bien dirigido de arriba hacia abajo. La monarquía absolutista de España adoptó y consolidó el segundo tipo de derecho y, mediante la fusión de la ley y la religión, fortale-

---

[28] Douglass North y Robert Paul Thomas, *The Rise of the Western World: A New Economic History*, Cambridge (RU), Cambridge University Press, 1973, p. 130.

ció el "idealismo" y la "irrealidad" del sistema legal[29]. Las esferas de la autoridad política y de la Iglesia se superpusieron, hasta volverse casi indistinguibles (los reyes inclusive nombraban obispos). La Inquisición, institución religiosa, era también un aparato gubernamental de opresión, es decir político. El fundamento teológico del absolutismo derivaba del pensamiento tomista. Santo Tomás de Aquino había revolucionado el mundo de la filosofía con algo de gran utilidad a los monarcas absolutistas cuando nació el Estado-Nación. Él había casado la idea del derecho natural, del que fluían instituciones civiles y políticas como la propiedad y el patriarcado, con la moral cristiana[30].

A través del desarrollo del pensamiento escolástico, esta noción convirtió al Estado en la institución política madre, en la encarnación de la revelación de Dios y la moral cristiana. Aunque muchos escolásticos defendían el espacio del individuo, la escolástica pasó a ser la justificación cristiana del absolutismo: sobre ella reposaba la voluntad todopoderosa del monarca español[31].

No sería justo decir que este poder sobrecogedor estaba exento de respuesta: se dieron periódicas rebeliones locales en contra de la Corona, y el fundamento filosófico del absolutismo y del derecho divino, que se remontaba a Santo Tomás de Aquino, suponía un cierto grado de prudencia por parte del rey así

---

[29] Kenneth L. Karst y Keith S. Rosenn, *Law and Development in Latin America: A Case Book*, Berkeley, University of California Press, 1975, p. 30.

[30] Adam Seligman, *The Idea of Civil Society*, Princeton, Princeton University Press, 1992, p. 19.

[31] La idea de derecho natural presente en la filosofía de Aquino (a su vez inspirada en el pensamiento aristotélico) limitaba, sin embargo, el poder del derecho divino. Esta doctrina fue usada por muchos teólogos y juristas españoles para cuestionar la conquista española de México y el Perú, y para exigir un trato humano a los indios. Véase "All Mankind is One: The Libertarian Tradition in Sixteenth Century Spain", por Carl Watner, *The Journal of Libertarian Studies*, vol 8, n° 2 (verano 1987).

como de consentimiento por parte de quienes se sometían a la autoridad[32]. Pero la aureola divina de la Corona era tal, que, aun cuando se rebelaban contra ella, los subversivos cantaban: "¡Viva el rey y mueran los ministros!"[33].

En teoría, por ejemplo en los escritos escolásticos del siglo XVI de dominicos como Francisco de Vitoria y Domingo de Soto, y de jesuitas como Francisco Suárez o Luis de Molina, el absolutismo estaba atemperado por el derecho natural (la misma fuente invocada para justificar el derecho divino del rey) y la comunidad "orgánica" no podía suprimir al individuo precisamente porque no estaba por encima del derecho natural[34].

En la práctica, como el rey era el intérprete divino de esos

[32] Lewis Hanke afirma que la idea del derecho natural había estado muy presente antes del advenimiento del absolutismo y que, aun cuando quedó establecida la naturaleza divina de la autoridad del rey, los filósofos y juristas de España siguieron sosteniendo que el Estado estaba limitado por ciertas leyes naturales. Véase *Las teorías políticas de Bartolomé de Las Casas*, por Lewis Hanke, Buenos Aires, Talleres S.A. Casa J. Peuser, 1935, pp. 30-40.

[33] Guillermo Lohmann Villena, *Ideas jurídico-políticas en la rebelión de Gonzalo Pizarro: la tramoya doctrinal del levantamiento contra las leyes nuevas en el Perú*, Valladolid, Seminario Americanista, Secretariado de Publicaciones de la Universidad, 1977, p. 29.

[34] Bernice Hamilton define la idea del "derecho natural" tal y como la entendían estos pensadores, en general como aquello que es razonable y al mismo tiempo aceptado comúnmente; consistía en "hacer con otros lo que quisieras que hagan contigo". Véase *Political Thought In Sixteenth-Century Spain: A Study of the Political Ideas of Vitoria, De Soto, Suárez and Molina*, por Bernice Hamilton, Oxford (RU), Oxford University Press, 1963, pp. 11-15. El derecho natural no era lo mismo que los derechos naturales basados en el individuo porque subsistía un énfasis en la noción de comunidad. Pero se acercaba a ellos, pues muchas de las implicaciones del derecho natural tal y como lo entendían estos pensadores, incluida la propiedad, estaban basadas en el individuo. Fue John Locke quien más tarde extendió la filosofía del derecho natural, traduciéndola a derechos naturales (véase *The Ethics of Liberty*, Murray N. Rothbard, Nueva York, New York University Press, 1998, pp. 21-24).

derechos y leyes, el Estado ejercía una autoridad por encima del contrato o el consentimiento[35]. La ley política era el factor legitimador de los otros cuatro principios de la opresión.

Así operaba el principio de la ley política, quinto principio de la opresión, en Iberia.

La opresión colonial

La imposición de la matriz ibérica sobre la sociedad y el Estado precolombinos engendró una criatura que vive todavía a pesar de las muchas metamorfosis sufridas desde entonces hasta hoy[36].

Una vez que ambas civilizaciones se entremezclaron, los cinco principios de la opresión distinguibles a ambos lados del Atlántico no desaparecieron ni experimentaron variación sustancial.

Aun cuando la Conquista sirvió de escenario a individualidades descollantes —los conquistadores fueron figuras ambiciosas que a menudo entraron en colisión con lo que la Corona espera-

---

[35] Juan de Mariana, un jesuita, es el pensador que propugnó los mayores límites a la autoridad del gobernante. Para él, el poder del rey sólo era superior al del Parlamento en materia de guerra, política exterior y quizá justicia. En cambio, Francisco Suárez pensaba que el gobernante no necesitaba el consentimiento de la comunidad a menos que ello estuviera estipulado de forma explícita. Véase *Political Thought In Sixteenth-Century Spain: A Study of the Political Ideas of Vitoria, De Soto, Suárez and Molina*, por Bernice Hamilton, Oxford, Oxford University Press, 1963, pp. 41-42.

[36] El efecto más devastador del encuentro entre los europeos y los indígenas americanos fueron, de lejos, las epidemias. La viruela, el sarampión, la varicela, el tifus y otras pandemias mataron a millones de indios. Véase *"Conquistador y pestilencia*: The First New World Pandemic and the Fall of the Great Indian Empires", por Alfred W. Crosby, en *Readings in Latin American History*, vol. 1: *The Formative Centuries*, editado por Peter J. Bakewell, John J. Johnson y Meredith D. Dodge, Durham, C.N., Duke University Press, 1985, pp. 35-49.

ba de ellos—, la Colonia entronizó a la corporación por encima del individuo[37].

La sociedad se dividía en una serie de corporaciones; el poder regimentaba igualmente bajo la premisa corporativa a aquellas instancias que no tenían tal personería legal. Las autoridades trataban a los indígenas, la casta inferior y más numerosa de la Colonia, como una sola entidad orgánica, no como individuos diferenciados. Su función, ya fuera como labradores o como trabajadores en las minas, consistía en sostener la economía de los colonizadores españoles mediante tributos y servicios. Cuando se les permitía el acceso parcial a la propiedad, era de acuerdo con patrones colectivos. En México, por ejemplo, se otorgaba ejidos a las comunidades en régimen común a cambio de que ellas proveyesen servicios al gobierno[38]. Con el objeto de colonizar determinadas áreas, tales como Nuevo México, se daba concesiones de tierras a grupos de familias de diversos pueblos para que dividieran entre ellas las parcelas de cultivo y compartieran una tierra común —el ejido del pueblo— en la que fuese posible pastar, cazar u obtener madera[39]. Algunos indios y muchos mestizos

[37] Clarence H. Haring usa el término "empresa privada" para describir las fases iniciales de exploración y conquista en las que los contratos con la Corona eran "instrumentos negociables" que podían ser comprados y vendidos. Véase *The Spanish Empire in America*, por Clarence H. Haring, Nueva York, Oxford University Press, 1947, p. 22.

[38] En el Paraguay, los jesuitas administraron reservas de indios totalitarias y cerradas al exterior. Como parte de la política de "reducciones", el virrey del Perú Francisco de Toledo desarraigó a miles de comunidades y las concentró en ciertos valles, dislocando patrones étnicos, ecológicos y políticos ya establecidos. Véase "Current Research and Prospects in Andean Ethnohistory", por John Murra, *Latin America Research Review*, 5:1, primavera 1970, p. 9. Se ofrece una relación integral de los decretos del virrey en *Francisco de Toledo: Disposiciones gubernativas para el virreinato del Perú*, introducción de Guillermo Lohmann, Sevilla, Escuela de Estudios Hispano-Americanos: Consejo Superior de Investigación Científica, Monte de Piedad y Caja de Ahorros de Sevilla, 1986.

[39] Clark S. Knowlton, "Land-Grant Problems Among the State's Spanish-Americans", *New Mexico Business*, junio 1967, p. 2.

formaban guildas de artesanos, otra forma de identidad corporativa, en las ciudades coloniales.

En otro extremo del abanico social, los encomenderos y los dueños de repartimientos —españoles a quienes la Corona permitía ejercer su dominio sobre los indios bajo ciertas restricciones— también representaban intereses corporativos, en constante forcejeo con las autoridades centrales[40]. Su poder declinó con el tiempo, pero el vacío fue llenado por los intereses corporativos de los hacendados. Por otro lado, se estableció en todas las ciudades, también bajo control de los españoles, cabildos o concejos municipales, instituciones corporativas con las que el Estado central y su burocracia negociaban asuntos coloniales.

La Iglesia era, desde luego, el grupo de interés corporativo más poderoso. Su estatus le confería inmunidad contra las acciones civiles. En nombre de la Iglesia, el gobierno, que no se distinguía del Estado, recaudaba un impuesto especial; la Iglesia poseía tierra, influía en la educación y mantenía una hegemonía del quehacer intelectual. Recibía rentas de sus tierras (que habían pertenecido antes a los indígenas), de sus hipotecas y de sus inversiones, obtenía donaciones por medio de organizaciones caritativas y se beneficiaba de las contribuciones de los parroquianos, lo que hacía de ella el principal banquero[41]. Corporación de corporaciones, la Iglesia poseía más de la mitad de la tierra en México[42] y una cuarta parte de los edificios, tanto de México como de Lima. Por ser una institución tan vasta, estaba dividida en entidades corporativas más pequeñas: comunidades universitarias, órdenes religiosas, el Santo Oficio (la Inquisición), y otras. También las cofradías indígenas eran corporaciones derivadas de la Iglesia colonial.

---

[40] Charles Gibson, *The Aztecs Under Spanish Rule: A History of the Indians of the Valley of Mexico 1519-1810*, Stanford, Stanford University Press, 1964, pp. 58-81.

[41] John Lynch, *The Spanish American Revolutions 1808-1826*, Nueva York, Norton, 1973, p. 10.

[42] Howard J. Wiarda, *The Soul of Latin America*, New Haven, Yale University Press, 2001, p. 133.

Su presencia era particularmente significativa en México[43].

Todos estos grupos de la sociedad estaban de una u otra manera relacionados con el Estado. Su existencia no se debía a derechos inmanentes ejercidos en forma de asociación espontánea, sino al papel que jugaban en el diseño general del Estado. Esta condición explica, por ejemplo, que el Estado limitara el poder de los terratenientes y nombrara obispos[44].

Así operaba el principio del corporativismo en la época colonial.

Al corporativismo se añadía el mercantilismo de Estado. A partir de una estructura muy centralizada, la Corona actuaba a través de los cuatro virreinatos repartidos desde México hasta el confín de Sudamérica. Había gobiernos locales, pero no tenían poderes reales. El objetivo de España y Portugal no era desarrollar las colonias, sino extraer de ellas tanta riqueza como fuera posible[45].

El Consejo de Indias español tenía el control de todas las decisiones políticas y la Casa de la Contratación gobernaba todas las transacciones comerciales bajo un régimen de monopolio que prohibía a las colonias comerciar con otros países. También reglamentaba minuciosamente el movimiento de personas. El propósito principal de la entidad comercial era maximizar los ingresos. Hasta el siglo XVIII, cuando se cambiaron las reglas, sólo el puerto de Sevilla y, luego, el puerto de Cádiz tuvieron permiso para comerciar con los puertos coloniales de Portobelo y Veracruz, prohibiéndose asimismo el comercio intercolonial. Ciertos "consulados" o asociaciones de comerciantes recibieron licen-

---

[43] Charles Gibson, *The Aztecs Under Spanish Rule: A History of he Indians of the Valley of Mexico 1519-1810*, Stanford, Stanford University Press, 1964, pp. 127-132.

[44] En el siglo XVIII, cuando los Borbón reemplazaron a los Habsburgo o Austrias, los jesuitas fueron inclusive expulsados de las colonias.

[45] El Estado patrimonialista realmente funcionaba a partir de la premisa de que el rey era el "propietario" de las colonias, lo que lo convertía en el gran dispensador de privilegios en América.

cias exclusivas a ambos lados del Atlántico para poder ejercer la actividad comercial. Una vez que estas disposiciones no bastaron para satisfacer las necesides financieras de la Corona, como era inevitable de acuerdo a la lógica del sistema, el Estado se reservó el comercio directo de productos tales como la sal, la pimienta, el mercurio y la pólvora.

En el caso del Brasil, el tejido mercantilista se dio de manera bastante más gradual que en las colonias de España. En la primera etapa, se creyó que el Brasil, a diferencia de México y el Perú, no poseía metales preciosos. Su población, formada por indios nómades desperdigados, tampoco era la adecuada para la minería y la agricultura, que necesitaban una mano de obra organizada a gran escala[46]. La organización política y económica, por tanto, tardó en reflejar el peso del Estado portugués. La colonización, al menos hasta las reformas del siglo XVIII, fue más bien "una empresa de negocios", no presidida por un gran diseño por parte de Portugal[47]. Se introdujo el azúcar, el comercio se mantuvo en manos privadas y la colonización quedó en una primera instancia a cargo de los *donatarios*, que recibieron concesiones para desarrollar determinadas áreas por su propia cuenta[48]. Ciertos intereses portugueses vinculados al gobierno metropolitano pasaron a ser luego los principales intermediarios en el comercio del azúcar. Los gobiernos locales, atados a la gran propiedad agraria, fueron más gravitantes que el gobierno central hasta el siglo XVIII, cuando el descubrimiento de las minas de oro llevó a Portugal a aumentar su control administrativo de forma muy intensa[49]. Sur-

---

[46] William P. Glade, *The Latin American Economies: A Study of their Institutional Evolution*, Nueva York, American Book, 1969, pp. 159-160.

[47] William P. Glade, *The Latin American Economies: A Study of their Institutional Evolution*, Nueva York, American Book, 1969, p. 156.

[48] Werner Baer, *The Brazilian Economy: Growth and Development*, Westport, Ct., Praeger, 1995, pp. 12-14.

[49] Antes de esa fecha, también hubo un período con cierto grado de centralización administrativa. Fue cuando Portugal estuvo bajo control de España, entre 1580 y 1640.

gieron entonces monopolios comerciales[50], la Corona se reservó una importante proporción de los ingresos mineros y se prohibió fabricar aquello que pudiese ser suministrado por la metrópoli[51].

La ausencia de libre comercio hizo que, un siglo después de la colonización, el contrabando, especialmente a manos de los franceses, los holandeses y los ingleses, representara hasta dos tercios del comercio colonial en América latina (razón, dicho sea de paso, por la que prosperó Buenos Aires)[52]. No sorprende que en semejante ambiente ya fuera notoria la venta callejera ambulante, que muchos toman por un fenómeno reciente en América latina, aun cuando sufría incesante persecución. Tampoco sorprende que el mercado más dinámico de la Colonia fuese el de los cargos públicos[53]. Se vendían y compraban constantemente los puestos de los gobiernos locales y de la burocracia colonial,

[50] Los pequeños comerciantes y los jesuitas reaccionaron con dureza y fueron reprimidos. La política, lo mismo que la economía, pasó a estar más controlada que nunca en la colonia portuguesa. Véase "Preconditions and Precipitants of the Independence Movement in Portuguese America", por A. J. R. Russell-Wood, en *From Colony To Nation: Essays on the Independence of Brazil*, editado por A. J. R. Russell-Wood, Baltimore, Johns Hopkins University Press, 1975, pp. 13-29.

[51] Caio Prado Júnior, *História econômica do Brasil*, San Pablo, Editôra Brasiliense, 1967, p. 54.

[52] Según L.A. Clayton, en los primeros años del siglo XVIII sólo 14,5% de los barcos que partieron de El Callao, Perú, tuvieron como destino Panamá, el viaducto para el comercio legítimo con España. Véase "Trade and Navigation in the Seventeenth-Century Viceroyalty of Peru", en *Readings in Latin American History*, vol. 1: *The Formative Centuries*, editado por Peter J. Bakewell, John J. Johnson and Meredith D. Dodge, Durham, C.N., Duke University Press, 1985, p. 190.

[53] En el siglo XVII, cuando la Corona entró en crisis fiscal, para obtener sus salarios los funcionarios coloniales firmaron acuerdos con capitalistas mercantiles, comprometiéndose a suministrar dinero y equipos a los indios de modo que éstos pudieran producir cultivos para que los comerciantes los exportaran. Véase *Politics and Trade in Southern Mexico 1750-1821*, por Brian R. Hamnett, Cambridge (RU), Cambridge University Press, 1971, pp. 5-7.

intercambio que ofrecía el único tipo de movilidad social posible[54]. La sociedad colonial, por tanto, comprendió muy rápido que para sobrevivir debía eludir la ley del Estado mercantilista: las únicas actividades productivas que ofrecían beneficios eran el contrabando y la compraventa de cargos públicos.

En el siglo XVIII, el reemplazo de los Habsburgo por los Borbón en España y el ascenso del marqués de Pombal al cargo de primer ministro en Portugal abrieron las puertas a la reforma política en las colonias[55]. Pero la estructura centralizada y vertical se mantuvo en su lugar[56]. Las intendencias, que reemplazaron a los funcionarios de los gobiernos locales de Hispanomérica con burócratas reales investidos de amplios poderes, en realidad extendieron la injerencia del poder metropolitano, pues uno de sus objetivos era revitalizar la salud fiscal de la Corona[57]. Desde un punto de vista espiritual e ideológico, estos cambios resultaron ser el comienzo del fin de la era colonial en la medida en que partieron el

---

[54] En 1633, la Corona llegó a autorizar este tipo de comercio en el Perú. Kenneth J. Andrien, "The Sale of Fiscal Offices and the Decline of Royal Authority in the Viceroyalty of Peru 1633-1700", *Hispanic American Review*, 62:1, febrero 1982, pp. 49-71.

[55] Los Borbón morigeraron las leyes que prohibían la presencia de extranjeros en las colonias y algunos de los avances científicos de Europa viajaron a los territorios americanos.

[56] En el caso del Brasil, llegaron desde Portugal más directivas y reglamentos que nunca, mediante políticas absolutistas y centralistas. Véase "Preconditions and Precipitants of the Independence Movement in Portuguese America", por A. J. R. Russell-Wood, en *From Colony to Nation: Essays on the Independence of Brazil*, editado por A. J. R. Russell-Wood, Baltimore, Johns Hopkins University Press, 1975, pp. 15-26.

[57] Los representantes de la autoridad real en las colonias eran, en orden de jerarquía, el virrey, los oidores o jueces que formaban parte de la Audiencia y los corregidores, que eran magistrados locales y funcionarios municipales. También existían los cabildos o municipios, únicos espacios en que estaban representados los criollos. Los más alejados de las ciudades a menudo contaban con caciques indios. Las intendencias, basadas en el modelo francés, se formaron en el siglo XVIII, en reemplazo de los corregimientos locales y alcaldías mayores.

"alma" de América latina (para usar la apropiada frase de Wiarda[58]), pero no modificaron la manera de organizar la economía, que siguió orientada hacia la extracción en lugar de la producción de riqueza y a merced de un Estado que impedía el desarrollo pleno de actividades independientes[59]. Aunque decayeron las barreras comerciales, los monopolios peninsulares se fortalecieron a expensas de los criollos y, desde luego, de los mestizos e indígenas. Sólo los cubanos podían ejercer el comercio transatlántico. El resto de los latinoamericanos quedaron confinados dentro del comercio intercolonial, cobrándoseles tantos impuestos que les resultó imposible competir con los intereses metropolitanos.

Así operaba el principio del mercantilismo de Estado en la época colonial.

Como cualquier sistema basado en derechos de propiedad fragmentarios, la sociedad colonial estaba gobernada por el privilegio, tercer principio de la opresión (tras el corporativismo y el mercantilismo de Estado). A cambio de apoyo político, la Corona daba riqueza, honor y poder a sus escogidos[60]. La relación entre la Corona y la minoría privilegiada era tortuosa: el Estado no quería que los terratenientes, los clérigos, los militares o sus propios funcionarios alzaran demasiado vuelo. Pero si quería

---

[58] Howard J. Wiarda, *The Soul of Latin America*, New Haven, Yale University Press, 2001, p. 108.

[59] John Lynch dice que las reformas del siglo XVIII resultaron "esencialmente la aplicación de un control" que buscaba fortalecer los vínculos entre las colonias y la metrópoli a expensas de los criollos. Inclusive la decisión de permitir que los indios rehusaran trabajar en las haciendas o pagar deudas no contraídas libremente fue una manera de debilitar el poder de los criollos y afirmar el control imperial. También lo fue la expulsión de los jesuitas, la extensión del monopolio estatal del tabaco y la administración directa del impuesto a las ventas llamado alcabala. Véase *The Spanish American Revolutions 1808-1826*, por John Lynch, Nueva York, Norton, 1973, pp. 2, 7-12.

[60] Se puede leer un muy buen recuento de la economía colonial en *La cuestión colonial y la economía clásica*, por Carlos Rodríguez Braun, Madrid, Alianza Editorial, 1989.

sostener un imperio transatlántico, la autoridad política debía hacer concesiones. Aparte de encomiendas y repartos, el Estado distribuía distintas formas de privilegio. La concesión de tierras era una de ellas. En Nuevo México, por ejemplo, otorgó grandes extensiones a individuos particulares para que establecieran ranchos ganaderos. En ciertos casos, las concesiones de tierras formaban parte de un paquete más amplio de privilegios a cambio de los cuales el beneficiario, generalmente una persona prominente, se comprometía a construir un centro urbano[61]. Los nacidos en la metrópoli eran privilegiados entre los privilegiados, seguidos de sus descendientes en las colonias. Al otro lado del espectro, se distinguía entre los indígenas vinculados a la antigua estructura de poder, se tratase de la casta gobernante o de los caciques locales, y el resto. En medio estaban los mestizos, a quienes se discriminaba pero se les permitía trepar algunos peldaños en la escala social. La tierra, el dinero, el acceso a la profesión legal o al sacerdocio y el gobierno local se reservaban para los estratos superiores de la sociedad, con preponderancia de los nacidos en la metrópoli. Mediante el tributo y los servicios, que en el caso del trabajo en las minas implicaban el traslado a lugares remotos, las masas llevaban el peso de todo.

Así operaba el principio del privilegio en la época colonial.

El privilegio exige transferencia de riqueza, el cuarto principio de la opresión. Aunque el sistema de licencias exclusivas y de monopolios castigó el desarrollo de industrias y la actividad comercial, el principio de la transferencia de riqueza resulta más patente en la minería y la agricultura. La clase dirigente se apoderaba de la tierra de los indios, transfiriéndose a sí misma esa riqueza. El Estado toleraba las tomas y usurpaciones de tierras; los indios respondían afirmando, sin éxito, sus propios títulos de propiedad[62]. La casta colonial, conformada por las diversas corporaciones, era

---

[61] Clark S. Knowlton, "Land-Grant Problems Among the State's Spanish-Americans", *New Mexico Business*, junio 1967, pp. 2-3.

[62] Charles Gibson afirma que los "títulos" indígenas que afirmaban la posesión comunal de la tierra eran una respuesta a la invasión, la usurpación

dueña de sus activos sólo de forma limitada: aun cuando se les encomendaba a los privilegiados un número de indios para que trabajaran sus tierras o sus minas, el propietario auténtico de todo era la Corona[63]. El usufructo del trabajo indígena era en parte de aquellos a quienes se asignaba la fuerza laboral autóctona y en parte de la Corona. El sistema entrañaba, pues, múltiples transferencias, de los indios a la clase dirigente y de ésta a la Corona.

En el Brasil, el Estado portugués también entregó una porción importante de la tierra y del trabajo indígena a sus socios políticos. Desde un principio, Martim Alfonso distribuyó grandes extensiones de tierra a unos pocos seguidores. Éstas crecieron hasta convertirse en enormes plantaciones de azúcar, símbolos de la economía costera[64]. Los indios y, más tarde, los esclavos africanos producían todos los bienes (y pagaban los tributos), mientras que el Estado recompensaba a una elite con propiedades, es decir riqueza y prestigio. A diferencia de lo ocurrido en las colonias inglesas de América del Norte, donde las pequeñas propiedades rurales permitieron una distribución más extendida de la riqueza, en el Brasil las grandes plantaciones vinculadas a la exportación de azúcar concentraron la propiedad en pocas manos[65].

---

y el legalismo coloniales. Véase *The Aztecs Under Spanish Rule: A History of the Indians of the Valley of Mexico 1519-1810*, por Charles Gibson, Stanford, Stanford University Press, 1964, p. 271.

[63] Los indios, aun cuando debían obedecer los requerimientos del tributo en forma de mano de obra, no eran, estrictamente hablando, esclavos. La Corona eventualmente debilitó a los encomenderos, a los que veía como un obstáculo para la consolidación del poder centralizado. Mucho después, los hacendados establecieron un dominio menos conspicuo sobre el trabajo de los indios y pudieron por tanto evitar el asalto directo de la Corona. Véase *The Aztecs Under Spanish Rule: A History of the Indians of the Valey of Mexico 1519-1810*, por Charles Gibson, Stanford, Stanford University Press, 1964, p. 59.

[64] E. Bradford Burns y Julie A. Charlip, *Latin America: A Concise Interpretive History*, Upper Saddle River, N. J., Prentice Hall, 2002, pp. 36, 37.

[65] Celso Furtado, *Formação econômica do Brasil*, Río de Janeiro, Editôra Fundo de Cultura, 1961, pp. 41-42, 56, 63.

Este sistema de transferencia de riqueza, cuya rigidez asfixió la economía colonial, generó iniquidades que subsisten hasta hoy mediante una concentración de la propiedad que todavía constituye un signo visible de la economía latinoamericana[66]. Los latifundios coloniales de América latina no ingresaron a la economía mundial hasta el siglo XVIII; antes de esa época, la agricultura estaba orientada sobre todo al mercado local y alimentaba a las plazas mineras[67]. En el caso del Brasil, las grandes plantaciones fueron la base de una economía dependiente del monocultivo.

Así operaba el principio de la transferencia de riqueza en la época colonial.

Sólo los países con poca población indígena y, posteriormente, más receptivos a la inmigración, como la Argentina, el Uruguay o Costa Rica, se libraron de las abismales desigualdades originadas por la redistribución de abajo hacia arriba. Esos países desarrollaron unas clases medias sin equivalentes en México, el Perú o el Brasil, donde la concentración de la propiedad fue muy severa[68].

[66] David Brading afirma que hacia 1810, con 4.945 haciendas y estancias inscritas, poco más de 4.000 familias formaban la clase terrateniente en México. Véase "Government and Elite in Late Colonial Mexico", por David A. Brading, en *Readings in Latin American History*, vol. 1: *The Formative Centuries*, editado por Peter J. Bakewell, John J. Johnson y Meredith D. Dodge, Durham, C. N., Duke University Press, 1985, p. 243.

[67] En los siglos XVI y XVII, la disminución de la población indígena provocada por sucesivas epidemias facilitó la captura de la tierra por parte de los colonizadores. Cuando la población de raíz indígena volvió a crecer, la única forma que encontró de vincularse a la tierra fue trabajando en las haciendas.

[68] En su estudio sobre la fundación de nuevas ciudades, Albert Galloway Keller contrasta las "colonias agrarias" con las "colonias explotadoras". Los colonos del primer tipo por lo general habían huido del padecimiento político o social, tenían ambiciones moderadas, no explotaban un cultivo o producto en particular, desarrollaban pequeñas propiedades y no provocaban una amplia división de clases. El otro tipo de colonos buscaba la riqueza fácil, explotaba un cultivo o producto en particular, usaba mano de obra organizada y servil a escala masiva, concentraba la propiedad mediante grandes

La ley política, quinto principio de la opresión, era lo que sostenía el corporativismo, el mercantilismo de Estado, el privilegio y la transferencia de riqueza de abajo hacia arriba en las colonias.

Las reglas que fluían del Estado eran sagradas, incuestionables. El hecho de que la autoridad semidivina del Estado estuviera tan distante de los dominios y de la gente a la que gobernaba, abrió un foso entre la ley y la realidad. Las autoridades encargadas de aplicar las reglas no participaban en el proceso de su creación (exceptuando ciertas ordenanzas) y en muchos casos eran sus víctimas. La Corona organizaba un laberinto de normas, incluidos los detalles menudos de cada reglamento, en España, sin atender las prácticas, costumbres, aspiraciones y deseos de los pueblos colonizados[69]. En tres siglos de vida colonial, casi un millón de leyes y normas fueron promulgadas[70]. Se abrió un abismo entre la letra de la ley emanada de la Corona y su interpretación —y aplicación— por parte de los representantes de la metrópoli, y por parte de la elite a cargo de hacer valer las innu-

---

latifundios con dueños ausentes y producía sociedades con división de clases. Las colonias norteamericanas pertenecen al primer tipo, al igual que, en cierta medida, la Argentina y Chile. México, el Perú y las colonias inglesas de las Antillas pertenecen al segundo grupo. Esto explicaría por qué la Argentina y Chile no padecieron algunas de las características que retrasan el desarrollo en otros países de América latina. Véase *Colonization: A Study of the Founding of New Societies*, por Albert Galloway Keller, Boston, Ginn & Company, 1908.

[69] La *Recopilación de leyes de los reynos de las Indias* (Madrid, Ediciones Cultura Hispánica, 1973), publicada en 1680, da una idea de la naturaleza prolífica del legalismo ibérico en las colonias. Sólo contiene, sin embargo, un pequeño porcentaje de todas las leyes relacionadas con las Indias hasta ese momento.

[70] Alfonso García-Gallo habla de "cientos de miles" de normas y leyes, de una actividad legislativa tan intensa que pocas cosas quedaron sin reglamentar y de mandatos mayormente casuísticos dirigidos a resolver asuntos específicos en un punto determinado. Véase *Los orígenes españoles de las instituciones americanas: estudios de derecho indiano*, Madrid, Real Academia de Prudencia y Legislación, 1987, pp. XIII, 124, 132.

merables reglas[71]. En suma, lo que se dio fue un divorcio entre la ley y la realidad[72]. Los funcionarios coloniales practicaban, en relación con las leyes que debían aplicar, la filosofía del "obedezco pero no cumplo"[73]. Una situación similar se daba en el Brasil[74].

Cuando irrumpieron los movimientos de independencia a comienzos del siglo XIX, ya estaba en pie una cultura para la cual la ley carecía de verdaderas raíces. Si en algo se respetaba la autoridad era por miedo o porque la clase dirigente aspiraba, a pesar de la retórica ilustrada de sus líderes, a reproducir o preser-

[71] Ricardo Levene sostiene que llegaron a sentir "desprecio" por la ley. Véase *Introducción a la historia del derecho indiano*, por Ricardo Levene, Buenos Aires, Valerio Abeledo, 1924, pp. 30-33.

[72] Según Kenneth L. Karst y Keith S. Rosenn, "la diversidad de medios para transmitir la voluntad del rey a las colonias era correspondida por parte de los administradores coloniales con una diversidad casi equivalente de medios para frustrar esa voluntad". Luego concluyen que "el resultado fue la confusión burocrática, la dilación administrativa, la falta de confianza en los funcionarios del gobierno y el irrespeto a la ley". Véase *Law and Development in Latin America: A Case Book*, por Kenneth L. Karst y Keith S. Rosenn, Berkeley, University of California Press, 1975, p. 37. *(T. del A.)*

[73] Célebre dicho atribuido a muchos funcionarios coloniales que se desentendían de la ley al mismo tiempo que rendían pleitesía verbal al rey. De acuerdo con una antigua doctrina jurídica, desde el siglo XIV la legislación española había llegado a contemplar la desobediencia en ciertas instancias. Véase *Estudios de historia del derecho indiano*, por Alfonso García-Gallo, Madrid, Instituto Nacional de Estudios Jurídicos, 1972, p. 100.

[74] En el caso del Brasil, la proliferación de leyes y decretos no tenía nada que envidiar a la de las colonias españolas. Kenneth L. Karst y Keith S. Rosenn sintetizan así el fenómeno: "Al espulgar la masa confusa y contradictoria de estatutos, órdenes, opiniones, reglamentos, patentes, decretos, edictos e instrucciones bien calificadas de *legislação extravagante* con las cuales se transmitía la voluntad del Soberano a las colonias brasileñas, uno se sorprende de que la máquina administrativa estuviese siquiera en condiciones de funcionar". Véase *Law and Development in Latin America: A Case Book*, por Kenneth L. Karst y Keith S. Rosenn, Berkeley, University of California Press, 1975, p. 40. *(T. del A.)*

var el orden orgánico de la madre patria, respecto del cual se creía que las colonias se habían desviado peligrosamente[75]. La causa del problema se confundía con la solución.

Así operaba el principio de la ley política en la época colonial.

La opresión republicana

Las colonias latinoamericanas obtuvieron su independencia en las primeras décadas del siglo XIX. Se dice a menudo que las cosas no cambiaron, pero no es verdad. El problema es que el cambio en sí, desde la maniática fabricación de Constituciones hasta la apertura del comercio con nuevos socios como el Reino Unido, nació de la placenta del corporativismo, el mercantilismo de Estado, el privilegio, la transferencia de riqueza de abajo hacia arriba y la ley política[76]. Las repúblicas latinoamericanas que combatieron y derrotaron al enemigo colonial atravesaron con su espada a un fantasma disfrazado de carne y hueso. La espada cruzó hasta el otro lado, desgarrando la carne del enemigo, pero, disipados el sonido y la furia, el fantasma colonial siguió intacto. Cuando la sangre se secó, ya era todo un republicano[77].

[75] Howard J. Wiarda, *The Soul of Latin America*, New Haven, Yale University Press, 2001, pp. 107-126.

[76] John Lynch afirma que en Colombia "la independencia acabó con el monopolio colonial español, pero el comercio internacional siguió siendo objeto de restricciones y no tuvo lugar nada que pueda llamarse libre comercio". Véase *The Spanish American Revolutions 1808-1826*, por John Lynch, Nueva York, Norton, 1973, p. 258.

[77] John Lynch califica a los liberales peruanos de "prisioneros de su sociedad" y afirma que "su única demanda fue la reforma política y la igualdad para los criollos dentro de la estructura colonial". La aristocracia, por su parte, "se aferró fanáticamente a su poder y privilegio". Refiriéndose a México, dice que "la sociedad mexicana mantuvo su forma inmutable, pues la independencia contenía ciertas salvaguardias contra el cambio". Véase *The Spanish American Revolutions 1808-1826*, por John Lynch, Nueva York, Norton, 1973, pp. 158, 159, 329. *(T. del A.)*

La república —es decir, la esfera de la cosa pública— era un lugar muy pequeño. La representación política carecía de significado auténtico. Hasta el siglo XIX, la proporción de latinoamericanos que votaban no superaba el 1 o 2%, mientras que hacia mediados del mismo siglo el índice de participación en la elección de representantes políticos en los Estados Unidos ya era ocho veces mayor[78].

Una tras otra, las Constituciones reservaban poderes de "emergencia" para el gobierno y depositaban en el Poder Ejecutivo una malsana autoridad. Como no existía una sociedad civil con raíces populares —no había nada parecido a los *town-halls* (concejos) de Nueva Inglaterra— ni funcionaba un sistema de contrapesos en el Estado, no había muchas formas de dominar al monstruo político. Y el ejército —originado en las milicias creadas por el Estado colonial en la segunda mitad de siglo XVIII— era el agente político por excelencia.

En el caso del Brasil, la transición a la Independencia fue más pacífica que en el resto del continente porque, debido a los acontecimientos que ocurrían en Europa, la monarquía simplemente rompió con Portugal y se estableció en la antigua colonia. Pero el autoritarismo siguió siendo el rasgo distintivo del Estado. Continuó siéndolo cuando la República finalmente nació en 1889.

El corporativismo concentró la propiedad. La minoría privilegiada se apoderó rápidamente de la tierra por diversas vías: el uso de la violencia, la legislación discriminatoria, la intervención de los municipios bajo control de la elite y la usurpación directa[79]. La

---

[78] Kenneth L. Sokolof, "The Evolution of Suffrage Institutions in the New World", en *Crony Capitalism and Economic Growth in Latin America*, editado por Stephen Haber, Stanford, Hoover Institution Press, 2002, pp. 95-98.

[79] Según John Lynch, en Venezuela "la independencia reafirmó el poder de la clase terrateniente. La aristocracia colonial no sobrevivió enteramente, pero sus filas se poblaron de miembros nuevos y plebeyos. Las haciendas confiscadas por los realistas fueron devueltas a sus dueños o descendientes, mientras que el gobierno republicano confiscó la propiedad de sus enemigos". Véase *The Spanish American Revolutions 1808-1826*, por John Lynch, Nueva York, Norton, 1973, p. 222. *(T. del A.)*

agricultura, determinante en países que eran todavía rurales, se estancó: la concentración de la propiedad era muy estrecha, el producto marginal de la mano de obra era muy alto y, por tanto, el incentivo para revolucionar la tecnología muy escaso. Cuando en el siglo xix el Brasil ofreció tierra a bajo precio, las plantaciones de café se extendieron hasta San Pablo. Se abrió una oportunidad para multiplicar el número de propietarios. Pero la política gubernamental, en particular la legislación promulgada en la década de 1850, conspiró contra la agricultura de pequeña escala y favoreció a las grandes haciendas bajo control de unos pocos *fazendeiros* que empleaban a masas de trabajadores con salarios ínfimos y a inmigrantes bajo régimen de aparcería. En el Perú, los caciques y los intermediarios del comercio de la lana facilitaron la formación de haciendas poderosas mediante la usurpación de tierras indígenas comunitarias. Hacia el fin del siglo xix, había en el Perú 705 latifundios; el número se triplicó hacia comienzos de siglo xx, hasta cubrir la mayor parte de la tierra cultivable[80]. Para entonces, al otro lado de América, el 95% de la población rural de México no poseía tierra alguna y la cuarta parte de ella estaba en manos de 200 familias[81]. Los liberales mexicanos que en la segunda mitad de la década de 1850 habían liberado las tierras monopolizadas por grupos de interés corporativos, como la Iglesia, terminaron favoreciendo a nuevos grupos de interés que también concentraron la propiedad y alejaron a la población indígena de los campos fértiles.

Así operaba el corporativismo en la época republicana.

La república también prolongó el mercantilismo de Estado. Un buen ejemplo es lo ocurrido con el establecimiento de la monarquía en Río de Janeiro a comienzos del siglo xix. Su llegada

---

[80] Paulo Drinot, "Peru, 1884-1930: A Beggar Sitting on a Bench of Gold", en *An Economic History of Twentieth-Century Latin America*, editado por Enrique Cárdenas, José Antonio Ocampo y Rosemary Thorp, 3 vols., Nueva York, Palgrave, 2000, vol. 1, p. 161.

[81] E. Bradford Burns & Julie A. Charlip, *A Concise Interpretive History*, Upper Saddle River, N. J., Prentice Hall, 2002, p. 201.

acarreó un crecimiento del empleo estatal y del gasto público en proyectos de construcción, aun cuando también fueron eliminadas algunas restricciones al comercio[82]. La globalización tendía a reforzar en lugar de mitigar el sistema según el cual permanecer en la órbita del Estado y en capacidad de financiarlo era la condición para que un interés privado prosperase. Esta paradoja se repetirá una y otra vez en América latina, hasta el siglo xxi: la globalización abrió mercados para los productos latinoamericanos en Europa y permitió acceso al capital, pero, en vista de que las instituciones eran un cuello de botella que desaceleraba o impedía que fluyeran los derechos de propiedad hacia el gran público, los efectos sólo se sintieron en la clase dirigente y, en menor proporción, en la minúscula clase media. La globalización sólo trajo amplios beneficios a países como la Argentina, donde la muy escasa población indígena (en gran parte aniquilada por la Conquista del Desierto) y una masiva inmigración europea coincidieron con un sistema de derechos más horizontal.

La expansión de los mercados europeos estimuló la producción de las haciendas mexicanas, pero la modernización y la formación de capital siguieron concentradas en aquellos que tenían acceso privilegiado a la propiedad. El hecho de que el Brasil pudiera vender grandes cantidades de café galvanizó la economía de las plantaciones, pero, debido a que los derechos de propiedad estaban en pocas manos, las enormes distancias sociales se consolidaron.

---

[82] En su correspondencia con Thomas Jefferson, Dom João, el Príncipe Regente que debió abandonar Portugal tras la invasión napoleónica y establecerse en el Brasil, aludió a "los bien fundados principios liberales, religiosos así como políticos, que poseemos". Aunque bajo la influencia de José da Silva Lisboa, un admirador de Adam Smith, abrió el comercio con otras naciones, sus allegados monopolizaron la función pública y siguieron en pie numerosas restricciones que protegían intereses portugueses. Véase *Empire in Brasil: A New World Experiment With Monarchy*, por Clarence H. Haring, Cambridge, Mas., Harvard University Press, 1958, pp. 5-9. *(T. del A.)*

Así operaba el mercantilismo de Estado en la época republicana.

El corporativismo y el mercantilismo de Estado entronizaron el privilegio. El Estado brasileño, por ejemplo, promovió numerosas actividades, como la construcción ferroviaria, mediante subsidios y tasas de retorno garantizadas. Se subvencionó la inmigración, mientras que la economía de exportación, que hacia mediados del siglo XIX estaba dominada por las plantaciones de café y dependía de la mano de obra esclava, recibió prebendas, al igual que ciertas industrias, a través de ingresos garantizados por el gobierno y exenciones arancelarias para la importación de equipos[83]. Como los cafeteros estaban más cerca de la capital de lo que habían estado los fabricantes de azúcar en los primeros siglos de la Colonia, eran más conscientes de cómo el gobierno afectaba sus intereses. Ello derivó en una estrecha vinculación mercantilista entre ambos órdenes. Se allanó así el camino para una fuerte intervención gubernamental en favor del café en el siglo XX[84]. El estado de San Pablo usó el dinero de los impuestos a la exportación y los créditos internacionales para comprar grandes cantidades de ese producto a fin de evitar su ingreso al mercado y la caída de los precios[85].

Así operaba el privilegio en la época republicana.

El privilegio transfería la riqueza desde los miembros productivos de la sociedad hacia los parásitos de la clase dirigente. Y la transferencia de riqueza golpeaba el ahorro y la inversión, mantenía los mercados internos en estado elemental porque la demanda era insuficiente y extremaba la polarización del ingreso, impidiendo el surgimiento de una sólida clase media.

---

[83] William P. Glade, *The Latin American Economies: A Study of Their Institutional Evolution*, Nueva York, American Book, 1969, pp. 298-304.

[84] Celso Furtado, *Formaçao econômica do Brasil*, Río de Janeiro, Editôra Fundo de Cultura, 1961, pp. 133-136.

[85] Thomas H. Holloway, *The Brazilian Coffee Valorization of 1906: Regional Politics and Economic Dependence*, Madison, Wis., State Historical Society of Wisconsin, 1975, pp. 56-75.

Así operaba la transferencia de riqueza en la época republicana.

Como la ley política era el instrumento del corporativismo, el mercantilismo de Estado, el privilegio y la transferencia de riqueza, la pérdida gradual de legitimidad por parte del Estado significó en última instancia la pérdida de legitimidad de la ley. Los países latinoamericanos que se habían liberado de los colonizadores ibéricos importaron, palabra por palabra, los códigos legales de Napoleón, que habían sido reproducidos en muchos países europeos, incluidos España y Portugal. Ellos reflejaban una vocación constructivista y vertical, que deducía de ciertos principios trascendentales todas las reglas posibles para gobernar la conducta de los individuos sin atender sus costumbres y normas. Esa concepción del derecho exigía de las autoridades, ya fueran del poder ejecutivo o del legislativo, el papel de intérpretes supremos. En manos de los políticos, que arrebataron a los jueces lo esencial del proceso judicial, la ley se convirtió en un intruso permanente y sin frenos. La práctica cotidiana de interpretar y escribir la ley, y hacer que los jueces se limitaran a seguir a pie juntillas las reglas, siempre cambiantes, impuestas por los políticos, agrandó el foso que separaba la teoría de la realidad.

Cada nuevo gobierno nombraba o removía jueces como le venía en gana, reescribía la Constitución para adaptarla a sus necesidades, reinterpretaba o extendía los códigos para inmiscuirse aún más en la vida de las personas, y producía, desde los palacios presidenciales y los despachos ministeriales, una fantástica cantidad de normas. Así fue como arraigó el fetiche normativo en la sede de los poderes ejecutivos latinoamericanos, verdadera superstición republicana. Cada año la presidencia y los ministerios del Perú producen algo menos de 30.000 normas, reglamentos, decretos y leyes, y desde los años '80 Venezuela ha fabricado un promedio anual de 3.000 órdenes ejecutivas dirigidas al gobierno de la economía[86]. La costumbre no ha cambiado.

---

[86] Jesús Eduardo Rodríguez, Teresa Sosa de Bocaranda y Vilma Clavier, "Marketing Ideas in Venezuela", en *Fighting the War of Ideas in Latin Ame-*

El sistema legal imperante en América latina desde la independencia ha sido calificado de idealista, paternalista, legalista, formalista y carente de penetración. El idealismo se traduce en una desconexión entre la ley y la vida real. El paternalismo privilegia la autoridad en desmedro de la libertad. El legalismo engloba todas las relaciones sociales bajo una legislación totalizadora. El formalismo se traduce en la proliferación de requisitos para obtener permisos legales. Finalmente, la falta de penetración del derecho latinoamericano impide que la ley llegue al ciudadano común, que no está en condiciones de comprenderla o "descubrirla", y por tanto no participa de ella[87].

En semejante contexto, la única forma de abrirse paso en la sociedad era influir en el proceso político que constituía la fuente del derecho, es decir el origen de las leyes. Era allí, en el teatro de batalla de la ley política, no en el mercado, donde se daba la verdadera competencia. La energía no estaba dirigida a producir riqueza sino a torcer la ley en beneficio propio (o a impedir que otros hicieran lo mismo).

El sistema colonial había casado al poder político con la ley (los virreyes y gobernadores encabezaban la judicatura y los corregidores que operaban como magistrados locales tenían poderes políticos), vaciándola de todo carácter universal, general y abstracto. Los cambios fantasmagóricos que trajeron las repúblicas —códigos perfectos, parlamentos que interpretaban la ley en nombre del pueblo soberano, jueces que representaban la separación de poderes— constituyeron otra vuelta de tuerca de la tradición basada en la desigualdad ante la ley. La legislación —cualquier cosa que los gobiernos decretaban, ejercicio que practicaban de forma profusa— era la ley. Pero la inflación de leyes se tradujo en su devaluación[88],

---

rica, editado por John Goodman y Ramona Morotz-Baden, Dallas, National Center for Policy Analysis, 1990, p. 51.

[87] Kenneth L. Karst y Keith S. Rosenn, Law and Development in Latin America: A Case Book, Berkeley, University of California Press, 1975, pp. 65-66.

[88] Alberto Benegas-Lynch atribuye esta frase, que cita en un contexto distinto, al jurista francés Marcel Planiol (Las oligarquías reinantes, Buenos Aires, Atlántida, 1999, p. 45).

de la misma forma como la inflación monetaria deprecia la moneda.

Así operaba el principio de la ley política en la era republicana.

El resultado fue una paradoja. Mientras más fuertes se hacían los cinco principios de la opresión, más se debilitaba la legitimidad sobre la que reposaban y el aparato —llamado Estado— que los sostenía.

El caudillo, ese arquetipo decimonónico, estaba por encima de la ley porque él mismo *era* la ley. Pero mientras más fuerte era el caudillo, más débil era la ley. Tratárase del paraguayo José Gaspar Rodríguez de Francia, del general mexicano Santa Anna (que enterró en un cementerio de su país, y con fiesta, la pierna que había perdido en el combate contra los franceses), del argentino Juan Manuel de Rosas o del peruano Ramón Castilla, todos los caudillos, despóticos o democráticos, federalistas o centralistas, liberales o conservadores, partidarios o adversarios de la esclavitud, clericales o anticlericales, de raíz campesina o de raigambre oligárquica, resultaron variaciones de la misma república: una república en la que el orden no era "un equilibrio que se suscita en el interior" de una sociedad sino "una presión que desde fuera se ejerce" sobre ella[89].

La república, que había surgido a resultas de la lucha contra el gobierno colonial, consolidó los cinco principios de la opresión heredados tanto del mundo precolombino como de la Colonia. Al igual que en los remotos orígenes del Estado, el poder político era ahora, aunque de forma más sofisticada, el instrumento mediante el cual una clase gobernante satisfacía sus apetitos a expensas del resto. Unas décadas después de la Independencia, las repúblicas empezaron a perder legitimidad sin darse cuenta. También la perdió su imagen, la ley. Una vez más, la ilegitimidad del Estado despertó cosquilleos de cambio.

---

[89] José Ortega y Gasset, *Mirabeau o el político*, Madrid, El Arquero, 1927, p. 17.

II. El siglo del caracol

El siglo XX latinoamericano empezó con lo que pretendía ser una transformación capitalista bajo el mando de Porfirio Díaz, dictador de México desde las últimas décadas del siglo XIX, y terminó con otra pretendida transformación capitalista —desde el Río Grande hasta la Patagonia— en la década de 1990. Lo que ocurrió en medio se resume así: revolución socialista y nacionalismo económico. La revolución —el apogeo de las masas— trajo el nuevo Estado en reemplazo del oligárquico, ilegítimo siglo XIX. El nacionalismo económico pasó a ser la filosofía del nuevo Estado, negación del anterior. Hubo revoluciones en México, Bolivia, Cuba y Nicaragua, otra algo menos radical en Chile, y a medias en Perú y Panamá. El nacionalismo económico campeó de un confín a otro de América latina: su símbolo fue el populismo de Juan Domingo Perón en la Argentina, hombre con muchos imitadores, conscientes o no. El doble fenómeno del apogeo de las masas y del nacionalismo económico acabó por envolverlo todo, o casi todo, a izquierda y derecha, en dictadura o democracia.

El resultado paradójico del levantamiento popular contra la tradición fue la perseverancia de la misma tradición, vale decir de los cinco principios de la opresión. Las fantasmagóricas representaciones del siglo XX se escenificaron sobre un estrado cuya tramoya se componía de las viejas piezas heredadas del corporativismo, el mercantilismo de Estado, el privilegio, la transferencia de riqueza y la ley política en sustitución del Estado de Derecho. La forma de asignar derechos de propiedad, la naturaleza de la relación entre el poder y el individuo, y el papel de la ley probaron ser resistentes al cambio. El genio del nuevo sistema consistió en permitir que variaran las fuerzas relativas de las facciones que competían por el poder, y en alterar periódicamente las jerarquías entre ganadores y perdedores, de acuerdo con quién daba las órdenes. Pero las reglas de juego bajo las cuales se dieron esas convulsiones no sufrieron variación fundamental.

El apogeo de las masas

Un siglo de vida republicana independiente había encumbrado un Estado ilegítimo rodeado de masas excluidas. La expresión política de un sentimiento mayoritario de repulsa era cuestión de tiempo. Ella llegó, en 1911, con la sangrienta Revolución Mexicana. Un nuevo protagonista fulguró entre candilejas: el pueblo. A partir de ese momento y durante el resto del siglo XX, buena parte de lo que se hizo, en México lo mismo en el resto de América latina (donde la Revolución mexicana tuvo consecuencias profundas), se realizó en nombre del pueblo, aun cuando no siempre con la participación del pueblo. Y mucho de lo que aconteció en las décadas siguientes, así en lo político como en lo económico, fue estela de esa revolución.

¿Qué significó la revolución, además de furor, cenizas y poesía? Dio origen a un nuevo Estado, en reemplazo de la entidad decimonónica. Éste nació de una negociación entre intereses en guerra. Con la formación de un partido de Estado, los ejércitos regionales y grupos de poder pasaron a ser las columnas de un nuevo edificio corporativo. Si la exclusión de las masas había deslegitimado al Estado antiguo, el pueblo debía ser la columna vertebral de la nueva creación. Pero ¿cómo incorpora un Estado a millones de personas? Sin derechos individuales y universales, sólo puede hacerlo mediante el uso de una abstracción jurídica, esa vieja herencia romana, arrogándose la representación de todos. Una vez que el Estado, a través de sus componentes múltiples, *representa* los intereses del pueblo, ya no hace falta que todos los miembros de la sociedad ejerzan directamente su propia representación y asuman la responsabilidad de sus propias vidas. Al absorber las identidades individuales en la abstracción colectiva, el Estado mexicano pasó a ser una forma de corporación, ficción jurídica que actuaba en nombre del pueblo, cuya legitimidad residía exactamente donde había residido la ilegitimidad del Estado anterior. El surgimiento del pueblo, al despuntar el siglo XX, fue, más que el alzamiento físico de las masas, la disolución de todas las identidades individuales en un cuerpo político que adquirió entonces la legitimidad de la representación universal.

Los derechos de propiedad habían sido selectivos y fragmentarios. La respuesta de la revolución no fue hacerlos individuales y tangibles, sino colectivos y abstractos. En nombre del pueblo y por vía del artículo 27, la Constitución de 1917 (documento continuamente remendado) reservó todos los derechos, en lo que tocaba a la tierra, al subsuelo o a la propiedad intelectual, para el Estado[90]. En los años '20, el presidente Plutarco Elías estableció un partido oficial. En nombre del pueblo, el partido del Estado monopolizó la representación política y operó como el nexo entre la sociedad y su nuevo representante. En los años '30, el presidente Lázaro Cárdenas, ese símbolo estatista, nacionalizó el petróleo, las carreteras y otros recursos. En los años 70, el perdurable Estado revolucionario se reservó, con santificación constitucional, la planificación y conducción de la actividad económica. Durante décadas, la revolución legitimó al Estado mediante la expropiación de derechos y de activos. Cuando no confiscaba derechos de propiedad, éstos resultaban limitados por el hecho de que el gobierno era el depositario de *todos* los derechos, cuyo ejercicio podía ceder o asignar temporalmente a grupos privados.

La revolución corrigió la exclusión y la discriminación del viejo orden mediante un pase de prestidigitación jurídica. Era

---

[90] John P. Powelson y Richard Stock, *The Peasant Betrayed: Agriculture and Land Reform in the Third World*, Washington D.C., Cato Institute, 1990, pp. 35-37.

preciso que gente de carne y hueso, y dotada de autoridad gubernamental, personificara la representación. Los escogidos fueron,
desde luego, el Presidente y los miembros del Poder Ejecutivo. La
Constitución concentró en sus manos un poder político colosal.
El Congreso, la judicatura y las gobernaciones de los Estados eran
poderes serviles. Tenían que serlo si el Estado quería legitimarse
representando en exclusiva la identidad colectiva del pueblo.
Cualquier sistema de contrapesos eficaz debilitaría sin remedio
esa pretensión. El Estado era, pues, una jerarquía en la que algunos poderes predominaban y otros obedecían y, como el gobierno estaba en la cúspide, no había mayor diferencia entre Estado
y gobierno. Si el Estado era el dueño de los derechos y el Estado
estaba personificado por el Presidente y el Poder Ejecutivo, las
autoridades políticas eran, en la práctica, dueñas del pueblo.

No era un Estado totalitario. Era dictatorial y a veces brutal,
pero no sería preciso llamarlo totalitario. Su esencia era corporativista en un sentido más perfecto que en el pasado. Se relacionaba con la sociedad a partir de sus funciones: "campesinos", "trabajadores", "funcionarios", "intelectuales", "militares", etc. Cada
grupo estaba organizado, en los niveles federal, estatal y local, de
arriba hacia abajo. El partido —nacido en 1929 y conocido, después de algunos cambios de nombre, por su acrónimo PRI— era
el factor unificador: daba coherencia orgánica a la sociedad y la
integraba al Estado. Como siempre, en la estructura corporativista los derechos eran colectivos. El individuo sólo podía desarrollar
su labor participando de la identidad corporativa de su grupo.

Desde luego, el nuevo corporativismo desplazó a las poderosas corporaciones del pasado y benefició a las nuevas. El Estado
revolucionario enfiló sus baterías contra la Iglesia y contra ciertos grupos empresariales ligados al capital internacional, redis-
tribuyendo su riqueza en favor de las corporaciones elegidas. A
través del artículo 130, la Constitución dirigió su hostilidad de
manera explícita contra la Iglesia[91]; se otorgó derechos, también

---

[91] E. Bradford Burns y Julie A. Charlip, *Latin America: A Concise Interpretive History*, Upper Saddle River, N. J., Prentice Hall, 2002, p. 206.

explícitos, a las organizaciones laborales y campesinas. Los trabajadores obtuvieron la jornada de 8 horas, la semana laboral de seis días, la consolidación del salario mínimo, participación en las ganancias y protección contra el despido. Surgieron, tanto en las gobernaciones como en los municipios, entidades encargadas de abogar por los trabajadores en sus disputas con los gerentes. También los campesinos obtuvieron beneficios. Bajo el régimen del ejido, se expropió tierras a sus dueños para dividirlas en parcelas. En la década de 1930, Lázaro Cárdenas redistribuyó 45 millones de acres y, en los '70, Luis Echeverría procedió a otra redistribución masiva: casi 33 millones de acres. Eran tan pequeñas las parcelas, que en muchos casos ni siquiera garantizaban la subsistencia[92].

El corporativismo atrae el mercantilismo de Estado porque, si los derechos son fragmentarios, el gobierno define quiénes son los nuevos ganadores y perdedores, para vivir y alimentarse de ese nuevo ordenamiento. El mercantilismo de Estado a su vez genera privilegio, lo que requiere transferencia de riqueza. Y la ley política es la que hace posible los otros cuatro principios de la opresión. El partido revolucionario entendió que, para sostener la estructura estatista, necesitaba de algunos grupos empresariales revolucionarios. Practicando lo que ha sido apropiadamente calificado de "integración hacia atrás", el Estado incorporó a ciertos grupos empresariales al sistema, permitiéndoles fijar sus propias reglas, es decir concediéndoles privilegios exclusivos[93]. Como los bancos habían sido nacionalizados *de facto*, como se necesitaba dinero y como el acceso al crédito externo se había vuelto una prioridad, se permitió a los banqueros volver a ejercer derechos de propiedad y redactar sus propias normas para

---

[92] Rosario Varo Berra, *La reforma agraria en México desde 1853: sus tres ciclos legales*, Los Ángeles, UCLA Program on Mexico, 2002, pp. 130-140.

[93] Stephen Haber, Noel Maurer y Armando Razo, "Sustaining Economic Performance Under Political Instability, en *Crony Capitalism and Economic Growth in Latin America: Theory and Evidence*, editado por Stephen Haber, Stanford, Hoover Institution Press, 2002, p. 35.

que las barreras contra el ingreso de eventuales competidores al mercado preservaran el negocio en las apretadas manos de los escogidos. Se favoreció, asimismo, a ciertos industriales, quienes fijaron también sus propias reglas, tendiendo alrededor de sus mercados un alambrado de aranceles protectores. El gobierno, que tenía influencia en los bancos y creó, además, un banco estatal, se aseguró de que el dinero fluyera hacia aquellos grupos empresariales a los que quería fortalecer. Para hacer más creíble el compromiso del gobierno con la clase dirigente nacida a su amparo, los políticos y burócratas ejercieron simultáneamente de empresarios.

El corporativismo, el mercantilismo de Estado y el privilegio descansaban, pues, sobre la transferencia de riqueza, que desviaba el trabajo de los productores hacia el parasitismo de los rentistas. Todo ello a través del instrumento de la ley política, encarnada en este nuevo Estado que anclaba su legitimidad en "el pueblo".

Para evitar la pérdida de legitimidad que había encendido las praderas alrededor del viejo Estado, esta vez el sistema corporativista y mercantilista debía ser más amplio e integrador, y consustanciarse con la identidad del pueblo. Pero el Estado que surgió de los cadáveres y la devastación de la guerra civil asumió una estructura de derechos que todavía pasaba por la transacción excluyente entre las autoridades políticas y los intereses particulares, por mucho que el número de quienes formaban parte de esos intereses hubiese crecido.

Como todas las revoluciones, la mexicana buscó la estabilidad y la perpetuidad. Una vez que los nuevos pilares corporativos garantizaron la estabilidad y el PRI pudo perpetuarse, ya no importó qué políticas ejecutaran los gobiernos —liberales o proteccionistas, austeras o derrochadoras— mientras se desarrollaran, todas ellas, con arreglo a los intereses corporativos que sostenían al nuevo Estado. A fines de los '80 —perfecto legado de las contradictorias ideologías o modas políticas de la Revolución mexicana—, ya existían 318 enmiendas a la Constitución...

En lo esencial, la Revolución mexicana devolvió a ese país al lugar en el que se encontraba cuando deflagraron los primeros fogonazos, por mucho que el aspecto de las cosas hubiese variado de forma irreconocible, que los recursos y la riqueza hubiesen cambiado de manos, y que vastas porciones de la sociedad hubieran empezado a participar en la república oficial. El México capitalista de Porfirio Díaz y el México revolucionario de Plutarco Elías Calles, Lázaro Cárdenas y Luis Echeverría —para nombrar a las figuras representativas de una era— tenían más en común de lo que sospechaban.

Muchas otras revoluciones sacudieron a América latina después de la Revolución Mexicana. La Revolución Boliviana de 1952, la Revolución Cubana de 1959 y la Revolución Nicaragüense de 1979 fueron revolucionarias en el sentido clásico, aunque la de Bolivia fue nacionalista, mientras que en Cuba y Nicaragua fue comunista. En Chile, la revolución triunfó en 1970 a través del sistema electoral burgués, mientras las experiencias revolucionarias del Perú y de Panamá en los años '70 ocurrieron bajo dictaduras militares. No viene al caso describir lo que pasó en cada una de ellas. Lo que importa es que, aun cuando no pudieron perpetuarse, todas ellas expandieron la filosofía de la Revolución Mexicana a lo largo y ancho de América latina.

Las muchas similitudes entre las diversas revoluciones se reducen a dos ideas, que marcaron el siglo xx. La primera tiene que ver con el Estado en tanto que expresión de la identidad del pueblo. Si el Estado era el pueblo, rescatar al pueblo de la ilegitimidad de la vieja república pasaba por erigir un nuevo Estado que encarnase la identidad colectiva. La segunda idea es una extensión de la primera. Como el Estado en tanto que depositario de la identidad colectiva y redentor del pueblo era un concepto sin sentido a menos que encarnase en una estructura política y económica con nuevas instituciones y derechos ligados al propio Estado, las revoluciones acabaron por consolidar en vez de corregir aquello contra lo cual se habían rebelado.

En la vieja república ilegítima, los ganadores no habían sido los que mejor jugaban el partido sino aquellos para quienes el Estado había torcido las reglas de juego. En la nueva república, el Estado, que seguía torciendo las reglas de juego, favoreció nuevos intereses, aun cuando éstos, por su número, fuesen más representativos de la sociedad. Entre los intereses favorecidos estaba, por supuesto, el propio Estado, uno de los grandes ganadores en el partido económico. Después de capturar las minas, el petróleo, la pesca, la banca, los seguros, el comercio, la tierra y otros negocios, el gobierno revolucionario del Perú pasó, en los años '70, a ser el dueño de más de la tercera parte de la economía productiva. La Revolución Boliviana de 1952, encabezada por Víctor Paz Estenssoro, expropió, de manos tanto nacionales como extranjeras, muchas áreas de la economía, incluyendo las poderosas minas de estaño, que redituaban a las tres familias propietarias ingresos superiores a toda la recaudación fiscal. La consecuencia de esta revolución fue que hacia los años '70, mucho después de acabada, el Estado boliviano generaba el 85% de la recaudación fiscal y un tercio de todos los puestos de trabajo del país[94]. La Revolución Chilena de Salvador Allende fue rápidamente interrumpida por el golpe militar de Augusto Pinochet en 1973 pero, en los tres años que duró, el Estado también acaparó una gran proporción de la economía. En el caso más extremo de la Cuba totalitaria, seguido del de Nicaragua, cuya revolución no llegó tan lejos, ningún rincón de la sociedad quedó libre del control del gobierno.

Aparte del tamaño diminuto del electorado, el emblema más poderoso de la vieja república ilegítima había sido la concentración de la propiedad de la tierra. Inspirada por la revolución, la reforma agraria se volvió, de un confín a otro de América latina, el caballito de batalla de la nueva república. Como hemos visto, la Revolución Mexicana emprendió su reforma agraria muy pronto; siguió expropiando tierra —y distribuyendo ejidos— hasta los años '70[95]. Se entregó a los campesinos abundante cantidad de tierra, pero no se les dio plenos derechos de propiedad.

---

[94] Maura de Val, *La privatización en América latina*, Madrid, Editorial Popular, 2001, p. 108.

[95] John P. Powelson and Richard Stock, *The Peasant Betrayed: Agriculture and Land Reform in the Third World*, Washington D.C., Cato Institute, 1990, pp. 35-37.

También se organizó al campesinado en movimientos que calzaron de modo perfecto con la estructura corporativista diseñada por el Estado (ejemplo de ello fue la Confederación Nacional Campesina creada por Lázaro Cárdenas).

Después de 1950, otros países llevaron a cabo sus propias reformas agrarias: Guatemala en 1952, Bolivia en 1953, el Perú a comienzos de los años '70. Los métodos variaron —Bolivia legalizó las invasiones, el Perú expropió la tierra de los hacendados y la puso en manos de más de 600 cooperativas dirigidas por el gobierno—, pero el resultado fue en general el mismo, excepto que en Bolivia los campesinos supieron resistir mejor la intervención de su Estado y tomaron algunas iniciativas privadas[96].

La reforma no significó el tránsito de la propiedad ejercida por unos pocos dueños privados a la propiedad plena de millones de nuevos dueños privados, sino a una ficticia propiedad por parte de los campesinos: el Estado, entidad que encarnaba los derechos colectivos de las masas, pasó a ser el beneficiario de la transferencia, el verdadero dueño[97]. Esta nueva forma de concentración, y el hecho de que muchas de las tierras no afectadas por las transferencias eran tan pequeñas que no se prestaban para una economía de escala, explica en parte por qué en las tres décadas posteriores a la Segunda Guerra Mundial el ritmo de crecimiento de la agricultura fue apenas la mitad que el de la industria, nueva estrella de la economía latinoamericana[98]. Sólo fue

---

[96] John P. Powelson y Richard Stock, *The Peasant Betrayed: Agriculture and Land Reform in the Third World*, Washington D.C., Cato Institute, 1990, pp. 141-142.

[97] Algunos países, como el Brasil, no realizaron una reforma agraria plena, de modo que la concentración de la propiedad se perpetuó de acuerdo con la vieja herencia. La respuesta fue el masivo fenómeno campesino conocido como el Movimiento de los Sin Tierra, que en los años '80 ejerció la violencia contra los grandes propietarios y su vez fue víctima de actos de violencia por parte de ellos.

[98] Oscar Muñoz Gomá, *Estrategias de Desarrollo en economías emergentes: lecciones de la experiencia latinoamericana*, Santiago, Chile, Facultad Latinoamericana de Ciencias Sociales, 2001, p. 53.

posible para algunos campesinos acceder a la propiedad directa
de la tierra cuando las cooperativas teledirigidas por el Estado
empezaron a vender ilegalmente la tierra a las asociaciones agrarias, como ocurrió en el Perú después de 1976. Pero, por tratarse de una suerte de privatización ilegal, los costos de transacción
eran onerosos, las transferencias de derechos enfrentaron muchos obstáculos y el acceso al crédito fue mínimo. En estas parcelas descapitalizadas y de bajo rendimiento, la inversión brilló
por su ausencia. Aun con la privatización clandestina, la reforma agraria peruana provocó, entre comienzos de los años '70 y
comienzos de los '80, una caída de la producción per cápita de
2,3 por ciento.

La concentración de la propiedad no empezó, por cierto, con
las revoluciones y las reformas agrarias. Había sido uno de los
males de la vieja república, detonante de movimientos de protesta. Hacia la década de 1950, el 60% de la tierra argentina pertenecía al 2% de las estancias del país; en el Brasil, 1,6% de las *fa-
zendas* abarcaban el 50% de la tierra y en El Salvador el 1% de las
haciendas poseían la mitad de la tierra[99]. En el Perú, antes de la
reforma agraria, las haciendas azucareras de las costa acapara-
ban casi todo el crédito agrario. Como escribió Ernest Feder, el
latifundismo, suerte de monopolio de la tierra en manos de una
elite apoyada por el Estado cuyo origen se remontaba muchos siglos atrás, había explotado a los campesinos a través de la imposición unilateral de la aparcería, los tributos laborales, las evacua-
ciones y la violencia. Ese régimen había permitido mucha menor
productividad en las grandes haciendas de la que hubiera sido posible. También, y lo que es más importante, había producido una
masa campesina sin tierra, excluida de los mercados[100].

En la nueva república, los defensores del statu quo sostenían
que cualquier tipo de reforma violaría la propiedad de los gran-

[99] E. Bradford Burns y Julie A. Charlip, *Latin America: A Concise Interpretive History*, Upper Saddle River, N. J., Prentice Hall, 2002, p. 239.

[100] Ernest Feder, *The Rape of the Peasantry: Latin America's Landholding
Problem*, Garden City, Nueva York, Anchor Books, 1971, caps. 5 a 9.

des terratenientes, mientras que los reformistas agrarios, en muchos casos respaldados por programas como la Alianza para el Progreso, no entendieron que sustituir a los terratenientes de la clase dirigente por la burocracia del Estado —además de vulnerar la propiedad de quienes no eran directos responsables de los despojos históricos— sólo agravaría el problema. Millones de campesinos latinoamericanos fueron víctimas de esta trampa mortal.

La vieja herencia latifundista sigue gravitando sobre países como el Brasil, donde casi la mitad del área cultivable está en manos del 3% de los propietarios de tierra[101]. El Movimiento de los Sin Tierra, fundado a mediados de los años '80, ha forzado al gobierno a entregar a los pobres algunas tierras que juzgaba improductivas, pero el conflicto subsiste y es motivo de violencia tanto por parte de campesinos que invaden propiedades como de poderosos rancheros que intentan preservar el statu quo.

"Al lado de la inestabilidad —sostuvo el escritor colombiano Germán Arciniegas en 1958— se produce otras veces algo peor: la estabilidad"[102]. Nadie llamaría "estables" a todas aquellas décadas del siglo XX signadas por la revolución. Y, sin embargo, en un sentido profundo, el producto de esos años tumultuosos fue una terrible estabilidad. El siglo XX volvió a plantar en la tierra latinoamericana las semillas de la ilegitimidad que ya antes habían germinado hasta hacer insostenibles las repúblicas surgidas de la independencia. El Estado oligárquico se había convertido en el Estado burocrático[103].

[101] Matt Moffett, "In Brazil, The Poor Stake Their Claim on Huge Farms", *The Wall Street Journal*, 11 de julio, 2003, pp. 1, 4.

[102] Germán Arciniegas, *Entre la libertad y el miedo*, México D.F., Ediciones Cuadernos Americanos, 1952, p. 315.

[103] Ésta es la expresión que usa Victor Bulmer-Thomas para comparar al Estado latinoamericano del siglo XX con el del siglo XIX. Véase "Economic Performance and the State in Latin America", en *Liberalization and its Consequences: A Comparative Perspective on Latin America and Eastern Europe*, editado por Werner Baer y Joseph L. Love, Northampton, Mas., Edward Elgar, 2000, p. 18.

Sólo una revolución derivó en una forma distinta de estabilidad o, para decirlo de otro modo, en un tipo de inestabilidad mucho menos engañosa: la Revolución Costarricense de 1948. Allí, la insurgencia de José Figueres dio paso a la coexistencia civilizada, a instituciones relativamente firmes que protegían algunos derechos frente a la intromisión gubernamental y a un rechazo del autoritarismo. Pocas décadas después, el fruto de esa revolución fue la relativa superioridad económica y política de Costa Rica sobre el resto de América Central (en parte debida, también, a una tradición de pequeños y medianos propietarios de tierra). Pero Costa Rica, como los demás, se hincó ante el nacionalismo económico; aun con los matices descritos, el subdesarrollo siguió siendo la condición de Costa Rica a la par que su Estado ensayaba la cura de sus padecimientos sociales con impuestos y subsidios.

Nacionalismo económico: El siglo del caracol

Hubo un momento, a comienzos del siglo XX, en que, después de cuatrocientos años de relaciones intensas con el mundo exterior, tres de ellos como colonia y uno como continente que comerciaba con potencias extranjeras y atraía sus inversiones, América latina decidió mirar en sentido contrario. No fue un remilgo coqueto o tentativo; más bien, un repliegue premeditado hacia el interior de sí misma. Se convenció de que el futuro no estaba en la libre danza de la gacela a lo largo y ancho de la selva global, sino bajo la concha envolvente, ensimismada, del caracol. De ahora en adelante, se acaracolaría: miraría hacia el interior de su propio espacio y de allí mismo extraería la energía para avanzar y crecer.

No resulta fácil precisar en qué instante tuvo lugar ese acto de introversión, que fue espiritual tanto como político, según lo demuestra su profundidad, amplitud y perseverancia. ¿Fue antes, inclusive, de que despuntara el siglo XX, en los años crepusculares del siglo XIX, cuando países como la Argentina, el Brasil y México pretendieron abrigar a sus nuevas industrias con el uso de aranceles y estimular la importación de máquinas para apoyar el esfuerzo de la economía "nacional", mientras que Chile buscaba despojar a los británicos del control de los nitratos? ¿O fue más tarde, tras la Primera Guerra Mundial, cuando los gérmenes del fascismo europeo viajaron a través del océano y encontraron una materia dispuesta en el organismo corporativista de América latina, abriendo el camino a los regímenes que harían época en las décadas siguientes? ¿O fue después de 1930, cuando todos los amagos antes mencionados encontraron una nueva y definitiva oportunidad en el mundo hostil de la Depresión, en el que las materias primas de América latina ya no tenían mayor demanda y la intromisión de los Estados de los países desarrollados en los mercados de capitales hacía prever una sequía inversora y financiera?

Lo cierto es que hacia la década de 1930 la perspectiva latinoamericana dio un giro copernicano. Puede no haber sido obvia para un observador situado en la mata de aquellos años la conexión entre los regímenes corporativistas de derecha que se embarcaban en lo que sería medio siglo de nacionalismo económico y los movimientos de izquierda, algunos violentos y triunfantes, que estremecían o estaban por estremecer todos los rincones de la región latinoamericana. Y, sin embargo, estaban emparentados, de la misma forma que lo habían estado, bajo sus cruces de espadas, los bandos liberales y conservadores que tiñeron de rojo el suelo del siglo XIX. Las corrientes de derecha y de izquierda del siglo XX no sólo se vinculaban en virtud de la larga tradición que gravitaba contra el individuo. Ahora, por la tendencia común a encerrarse bajo la concha del caracol, eran almas gemelas. Ya fuera en nombre del pueblo y su símbolo, el Estado, o en nombre de la patria, ya fuera en pos de la justicia social o del orden, ya fuera bajo la inspiración de la universalidad proletaria o de la nostalgia hispana, había nacido el nacionalismo económico. Su aliento envolvió a todos los partidos, iglesias, clases y mentes. Su filosofía adquirió las proporciones de una verdad aceptada; cualquier señal de disidencia era una herejía.

Las políticas proteccionistas que se insinuaron por América latina en la entreguerra y empezaron a cobrar fuerza en la déca-

da de 1930, pasaron a ser un credo continental hacia la mitad del
siglo. Raúl Prebisch, el argentino que a partir de 1948 dirigió la
Comisión Económica para América Latina y el Caribe (CEPAL)
y luego fue el primer secretario general de la Conferencia de las
Naciones Unidas sobre Comercio y Desarrollo, se constituyó en
la dínamo ideológica detrás de la nueva filosofía del "estructuralismo". Ninguna visión económica tuvo influencia más penetrante y duradera.

Ella no es el punto focal de este libro. Basta trazar aquí sus líneas maestras. Según el "estructuralismo", el subdesarrollo es
una condición derivada de los injustos términos de intercambio
entre las materias primas baratas que exportan los países de "la
periferia" y las manufacturas caras que les venden los países del
"centro". Como los países ricos "monopolizan" el capital y la tecnología, los países pobres, que necesitan importar ambas para
mantener niveles apropiados de inversión, están en desventaja
"estructural" porque con sus exportaciones de materias primas
baratas no obtienen suficientes divisas para pagarlas y a la vez
adquirir las manufacturas que los países ricos también "monopolizan" (sin contar el hecho de que los mercados internos de los
países subdesarrollados son demasiado "pequeños" para sostener el crecimiento industrial y las multinacionales se llevan mucha de la riqueza proveniente de las materias primas)[104]. ¿Y por
qué estos términos de intercambio amplían cada vez más la brecha en perjuicio de los países subdesarrollados? Porque el aumento de la población y los avances tecnológicos que hacen crecer la producción en los países pobres elevan la oferta de materias
primas en el mercado internacional, mientras que la expansión
del ingreso en los países ricos no eleva la demanda de esos productos; y porque en cualquier caso la tecnología de los países desarrollados permite la sustitución de las materias primas. Las trabas comerciales y los ciclos de auge y recesión de los países ricos

---

[104] Peter Bauer disecciona atinadamente el argumento de Raúl Prebisch
en *Dissent on Development*, Cambridge, Mas., Harvard University Press,
1976, pp. 234-271.

se suman al *impasse* "estructural", por tanto los países pobres sufren continuas fluctuaciones en el rendimiento de sus exportaciones. Según el modelo de la CEPAL, la modificación de los términos de intercambio fue la principal vía por la cual el "centro" transmitió la Depresión a "la periferia" en la década de 1930, ya que, siendo los salarios inflexibles en los países ricos y muy flexibles en los pobres, se dio un mayor desempleo en el mundo desarrollado, lo que a su vez afectó la rentabilidad de las exportaciones tradicionales de los países subdesarrollados[105].

La solución "estructuralista" pasaba por "corregir" los términos de intercambio con el uso de aranceles, cuotas y tipos de cambio, instrumentos que crearían el ámbito propicio para una industria nacional protegida contra el asedio de las manufacturas extranjeras. Se requeriría aún ciertas importaciones, pero sólo de bienes de capital, indispensables para sostener el crecimiento. Como semejante realineamiento de la economía sólo sería posible desde la acción del gobierno, el Estado pasaría a ser el garante del crecimiento económico. No podría limitarse a dirigir un aspecto y dejar intactos los demás, ya que el modelo exige un sistema orgánico capaz de integrar todas las piezas en el rompecabezas. Si la industria, musa de aquella era, iba a ocupar su lugar en el altar, era preciso ofrendarle sacrificios. El Estado debía subvencionar a los consumidores urbanos a costa de la producción agraria. Debía ocuparse de dirigir los recursos hacia el lugar "adecuado", por lo que tenía que privilegiar, ya fuese ejerciendo directamente la propiedad o concediendo estímulos indirectos, determinadas inversiones: lo que Gunnar Myrdal, célebre nacionalista económico de origen sueco, llamó "una cuidadosa planificación por segmentos"[106]. En resumidas cuentas, el nacio-

---

[105] Peter T. Bauer, *Dissent on Development*, Cambridge, Mas., Harvard University Press, 1976, pp. 234-271.

[106] Gunnar Myrdal, "Development and Underdevelopment: A Note On the Mechanism of National and International Economic Inequality", Cairo, National Bank of Egypt, Fiftieth Anniversary Commemoration Lectures, 1956, p. 64.

nalismo económico apuntaba al mismo fenómeno que la Revolución Mexicana: la entronización del Estado como entidad que asumiría la identidad colectiva del pueblo y de la nación en su conjunto.

Esta visión nacionalista de la economía política pronto se tiñó de tonalidades marxistas, haciéndose eco de las ideas de J. A. Hobson y, en especial, de Lenin sobre el imperialismo en tanto que versión internacional de la lucha de clases[107]. Los términos de intercambio no colocaban a América latina en desventaja por casualidad. Detrás de las realidades económicas, había fuerzas imperialistas activas. Una variante posterior del "estructuralismo", que tuvo a Fernando Henrique Cardoso (futuro presidente del Brasil), entre otros, como principal valedor, dio en llamarse "teoría de la dependencia"[108]. Como América latina y otras zonas del subdesarrollo eran víctimas de una "dependencia estructal" que ni siquiera la sustitución de importaciones podía remediar, la solución pasaba por la ayuda exterior. El propio Raúl Prebish había propuesto que los países ricos contribuyeran al desarrollo de los países pobres destinando un 1% de su renta nacional a la ayuda exterior[109]. La "teoría de la dependencia" dio una justificación filosófica a la reasignación internacional de recursos que, según las tesis en boga, debía ir paralela a la realizada por los gobiernos de puertas adentro a través del nacionalismo económico.

La fuerza moral del "estructuralismo" y la "teoría de la dependencia" fue tal, que las instituciones más influyentes, incluyendo a la Iglesia (Teología de la Liberación), los partidos políticos (desde los marxistas hasta la Democracia Cristiana) y los

---

[107] Véanse *Imperialism: A Study*, por J. A. Hobson, Ann Arbor, Mich., University of Michigan Press, 1965, e *Imperialism, the Highest Stage of Capitalism: A Popular Outline*, por Vladimir Ilich (Lenin), Nueva York, International Publishers, 1969.

[108] Fernando Henrique Cardoso y Enzo Faletto, *Dependency and Development in Latin America*, Berkeley, University of California Press, 1979.

[109] Peter T. Bauer, *Dissent on Development*, Cambridge, Mas., Harvard University Press, 1976, p. 236.

organismos internacionales (las propias Naciones Unidas) contribuyeron a darles crédito a lo largo y ancho de la región. Organizaciones y líderes de todo tipo, y de muy distinta ideología, se entregaron al nuevo credo: el de la sustitución de importaciones, la industrialización promovida por el gobierno y la ayuda exterior, dirigida a una batería de programas gubernamentales, para romper la estructura de la dependencia respecto de las materias primas. El viejo modelo orientado a la exportación voló por los aires. Los beneficiarios corporativistas del viejo modelo pronto fueron reemplazados, como vimos en el caso de la Revolución Mexicana, con nuevos satélites corporativos que giraban en la órbita del poder político: industriales, funcionarios públicos que controlaban la importación de bienes de capital y las empresas estatales, organizaciones laborales adscritas a ciertas ramas de la economía y sectores de clase media vinculados a servicios conectados con las nacientes industrias.

El nacionalismo económico tuvo dos etapas. La primera ocurrió en la década de 1930 y la segunda —expansión de la primera, pero mucho más sistemática e ideológica— vino después de la Segunda Guerra Mundial. La crisis mundial de los años '30 devastó la economía de exportación latinoamericana. Hacia 1932, la región exportaba 65% menos que a fines de los años '20[110]. Al coincidir la interrupción de las exportaciones y la contracción del capital extranjero con un aumento del gasto público, el desquiciamiento financiero llevó a la mayor parte de los países de la región a moverse en la dirección del nacionalismo casi al mismo tiempo. En la mayoría de los países los gobiernos eliminaron el patrón oro (que de todos modos funcionaba por entonces en forma limitada), devaluaron la moneda, multiplicaron los tipos de cambio, establecieron controles de capital y erigieron diversos tipos de barreras contra productos extranjeros. Hasta los años '30, se podía atribuir fácilmente las dificultades del desempleo a "factores externos", puesto que la política monetaria no

---

[110] E. Bradford Burns y Julie A. Charlip, *Latin America: A Concise Interpretive History*, Upper Saddle River, N. J., Prentice Hall, 2002, p. 228.

era discrecional y los aranceles servían un propósito puramente fiscal. Después de los años '30, los políticos se adueñaron de la política monetaria, enamorados de sus posibilidades en tiempos de recesión y desempleo, y potenciaron los aranceles para una estrategia distinta. El modelo exportador, de inspiración británica, había hecho de América latina el proveedor principal de materias primas hasta el Primera Guerra Mundial (esta región era el origen del 84% del café en los mercados internacionales, del 64% de la carne, del 97% de los nitratos, del 50% de los plátanos, del 30% del azúcar, del 43% del maíz y de grandes cantidades de metales[111]). Aquel modelo había sobrevivido durante los años '20 con algo menos de fluidez y más baches, pero sin revisión sustancial. En los años '30, colapsó.

El Brasil experimentó el *Estado Novo* de Getúlio Vargas, que llegó al poder en 1930; Lázaro Cárdenas asumió el mando en México en 1934; más de siete décadas de libre comercio y liberalismo llegaron a su fin en la Argentina con el gobierno militar de 1930 y se inauguró la era del Partido Radical en Chile. Ellos se entregaron a la sustitución de importaciones y simbolizan la gran tentativa de ruptura del modelo heredado. No todos los países latinoamericanos realizaron estas políticas con el mismo vigor. Los países del Cono Sur, como el Brasil, la Argentina y Chile, lo hicieron de un modo mucho más radical que países más pequeños, como los centroamericanos. México, más cerca, geográficamente, de los segundos, encaja, en cuanto a énfasis, dentro del primer grupo[112].

Además del uso de aranceles y del control de capitales en to-

---

[111] Maura de Val, *La privatización de América latina*, Madrid, Editorial Popular, 2001, p. 25.

[112] Alan M. Taylor atribuye la diferencia en la profundidad de las distorsiones económicas entre el Cono Sur y América Central a la amplitud que tuvo el control de capitales en uno y otro lado. Alan M. Taylor, "Latin America and Foreign Capital in the Twentieth Century: Economics, Politics, and Institutional Change", en *Political Institutions and Economic Growth in Latin America*, editado por Stephen Haber, Stanford, Hoover Institution Press, 2000, pp. 133-134.

das partes, hubo nacionalizaciones en México, el Brasil estableció consejos estatales y corporaciones que representaban a las distintas funciones, y se fundó el Banco Central en la Argentina. Pero esta primera etapa del nacionalismo económico fue aún "moderada": careció de la naturaleza orgánica de la segunda etapa, inaugurada después de la Segunda Guerra Mundial bajo el influjo del "estructuralismo" y el "desarrollismo" (los "ismos" son una ubérrima contribución del siglo xx latinoamericano).

La incontinencia fiscal, aun cuando no fue tan abundante como lo sería tras la Segunda Guerra Mundial, hizo su aparición de la mano del nacionalismo económico, con devaluación monetaria y déficit. En muchos lugares se temía el estallido de una revolución como efecto retardado de la conflagración mexicana, el avance de movimientos obreros masivos como el APRA[113] en el Perú y la penetración ideológica del comunismo. La introducción de programas de asistencia social, causa importante de la expansión del gasto público, fue hijo recóndito de ese miedo. No deja de ser irónico, por tanto, que el nacionalismo económico y la revolución compartieran una visión del Estado en tanto que redentor de la identidad colectiva. Los métodos, la intensidad, la retórica, podían variar, pero la esencia de lo que estaba ocurriendo en el continente era en todas partes la misma: un nacionalismo económico ya fuera de estirpe revolucionaria o reformista.

Tras la Segunda Guerra Mundial, la sustitución de importaciones cobró nuevo ímpetu y siguió una lógica propia. La inercia arrastró a los gobiernos hacia una intervención cada vez mayor en la economía. Si el gobierno quería dirigir la inversión hacia industrias particulares, debía proceder a apropiarse esas áreas o a ejercer un control indirecto a través de las cooperativas. Si el gobierno pretendía decidir qué productos se iban a importar libremente y cuáles iban a quedar fuera del alcance de los consumidores, eran de rigor entes estatales dedicados al co-

---

[113] El APRA es el acrónimo de la Alianza Popular Revolucionaria Americana.

mercio. Si se iba a impulsar determinadas actividades más allá de la esfera de las empresas públicas, se debía imponer un sistema de licencias industriales y comerciales muy estricto. Si la raíz del subdesarrollo estaba en los desfavorables términos de intercambio y en el monopolio del capital por parte de los países desarrollados, y si la sustitución de importaciones era la solución a la condición tercermundista, se hacían indispensables el control de capitales y el control de cambios (incluyendo la creación de tipos diferenciados). Si se iba a expandir el gasto público, se necesitaban controles de precios para contrarrestar los efectos de la inflación. Si se requería abundante crédito para engrasar la maquinaria industrial, era menester subvencionar el crédito. Si se pretendía expandir la demanda a fin de estimular la producción, la negociación colectiva por rama ayudaría a que los trabajadores tuviesen suficiente dinero para comprar bienes.

El Brasil, la Argentina y México fueron los pilares del nacionalismo económico en la región. Con Juan Domingo Perón, en la Argentina, estas políticas alcanzaron su cénit. Como había sucedido con Vargas en el Brasil, las acompañó un intenso corporativismo, en la línea del fascismo italiano: códigos laborales, representación por funciones, incorporación de movimientos sociales masivos a la esfera del Estado. En México, otros gobiernos del PRI consolidaron el legado de Lázaro Cárdenas. En el Brasil, Juscelino de Oliveira Kubitschek, el "modernizador", dio nuevos bríos a la industrialización. Hacia fines de la década de 1960, estas tres naciones abarcaban 80% de la producción industrial latinoamericana, mientras que otras cinco —Chile, Colombia, el Perú, el Uruguay y Venezuela— producían 17% de los bienes industriales de la región[114].

Esta segunda etapa de sustitución de importaciones se apoyó en una abundante inversión privada. Los aranceles libraron de la competencia a las filiales de los grandes conglomerados in-

---

[114] E. Bradford Burns & Julie A. Charlip, *Latin America: A Concise Interpretive History*, Upper Saddle River, N. J., Prentice Hall, 2002, p. 238.

dustriales del mundo desarrollado. Los mayores inversores extranjeros en México eran compañías estadounidenses, mientras que el Brasil diversificó el origen de sus capitales, atrayendo inversiones europeas y japonesas. Inclusive la Argentina, después de Perón, abrió las puertas de par en par al capital forastero: hacia fines de los '60, ocho de las diez compañías industriales más importantes del país eran extranjeras.

Entre la década de 1940 y la de 1970, como ocurre cuando el gobierno realinea la economía mediante una asignación selectiva de recursos y la inversión se concentra en determinada área, muchos países latinoamericanos experimentaron un crecimiento industrial. La protección del mercado doméstico creó las condiciones para que los fabricantes de bienes industriales pudieran exportar parte de su producción (continuaron las exportaciones de materias primas, en muchos casos también controladas por inversores extranjeros). La economía mexicana pudo exhibir en esas tres décadas un crecimiento anual de 6%[115] y el Brasil, único país del que puede decirse que desarrolló una economía con un índice importante de exportaciones industriales, redujo su dependencia con respecto al café, la joya de la república, que hacia fines del siglo pasó a representar sólo un 10% de la oferta brasileña en los mercados foráneos[116].

Pero el fundamento económico de este modelo, cuyos resultados estadísticos no reflejaban mejoras comparables en los niveles de vida y de consumo de la gente, estaba viciado de raíz. Se incubó una crisis que pudo en un principio ser disimulada por el masivo crédito externo de la década de 1970, pero que estalló finalmente en los '80. ¿Qué incentivo podían tener, para ser

[115] John Goodman y Ramona Marotz-Baden, "The War of Ideas in México", en *Fighting the War of Ideas in Latin America*, editado por John C. Goodman y Ramona Morotz-Baden, Dallas, National Center for Policy Analysis, 1990, p. 63.

[116] Oscar Muñoz Gomá, *Estrategias de desarrollo en economías emergentes: lecciones de la experiencia latinoamericana*, Santiago, Chile, Facultad Latinoamericana de Ciencias Sociales, 2001, p. 186.

eficientes y usar nueva tecnología, unas compañías que operaban en mercados altamente protegidos? ¿Cómo podían sostenerse de manera indefinida los altos precios y costos que resultaban
de las barreras comerciales y de las otras garantías gubernamentales que beneficiaban a los industriales? ¿Cómo podía una economía que vivía en una nube, enajenada por los artificios, seguir
importando las cantidades cada vez mayores de bienes de capital y hasta de materias primas necesarias para alimentar la industrialización? Y, teniendo en cuenta las divisas que se perdían
con estas importaciones, ¿cómo podían los países, sin una oferta exportadora suficiente para generar nuevas divisas en abundancia, adquirir tecnología de punta a fin de ser competitivos
más allá de los reducidos mercados internos? ¿Cómo podía sobrevivir la agricultura en países donde todo estaba dirigido en
favor de la industria, incluyendo los subsidios y controles de precios que privilegiaban a los trabajadores urbanos en perjuicio
de la pampa argentina, la tierra brasileña o los ejidos mexicanos? ¿Y cómo podía, en última instancia, sostenerse la industrialización sin una sólida base agrícola, a menos que se orde-
nara una masiva importación de alimentos con dinero que ya
no había? Y dado que el campo estaba despoblándose por efecto del dirigismo favorable a la urbe, ¿cómo iban estas economías
altamente reglamentadas a absorber a millones de nuevos trabajadores?

El nacionalismo económico —la era del caracol— entronizó
nuevos intereses creados, poderosos satélites que giraban en la
órbita del poder político. Algunos de estos grupos de la clase dirigente, en especial los beneficiarios de la industrialización, pertenecían al sector privado; otros, burocracias elefantiásicas relacionadas con las entidades económicas del Estado, pertenecían
al gobierno. Entre estas últimas había grupos federales, regionales y locales que controlaban el dinero y tenían poderes para reglamentar la vida de los demás, o que dirigían los movimientos
sociales vinculados al Estado. La nueva versión de los derechos
individuales limitados fueron los organismos "intermedios" (término caro a muchas instituciones, como la Iglesia Católica), en
teoría ubicados a medio camino entre el núcleo social básico de

la familia y el Estado, pero en la práctica convertidos en una constelación de satélites gubernamentales.

América latina estaba aún en las garras del corporativismo, porque los derechos eran fragmentarios y estaban basados en identidades corporativas, a su vez dependientes de la identidad colectiva y totalizadora del Estado. Seguía también en las garras del mercantilismo de Estado, porque el gobierno decretaba quiénes, entre los ciudadanos, eran los ganadores y quiénes los perdedores. Continuaba, además, en las garras del privilegio, porque las corporaciones elegidas, incluyendo las elites empresariales y laborales, estaban adscritas a la autoridad política y de ella derivaban su poder. Permanecía, asimismo, en las garras de la transferencia de riqueza de abajo hacia arriba, porque los campesinos subvencionaban a la ciudad, los consumidores subvencionaban a las industrias, los contribuyentes subvencionaban a los negocios favorecidos por la intervención del gobierno y las elites forzaban una representación y una paz sociales por la vía del Estado. Y, finalmente, sufría las garras de la ley política, siempre cambiante y discrecional, tributaria de la voluntad todopoderosa de las autoridades. Dentro de esos parámetros, parte del continente vivió temporalmente en democracia tras la Segunda Guerra Mundial, como Chile, el Uruguay, Venezuela después de 1958, el Brasil antes de 1964, de forma más breve la Argentina, intermitentemente el Perú y, a pesar de sus guerras civiles, Colombia, para citar unos cuantos casos; otros países, en especial pero no exclusivamente los de América Central y el Caribe, fueron barridos por tenebrosas dictaduras.

El espejismo estadístico

Si uno se circunscribe a las estadísticas, parecería que el nacionalismo económico funcionó bien en América latina en la era de la segunda posguerra (entre 1950 y 1980, la tasa anual de crecimiento del Producto Bruto Interno fue 7% en el Brasil, 6,5% en México, 4,9% en el Perú y 3,8% en la Argentina, mientras que hasta 1970 la economía de Chile creció a un ritmo anual de

3,4%[117]; estas estadísticas no tienen nada que envidiar a las de los países desarrollados, cuyo PBI creció a una tasa anual de 4,8% entre 1950 y 1973)[118]. Pero si uno se fija en las estadísticas anteriores a la intensa industrialización de la segunda posguerra, cuando había muy pocas empresas estatales y un gasto público moderado mantenía sujeta la inflación, se topa con cifras igualmente saludables (entre 1935 y 1953, el PBI de América latina creció a una tasa anual de 4,2% y el producto per cápita creció a un ritmo anual de 2%[119]). Algunos países, como el Brasil, no sólo tuvieron buenas tasas de crecimiento antes y después del nacionalismo económico, sino que pueden jactarse de haber experimentado un promedio estadístico superior al de los Estados Unidos a lo largo del siglo XX (entre 1900 y 1987, el PBI del Brasil experimentó la segunda tasa de crecimiento del mundo; el crecimiento anual de su economía per cápita fue el cuarto más alto[120]). No hay diferencias abismales, en cuanto a resultados económicos, entre las políticas de relativo libre comercio de comienzos del siglo XX y las de sustitución de importaciones en décadas posteriores, ni se observa, durante el período de 1950-1980, variaciones espectaculares entre aquellos países, como México, en los que tuvo lugar una masiva industrialización y aquellos, como Costa Rica, en los que las políticas asociadas a esa etiqueta no alcanzaron apogeo comparable (en cifras per cápita, la economía de México creció a un promedio anual de 3,5%

[117] André A. Hofman, "Economic Growth and Performance in Latin America", Santiago, Chile, United Nations Economic Commission for Latin America and the Caribbean (ECLAC), Santiago, Chile, 2000. Este documento es parte del proyecto "Growth, Employment and Equity: Latin America in the 1990s", financiado por el gobierno de Holanda, p. 15.

[118] Oscar Muñoz Gomá, *Estrategias de desarrollo en economías emergentes: lecciones de la experiencia latinoamericana*, Santiago, Chile, Facultad Latinoamericana de Ciencias Sociales, 2001.

[119] Peter T. Bauer, *Dissent on Development*, Cambridge, Mas., Harvard University Press, 1976, pp. 32, 34.

[120] Lawrence E. Harrison, *The Pan-American Dream*, Nueva York, Basic, 1997, pp. 80, 125.

en esas tres décadas; Costa Rica lo hizo a una tasa anual de 3,1%[121]).

Parecería, pues, si se analiza la fría, enigmática estadística, que bajo la superficie de la revolución y la reforma no fue mucho lo que ocurrió en América latina, que el péndulo ideológico que va desde los albores del siglo xx hasta los críticos años '80 no se alteró demasiado. Sin embargo, ¡vaya que tuvieron lugar acontecimientos cataclísmicos! El hecho de que la mayor parte de los países latinoamericanos pasaran de ser rurales a concentrar dos terceras partes de su población en las urbes indica que hubo una transformación sociológica no menos notoria que el bandazo del modelo económico. Pero la transformación que no se produjo anula las convulsiones que sí ocurrieron: América latina no pudo romper las amarras del subdesarrollo. Hacia la década de los '80, al sobrevenir la resaca por los petrodólares que los bancos habían reciclado otorgando créditos abundantes a los países pobres en los años '70 —deuda que ya no se podía pagar—, fue evidente que la sustitución de importaciones había fracasado sin misericordia en el propósito fundamental que se había fijado. Ya ni siquiera las estadísticas pudieron seguir velando la realidad. Hacia la década de los '80, el PBI latinoamericano per cápita había caído a menos de un tercio del nivel registrado en los países que forman el núcleo de la Organización para la Cooperación y el Desarrollo Económico (OCDE), mientras que en 1950 representaba un 45% del PBI de estas naciones[122]. La asignación deliberada y regimentada de recursos ya no podía sostener el crecimiento de los sectores escogidos y, a través de ellos,

[121] André Hofman, "Economic Growth and Performance in Latin America", Santiago, Chile, United Nations Economic Commission for Latin America and the Caribbean (ECLAC), Santiago, Chile, 2000. Este documento es parte del proyecto "Growth, Employment and Equity: Latin America in the 1990s", financiado por el gobierno de Holanda, p. 16.

[122] Alan M. Taylor, "Latin America and Foreign Capital in the Twentieth Century", en *Political Institutions and Economic Growth in Latin America*, editado por Stephen Haber, Stanford, Hoover Institution Press, 2000, pp. 124-125.

de las estadísticas generales de la economía. Estas estadísticas
habían sido, ellas mismas, un reflejo fracturado, elitista, irreal,
de la sociedad: en ellas no latía el drama que era la vida diaria
para los individuos —las familias— de cada una de las naciones.

Se abría paso, de súbito, una verdad que no salía de boca de
ningún político, pero que estaba al alcance de cualquiera con
sentido común. Si las más variadas y divergentes políticas resultaban incapaces de resolver el subdesarrollo, tenía que haber
quedado pendiente, y conspirando contra toda política, un factor subyacente. O, para decirlo al revés, tenía que haber un impedimento, un obstáculo inherente a las muy distintas políticas
ensayadas a lo largo del siglo, un conjunto de principios que go-
bernaban de forma permanente las relaciones entre los individuos, y entre ellos y las instituciones del poder, que hacía que las
transformaciones de la economía y la sociedad fueran insuficien-
tes para que el continente superara al subdesarrollo. El hecho de
que, fracasada la industrialización, siguiera perdiéndose de vista la persistencia de estos principios opresores, significaba que
en el futuro no muy lejano, cuando el inevitable péndulo se ale-
jara del nacionalismo económico para acercarse al libre comercio y la reducción del Estado, la reforma, por ambiciosa que fuera, podría verse igualmente frustrada. ¿Y no provocaría ello una
nueva ilegitimidad, ese demonio que expulsó a la república decimonónica del paraíso y desencadenó, en los inicios del siglo xx,
una rebelión de las masas?

Los abracadabrantes años '80 y el colapso del Estado

En la década de 1980, por segunda vez desde la Independencia, las instituciones políticas de América latina se asomaron al
abismo. Así como, al despuntar el siglo xx, el fracaso de la república decimonónica, enfeudada a las elites, derivó en la destruc-
ción del viejo orden a través de la revolución y/o la emergencia
de un nuevo Estado, en la década de 1980 el espíritu de revuelta
pobló otra vez las calles. Si bien las causas de ambas rebeliones
contra el mundo oficial parecen, a primera vista, distintas —la

república decimonónica había excluido a los más, el Estado del siglo XX había pretendido abrazar a todos—, la magnitud de la reacción indica frustraciones comunes. El Estado que había abierto las puertas a vastos sectores de la sociedad hasta entonces ignorados por las instituciones políticas mudó en el Estado incapaz de dotar de significado real, de sustancia económica, a sus hijos putativos. La crisis de los '80 rompió el hechizo del nacionalismo económico, cuyo fracaso llevaba mucho tiempo incubándose.

Esta vez la revolución no fue violenta, pero el rechazo experimentado por todas las instituciones no dejó dudas de que algo de mucho calibre se gestaba de un confín a otro de la región. Los síntomas fueron múltiples, desde la economía informal que desbordó el aparato legal del Estado, hasta la proliferación de cultos evangélicos que carcomían las raíces de la otrora inexpugnable Iglesia Católica, y desde la irrupción de movimientos de masas y *outsiders* políticos que se materializaron de la nada pulverizando a los partidos tradicionales, hasta los fenómenos "boca a boca" que desplazaron, en las barriadas miserables alrededor de las principales ciudades, a los medios de comunicación más avanzados. Síntomas, todos ellos, de rebelión popular. El pueblo estaba en rebeldía contra la misma entidad que había prometido rescatarla de la ilegitimidad de la vieja república, ofreciendo un sentido de pertenencia a los desposeídos y los no representados, y una reivindicación para los excluidos del banquete republicano.

Los años '80 trajeron a la superficie las crudas verdades que los años '70 habían disimulado y aceleraron el colapso de la legitimidad del Estado. ¿Cuál sería la respuesta de las nuevas autoridades políticas en la última década del siglo? Un nuevo ensayo de reforma, esta vez en dirección contraria: la llamada "revolución capitalista" en América latina. ¿Aquellos empeñados en restaurar la legitimidad del Estado tendrían claras las causas reales de su desplome, las sutiles, disimuladas conexiones existentes entre esta nueva crisis de las instituciones republicanas y la anterior? ¿Se erigiría esta vez la sociedad capitalista sobre bases distintas?

Lo averiguaremos más adelante. Por ahora, reparemos en cómo los años '80 aceleraron y desenmascararon la crisis de legitimidad. El gran logro de esta década es haber exhibido al Estado latinoamericano como el conjunto de despojos de una fiera que ya no existía. No era nada de lo que pretendía ser. Había crecido a proporciones elefantiásicas, casi ningún área de la economía estaba libre de su acoso, las planillas públicas sumaban cientos de miles y a veces millones de personas, y la mayor parte de la sociedad dependía de una u otra forma de compromisos estatales: los "derechos adquiridos" abarcaban casi todos los aspectos de la vida de una persona, ya fuera su trabajo, su jubilación, su salud, su educación, su negocio, su transporte, sus necesidades de consumo o su esparcimiento. Desde luego, todo era ficción. La riqueza que debía ser redistribuida para estos fines sencillamente no existía. El sistema mediante el cual el Estado pretendía redistribuir lo que no era riqueza real, era en sí mismo el impedimento mayor para la creación de riqueza.

A pesar de las cataratas de dinero que hicieron caer sobre América latina los gobiernos y la banca internacionales en los años '70, las tasas de inversión no superaron el 16% del PBI, mientras que otras zonas subdesarrolladas, como el Asia, cosquilleaban el 25%[123]. El problema no era la falta de dinero, que abundaba: más bien, un sistema que hacía imposible acumular capital de un modo sostenido (la fuga de capital era, a la vez, consecuencia de las malas políticas y causa, entre otras, de la insuficiente acumulación). No sorprende que las asfixiantes distorsiones que abortaban la acumulación de capital desalentaran la inversión y fueran responsables de un crecimiento del ingreso per cápita de apenas 0,5% durante las décadas de 1970 y de 1980, seis veces menos que el Asia.

La falacia sobre la que reposaba el nacionalismo económico

---

[123] Alan M. Taylor, "Latin America and Foreign Capital in the Twentieth Century", en *Political Institutions and Economic Growth in Latin America: Essays in Policy, History, and Political Economy*, editado por Stephen Haber, Stanford, Hoover Institution Press, 2000, p. 139.

—la idea de que la "dependencia" era la raíz del subdesarrollo— sólo resultó evidente cuando ya no fue posible sostenerlo en términos materiales. Eso mismo aconteció en los años '80. La falacia debería haber sido obvia mucho antes de que sus consecuencias acelerasen la pérdida de legitimidad del Estado, aunque sólo fuese porque estaban presentes multitud de ejemplos de países que habían superado el atraso con recetas distintas. Como lo ha demostrado Peter Bauer, en el medio siglo que separa la restauración de los Meiji de la Primera Guerra Mundial, el Japón se encargó de "importar" modos y técnicas occidentales, pudo financiar el esfuerzo con recursos reales y logró un progreso significativo. A pesar de unos "términos de intercambio" no más favorables que los de América latina, y quizá peores, otros países fueron capaces de desarrollar una capacidad exportadora con algo de éxito (inclusive a muchas exportaciones latinoamericanas no les había ido mal). La industria del caucho del sudeste asiático sólo nació alrededor de 1900; hacia la década de 1960, representaba cientos de millones de dólares en exportaciones. En la primera mitad del siglo XIX, Hong-Kong era apenas una roca vacía; a fines de siglo era un puerto y centro comercial de polendas, y hacia los años '70 ya era un emporio manufacturero.

Pero América latina se había convencido a sí misma de que el problema del subdesarrollo residía en la "dependencia", de modo que se había embarcado en la ilusión del nacionalismo económico al igual que lo habían hecho muchas naciones subdesarrolladas —como el Egipto del general Gamal Abdel Nasser o la India del Partido del Congreso— en otras latitudes.

La década de 1980 desmintió, con ironía, los presupuestos esenciales del nacionalismo económico. Entre ellos, el principal: la idea de que, por una parte, los países subdesarrollados reducirían su dependencia respecto de ciertas importaciones y, por otra, achicarían y hasta eliminarían su dependencia respecto de las exportaciones de materias primas. Los países latinoamericanos no redujeron sus importaciones de manera significativa y siguieron dependiendo de las divisas. Ése fue el caso del Brasil, por ejemplo, cuyas importaciones disminuyeron, como pròporción del PBI, muy modestamente en relación con los niveles anteriores a la política de sustitución de importaciones, aun cuando la composición de lo que se importaba sufrió variaciones[124].

Hacia los años '80, algunos de los principales países latinoamericanos dependían más que nunca de los recursos naturales, en especial del petróleo, y del dinero de las naciones desarrolladas; pero esta vez ya no se trataba del insuficiente dinero obtenido con la venta de productos en los mercados de los países ricos, sino del dinero generosamente prestado o donado por esos países para financiar el mismo nacionalismo económico que —se suponía— debía romper el maleficio del subdesarrollo. El estado de algunas de las mayores economías latinoamericanas era tan calamitoso que los recursos naturales constituían el oxígeno que los mantenía con vida y el dinero canalizado hacia ellos por la ayuda exterior era casi la única compensación por la fuga de capitales. Entre 1974 y 1983, los ingresos petroleros de Venezuela fueron cuatro veces superiores a los ingresos de los diez años precedentes, pero las demás áreas de la economía vieron disminuir en forma considerable su tasa de crecimiento, en perjuicio del rendimiento total; ya en 1983 se perdía más empleo del que se creaba[125]. En 1982, a pesar de los excepcionales ingresos petroleros de la década anterior, el crecimiento de la economía mexicana se había reducido a la mitad y el desempleo alcanzaba dos dígitos[126]. Se calcula que a lo largo de la década de 1980 la fuga

---

[124] El ratio importaciones/PBI fue 16% en 1947-49. Luego decreció, pero hacia 1974 ya estaba de vuelta en 14%. Werner Baer, *The Brazilian Economy: Growth and Development*, Westport, Ct., Praeger, 1995, p. 79.

[125] Jesús Eduardo Rodríguez, Teresa Sosa de Bocaranda y Vilma Clavier, "Marketing Ideas in Venezuela", en *Fighting the War of Ideas in Latin America*, editado por John Goodman y Ramona Morotz-Baden, Dallas, National Center for Policy Analysis, 1990, p. 48.

[126] John Goodman y Ramona Morotz-Baden, "Winning the War of Ideas in Latin America", en *Fighting the War of Ideas in Latin America*, editado por John Goodman y Ramona Morotz-Baden, Dallas, National Center for Policy Analysis, 1990, p. 8.

de capitales de esos mismos países sumó 68 mil millones de dólares[127], más que la suma de todos los préstamos otorgados por el Fondo Monetario Internacional al mundo subdesarrollado entre 1982 y 1989 (unos 54 mil millones de dólares[128]). La situación —inmisericorde con respecto a las pretensiones de disminuir la dependencia— habría sido mucho peor sin petróleo y ayuda exterior...

El hecho de que la dependencia con respecto a los recursos naturales y a la ayuda exterior contribuyera a fortalecer en lugar de debilitar el nacionalismo económico no cancela la ironía. En realidad, lleva la ironía aun más lejos, porque la dependencia se retroalimentó. Hacia 1980, uno de cada dos dólares prestados a América latina se destinaba al servicio de esa sofocante deuda[129]. El pánico provocado por su crecimiento y por la fuga de capitales llevó a los gobiernos —como el de México en 1982 y el Perú en 1987— a estatizar los bancos, hasta entonces objeto de un intenso intervencionismo pero aún en manos privadas. Mientras más dinero llovía de las instituciones multilaterales y de la banca internacional, y mientras más dinero producían las materias primas como el petróleo, más gastaban los gobiernos y más se endeudaban (y mayor era su dependencia y la de sus naciones). Hacia mediados de los '80, el gasto público alcanzó en México y Venezuela, ricos en petróleo, 61 y 57% del PBI, respectivamente; el Estado venezolano empleaba a casi un millón y medio de personas[130], el

---

[127] John A. Gavin, "Mexico, Land of Opportunity", *Policy Review*, vol. 39, 1987, pp. 32-35.

[128] Paul Craig Roberts y Karen LaFollette Araujo, *The Capitalist Revolution in Latin America*, Oxford, Oxford University Press, 1997, pp. 170-171.

[129] El aumento de las tasas de interés de los Estados Unidos en 1979-80 provocó un aumento en el costo del crédito y del servicio de la deuda, empeorando las cosas para América latina. Joseph L. Love y Werner Baer, "Introduction", en *Liberalization and its Consequences: A Comparative Perspective on Latin America and Eastern Europe*, editado por Werner Baer y Joseph L. Love, Northampton, Mas., Edward Elgar, 2000, p. 3.

[130] Jesús Eduardo Rodríguez, "Marketing Ideas in Venezuela", en *Figh-*

de México a cuatro millones[131]. Contando todos los niveles, el del Brasil casi duplicaba esa cifra.

Latinoamérica descubrió que, en materia de nacionalismo económico, no hay medias tintas. La lógica del modelo impulsaba a los gobiernos a extender sus tentáculos por todos los sectores de la economía en busca —desesperada— de recursos. A lo largo y a lo ancho de América latina, con algunas excepciones, el petróleo, la electricidad, los ferrocarriles, los bancos, las minas, el agua, los teléfonos, el acero, las aerolíneas, los hoteles, la pesca, el azúcar, el café, el arroz, los frijoles, el maíz, el comercio, la tasa de cambio y mucho más, estaban bajo la tiranía del Estado. Hacia 1982, el Estado mexicano poseía más de mil empresas públicas, el de la Argentina 350. La expansión monetaria desvinculada del crecimiento productivo y, por supuesto, la ayuda exterior y el endeudamiento, originados por la necesidad de atender demandas sociales que se multiplicaban como cabezas de una hidra, empujaban esta tendencia. Por más dinero que se gastaba, las arenas movedizas del nacionalismo económico seguían devorándose los recursos (la rebelión de Chiapas, en el sur de México, reveló la inutilidad de las decenas de miles de millones de dólares en subsidios rurales distribuidos por el Banco Nacional de Crédito Rural entre 1970 y 1990).

Como ha sostenido Manuel Ayau, la ayuda exterior fomentó impuestos a la renta y al trabajo destinados a esquilmar a pequeños grupos de personas que ya pagaban demasiado (aunque el impuesto a la renta ni siquiera generaba el equivalente a más del 1% del PBI en la mayor parte de los países), mientras que millones de personas condenadas a sobrevivir en la economía informal no contribuían al fisco. Los gobiernos fijaban múltiples tasas de cambio, pase de prestidigitación mediante el cual los

_____

ting the War of Ideas in Latin America, editado por John Goodman y Ramona Morotz-Baden, Dallas, National Center for Policy Analysis, 1990, p. 50.

[131] John C. Goodman y Ramona Marotz-Baden, "The War of Ideas in Mexico", en *Fighting the War of Ideas in Latin America*, editado por John Goodman y Ramona Morotz-Baden, Dallas, National Center for Policy Analysis, 1990, p. 66.

bancos centrales pagaban a aquellos que generaban divisas menos de lo que éstas valían y las vendían a precios superiores a quienes necesitaban comprarlas. Y también daban mayor ímpetu a rígidas legislaciones laborales que privilegiaban a quienes ya estaban empleados, encareciendo cada vez la creación de nuevos empleos[132]. El corporativismo, el mercantilismo de Estado, el privilegio, la transferencia de riqueza de abajo hacia arriba y la ley política se encargaban, como siempre, de arraigar en determinados beneficiarios del sistema —esta vez las granjerías incluían subsidios, monopolios de licencias, controles de precios, tipos de cambio específicos, exenciones tributarias, leyes laborales— un interés creado en perpetuarlo. Las economías que distribuyen rentas no existen sin rentistas que las buscan.

Después de medio siglo de acaracolarse, las taras innatas de la economía latinoamericana precipitaron la catástrofe financiera por la que se recuerda a esta región en relación con los años '80. Pudo haber sido recordada como la década en que las dictaduras fueron reemplazadas por democracias, transición que redujo la represión política, aumentó la rendición de cuentas por parte de los funcionarios públicos y abrió espacios a la libre expresión, aun cuando no se realizaron reformas institucionales profundas. Pero el caos financiero y la indignación social provocada por la caída del 10% en el ingreso per cápita desplazaron de la memoria de la región los hechos positivos. Tardó mucho años comprender que el desastre fiscal, la suspensión de pagos, la astronómica inflación y la pérdida de valor de la moneda eran síntomas antes que causas.

En todo caso, los episodios financieros tienen un significado histórico: allanaron el camino a las reformas de la década de 1990. Sin la supensión de los pagos de una deuda de 86 mil millones de dólares decretada por México en 1982, sin las hiperinflaciones anuales de cuatro y cinco dígitos en la Argentina, el Perú, Bolivia y Nicaragua, sin aquella desconfianza internacional que redujo los

---

[132] Manuel F. Ayau, "The Role of Higher Education in Guatemala", en *Fighting the War of Ideas in Latin America*, editado por John Goodman y Ramona Morotz-Baden, Dallas, National Center for Policy Analysis, 1990, pp. 138-141.

flujos de capital a poco más de 1% del PBI latinoamericano[133] (dicho de otro modo, sin una salida neta de capitales por 220 mil millones de dólares a lo largo de la década[134]), no se habrían creado las condiciones para uno de los ensayos reformistas más radicales en dos siglos. El detonante de la insurgencia popular contra la ilegitimidad del Estado y de la clase política —fenómeno que hundía sus raíces en las décadas precedentes— fue precisamente la hecatombe de los años '80.

Un conjunto de circunstancias corrió el velo sobre la recóndita debilidad de unos Estados que habían crecido de manera fenomenal en peso y tamaño, pero que tenían pies de barro. En los inicios de la década de los '80, la desaceleración de la economía mundial redujo el rendimiento de las exportaciones latinoamericanas, lo que comprometió a unas monedas sobrevaluadas por lo menos desde fines de los años '70, en parte debido a los precios del petróleo y un excesivo endeudamiento. La contracción de 1981 llevó las cosas al borde del precipicio. No sorprende que en 1982 México llenara de culebras la espalda de la comunidad financiera internacional al suspender el pago de su deuda y que, con pocas excepciones, el resto de la región hiciera lo mismo en los meses y años siguientes. La banca comercial, en especial la estadounidense, era dueña de tres cuartas partes de la deuda (más de $1.000 —el equivalente al ingreso per cápita de algunos países— por cada hombre, mujer y niño[135]). De modo que América latina saltó a las primeras planas del mundo.

[133] Michael Gavin, Ricardo Hausmann y Ernesto Talvi, "Saving Behavior in Latin America: Overview and Policy Issues", Interamerican Development Bank, Office of the Chief Economist, *Working Paper 346*, Washington D.C., 1997, p. 15.

[134] Maura de Val, *La privatización en América latina*, Madrid, Editorial Popular, 2001, p. 37.

[135] Mario Baeza y Sidney Weintraub, "Economic and Political Constants/ Changes in Latin America", en *The United States and the Americas: A Twenty-First Century View*, editado por Albert Fishlow y James Jones, Nueva York, Norton, 1997, p. 39.

La suspensión de pagos no fue el fin sino el comienzo de la crisis. La siguió una masiva devaluación, y con ella la hiperinflación. Los organismos multilaterales, en especial el Fondo Monetario Internacional, se convirtieron en el último —y desesperado— recurso de los gobiernos, que fueron acusados por masas enfurecidas en las calles de venderse a aquellas potencias exteriores percibidas como la causa de la zozobra latinoamericana. Tendrían que pasar algunos años antes de que el dedo acusador apuntara al nacionalismo económico. Mientras tanto, lo que las elites políticas y empresariales pedían, y lo que las calles exigían a gritos, era más nacionalismo económico.

Insistentemente, los propios organismos multilaterales patrocinaron recetas que, empeorando las cosas, arrastraron a los gobiernos hacia un mayor nacionalismo económico. A cambio de dinero fresco, el FMI exigía que los países devaluaran sus monedas para hacer crecer, por vía artifical, el rendimiento de sus exportaciones mientras corregían el desfase entre la inflación y los tipos de cambio; pero, anticipándose a la devaluación, la inflación de todas formas daba otro respingo, desbaratando el efecto pretendido. También se ejerció una presión intensa sobre los gobiernos a fin de que aumentaran los impuestos, reduciendo a la de por sí disminuida elite de contribuyentes o provocando una mayor evasión fiscal (y marginando aun más a la economía negra de la economía legal). El FMI toleró, inclusive aplaudió, los aranceles altos como forma de limitar la brecha comercial y de lograr un superávit exportador que permitiese servir la deuda. Es evidente que no se prestaba ninguna atención a Chile, país que, a pesar de su propia crisis financiera, iba en dirección opuesta y demostraba, habiendo bajado sus aranceles al 15%, que los superávit comerciales no eran necesarios para servir la deuda mientras se tuviese una moneda estable y de fiar, y suficiente recaudación fiscal.

En la práctica, la comunidad financiera internacional acabó por santificar las políticas monetarias y fiscales expansionistas, el proteccionismo y, en suma, la opresión del Estado. Porque no había mercados de bonos debido a la falta de confianza de los inversores, porque los mercados de valores tenían mínima capitalización (el del Brasil era la tercera parte que el de Malasia) y porque los bancos privados no querían prestar más dinero a países que ya habían decretado la suspensión de pagos o estaban a punto de hacerlo, la caprichosa expansión monetaria y las dádivas de los organismos multilaterales eran las únicas fuentes de capital mientras no hubiese una transformación radical del modelo económico. Ambas cosas cumplieron a cabalidad su cometido, consolidando las condiciones que pretendían corregir. La concha del caracol se vio reforzada por el mundo exterior contra el que se suponía que protegía a la pequeña criatura interior: una ironía más del nacionalismo económico.

Ninguna estadística puede describir el clima de fracaso sin atenuantes que envolvió a los pueblos de las recientes democracias latinoamericanas. Lo que había empezado como un malestar social, degeneró en violencia, ira contra la clase política, desconfianza en el Estado, desprecio a la ley, llamados a la disolución de las repúblicas que debían haber reemplazado a las oligárquicas del pasado: precisamente el tipo de rebelión social que, desde décadas atrás, el Estado populista y el nacionalismo económico se habían propuesto evitar en muchos países. Mencionar que la "década perdida", como se dio en llamarla, produjo una contracción del PBI en la Argentina (–1,1%) y en el Perú (–1,2%), o un crecimiento liliputiense de 1,3% en el Brasil y 1% en México[136] (en este caso antes de que empezaran, en 1986, las tempranas reformas), no da una idea de hasta qué punto el modelo tocó fondo y agotó su capacidad de supervivencia. Referirse a ingresos per cápita seis veces inferiores a los de los Estados Unidos en los años '80 no explica lo decrépito que se había vuelto el Estado republicano, ni el abismo que se había abierto entre la autoridad del Estado y el respeto del pueblo hacia cual-

---

[136] André A. Hofman, "Economic Growth and Performance in Latin America", Santiago, Chile, United Nations Economic Commission for Latin America and the Caribbean (ECLAC), 2000. Este documento es parte del proyecto "Growth, Employment and Equity: Latin America in the 1990s", financiado por el gobierno de Holanda, p. 13.

quier cosa que estuviese asociada a las instituciones representativas u oficiales.

En 160 años de vida republicana independiente, el Estado nunca había sido tan grande, y sin embargo nunca había estado tan desprovisto de significado y consistencia, es decir, de legitimidad. Había diferencias de grado entre país y país, y hasta excepciones. Chile había iniciado sus reformas de libre mercado en los años '70, de modo que el enfriamiento de los años '80, incluyendo la crisis financiera de 1982, en medio de una dictadura militar, fue de naturaleza distinta y sorprendió a los ciudadanos en una dinámica de cambios económicos. Colombia fue el único país que mantuvo un crecimiento estable, no porque no practicase el nacionalismo económico sino porque lo hacía de forma menos agobiante, además de que había gozado de cierta estabilidad democrática desde 1957 y una elite empresarial particularmente comprometida había sostenido las inversiones. Costa Rica, el país más estable, con una democracia ininterrumpida desde 1948, sí padeció un decaimiento económico notable a lo largo de la década pero su cordura política y el peso menos sofocante de su nacionalismo económico la preservó del colapso de la legitimidad institucional de otros lugares.

La centuria estaba a punto de terminar como había empezado, con un asalto masivo contra el orden establecido. Ese asalto, una combinación de supervivencia diaria y disidencia consciente, se dio entre los estratos más bajos de la sociedad en los años '80, pero en los años '90 tendría lugar también entre las elites. Se lo llamaría de muchas formas —"la revolución capitalista", "liberalismo", "neoliberalismo", "reformas de libre mercado"— y constituiría, antes que nada, un nuevo intento de unir a los ciudadanos con las instituciones de la república. El siglo XX había desplegado nuevas representaciones sobre un estrado en el que el individuo había seguido siendo un ansioso actor marginado de la escena. Las piezas del juego habían seguido siendo las mismas. ¿Serían distintas esta vez?

III. Balas amigas

La lógica —si la lógica tuviese algo que ver con estos menesteres— indica que América latina debería haberse beneficiado de su vecindad con los Estados Unidos, aprendiendo algunas lecciones a propósito del desarrollo capitalista. Aunque ese país se alejó de la noción del gobierno limitado desde la Primera Guerra Mundial, su sistema socioeconómico ha tendido hacia los derechos individuales, es decir la protección de la vida, la propiedad y los contratos (las mujeres y ciertas minorías han sufrido discriminación institucional por mucho tiempo). El éxito de los Estados Unidos no es un misterio. Tiene causas que un vecino podría haber entendido con facilidad. Durante el siglo XIX, los latinoamericanos admiraron a su vecino norteamericano al tiempo que odiaban lo español[137]; en el siglo XX su odio se volcó contra el coloso del norte y, tal vez como resultado de la guerra de 1898 en la que España fue severamente humillada por los Estados Unidos, comenzaron a revisar sus sentimientos hacia la antigua metrópoli[138]. Pero, fuesen

[137] Refiriéndose al creciente sentimiento antiespañol que empezó a volverse explícito en la parte final del siglo XVIII, Alexander von Humboldt observó: "Los criollos prefieren llamarse americanos. Desde la Paz de Versalles, y en particular desde 1789, se les oye declarar con orgullo: 'No soy español, soy americano', palabras que revelan síntomas de un viejo resentimiento". Citado en *The Spanish American Revolutions 1808-1826*, por John Lynch, Nueva York, Norton, 1973, p. 1.

[138] Hacia 1900, sólo cuatro países —Argentina, Chile, Cuba y México— habían alcanzado siquiera el 10% del PBI per cápita de los Estados Unidos.

cuales fuesen sus emociones y su disposición psicológica frente a los Estados Unidos, ni en los tiempos de admiración ni en los tiempos de envidia trataron de emular el éxito norteamericano o de derrotar a su vecino en su propio terreno.

No menos perplejidad causa el que los Estados Unidos no hayan dado, casi en ningún momento de los últimos doscientos años, la impresión de promover en América latina políticas que hubieran podido hacer de esas naciones socios comerciales saludables, interlocutores políticos de peso y vecinos de fiar[139] (lo que no significa que el desarrollo de América latina dependa de que los Estados Unidos promuevan las buenas políticas; pero promover las políticas equivocadas refuerza el subdesarrollo). Cuando a comienzos de la década de 1990, tras el desastre económico y el colapso de la legitimidad institucional, América latina se entregó al furor de las reformas "capitalistas", los Estados Unidos no sospechaban siquiera cuáles eran las verdaderas claves de la crisis. No sorprende que, al iniciarse la era reformis-

---

Es muy probable que el Uruguay perteneciera a ese grupo, pero no existen estadísticas relacionadas con ese país a propósito de aquellas fechas. Véase "Economic Performance and the State in Latin America", por Victor Bulmer-Thomas, en *Liberalization and its Consequences: A Comparative Perspective on Latin America and Eastern Europe*, editado por Werner Baer y Joseph L. Love, Northampton, Mas., Edward Edgar, 2000, p. 13.

[139] Desde los primeros escarceos independentistas latinoamericanos, los Padres Fundadores de los Estados Unidos anticiparon oportunidades para el comercio y para un debilitamiento de la presencia de las potencias europeas hostiles en la región. En una carta privada a William Clairborne y escrita en 1808, el presidente Thomas Jefferson afirmó: "Consideramos que sus intereses y los nuestros son los mismos, y que el objetivo de ambos debe ser excluir de este hemisferio toda influencia europea". Véase *The Writings of Thomas Jefferson*, editado por Paul L. Ford, Nueva York, Putnam, 10 vols., 1892-1899, vol. 9, p. 213 *(T. del A.)*. Sin embargo, la preferencia del Brasil por el comercio británico pronto empañó las expectativas estadounidenses de un gran aumento del comercio para el siglo XIX. Véase "The United States and Brazilian Independence", por Stanley E. Hilton, en *From Colony to Nation: Essays on the Independence of Brazil*, editado por A. J. R. Russell-Wood, Baltimore, Johns Hopkins University Press, 1975, p. 114.

ta, el gobierno de Washington, la prensa estadounidense y los inversores de Wall Street la abrazaran a corazón abierto, viendo en ella un signo de que había llegado, por fin, la hora de la transformación continental. Si hubiesen comprendido las taras raigales de las instituciones políticas y económicas de la región, se hubieran preguntado si una reforma "capitalista" montada sobre un andamio anticapitalista realmente cambiaría las cosas.

Esta falta de lucidez no era nueva. Resultó de casi dos siglos de relativa ignorancia acerca de lo que ocurría al sur de la frontera, aun si las señales exteriores de la amenazante inestabilidad latinoamericana habían parecido fáciles de identificar[140]. Para completar la descripción del subdesarrollo latinoamericano hasta la década de los años '90 —matriz de la que luego saldrían las reformas de fin de siglo—, es necesario, por tanto, ponderar brevemente cómo los Estados Unidos, antorcha del capitalismo liberal, se relacionaron con sus vecinos del Sur a medida que transitaron del subdesarrollo a un subdesarrollo todavía peor. En muchos casos, las políticas de Washington reforzaron en lugar de debilitar los cinco principios de la opresión latinoamericana.

---

[140] No podemos, por embarazoso que resulte, dejar de reconocer la presciencia de los Padres Fundadores y otros líderes norteamericanos del siglo XIX, que no creían que la independencia diera lugar a sociedades libres. "Su gente está inmersa en la más oscura ignorancia y tiranizada por el fanatismo y la superstición", escribió Jefferson en 1813, en una carta al marqués de Lafayette. Por su parte, John Quincy Adams explicó a un visitante que tenía "buenos" deseos para la "causa" latinoamericana, pero luego admitió que no veía "posibilidad de que establecieran instituciones de Estado libres o liberales". A propósito de la carta de Jefferson, véase *The Writings of Thomas Jefferson*, editado por Paul L. Ford, Nueva York, Putnam, 10 vols., 1892-1899, vol. 9, p. 435. A propósito del comentario de John Quincy Adams, véase *Memorias de John Quincy Adams, Comprising Portions of his Diaries From 1975 to 1848*, editado por Charles F. Adams, 12 vols., Filadelfia, Lippincott & Co, 1874-77, vol. 5, pp. 324-325. *(T. del A.)*

Balas y deudas

En el siglo xix, Estados Unidos no tuvo una política latinoamericana. Se suele asociar el comienzo del imperialismo con la
Doctrina Monroe de comienzos del siglo xix, y se suele afirmar
que el primer gran zarpazo tuvo lugar con la anexión de los actuales territorios de Texas, California, Nevada, Utah y partes de
Arizona, Nuevo México, Colorado y Wyoming. Hay algo de cierto en esto. Pero, aunque ambos episodios nos hablan de los impulsos hegemónicos de un poder emergente (y los colonos hispanoamericanos padecieron numerosas injusticias, como el despojo
de tierras, una vez que los angloamericanos colonizaron el Oeste
y el Sudoeste), la Doctrina Monroe fue en verdad otra cosa. Se
trató de una advertencia a los europeos para que cesaran de en-
trometerse en este hemisferio. Las guerras con México, por otra
parte, no respondieron tanto a un plan diseñado para despojar a
ese país de su mitad septentrional como al aprovechamiento por
la fuerza de una oportunidad en territorios que estaban escasa-
mente poblados, que España no había controlado del todo durante la Colonia y que, especialmente en el caso de Texas, albergaban
inmigrantes con mayores sentimientos de lealtad a los Estados
Unidos que a la reciente república de México. No hay duda de que
estas anexiones fueron parte de un patrón expansionista hacia el
Oeste y el Sur, pero no informaron necesariamente una política
exterior dirigida al dominio imperial de América latina.

A raíz de la guerra de 1898, que inauguró un tipo de compromiso exterior mucho más intervencionista por parte de los Estados Unidos, el siglo xx trajo consigo políticas específicamente dirigidas a América latina[141]. En general y a lo largo del siglo, los

---

[141] Aunque no es ni remotamente tan conocida como la tradición mar-
xista, hay una importante tradición antiimperialista de corte liberal. Adam
Smith la inauguró en su *An Enquiry into the Nature and Causes of the Wealth
of Nations* (Indianápolis, Liberty Fund, 1976) demoliendo las políticas mercantilistas que habían servido para legitimar imperios coloniales. La Escuela de Manchester fue mucho más lejos con los escritos de Richard Cobden
en el siglo xix. La Liga Antiimperialista (fundada en 1898) hizo suya la mis-

Estados Unidos se movieron entre dos polos: el intervencionismo y la condescendencia. El intervencionismo abarca desde la
temprana y directa ocupación de Cuba, Nicaragua, Panamá, la
República Dominicana, Haití y otros lugares, hasta la participación en los conflictos de la Guerra Fría por vía indirecta en la década de 1980 y la ofensiva contra las drogas en la región andina.
La condescendencia tiene sus dos pilares en la Política del Buen
Vecino de F. D. Roosevelt y la Alianza para el Progreso de J. Kennedy. En paralelo a estas políticas, Washington ha promovido
también, de tanto en tanto, el comercio y las inversiones, pero
nunca de forma tan consistente y global como pretenden los an-
tiimperialistas. Esta orientación se inicia con la Conferencia Pa-

---

ma causa en los Estados Unidos. Escritores individualistas como Garet Garret denunciaron lo que consideraban un estrecho vínculo entre el *New Deal*
y el imperialismo en la década de 1930. Frank Chodorov, discípulo de Albert J. Nock, atacó la participación en conflictos externos por constituir una
amenaza a la libertad individual. En las décadas posteriores a la Segunda
Guerra Mundial, Murray N. Rothbard y Leonard Liggio, entre otros, denos-
taron la política exterior intervencionista derivada de la Guerra Fría, mientras Joseph Stromberg, como lo había hecho antes Garret, identificó una
conexión natural entre el estatismo interno y el imperialismo exterior. Alan
Fairgate reseña esta tradición en "Non-Marxist Theories of Imperialism",
Reason, febrero, 1976, pp. 46-52. A propósito de la posición de Richard Cobden en material de política exterior, véase *Richard Cobden and Foreign Policy*, por William Dawson, Londres, Allen and Unwin, 1926. La historia inicial del movimiento antiimperialista en los Estados Unidos puede leerse en
Anti-Imperialism in the United States: The Great Debate, 1890-1920, por E.
Berkeley Tompkins, Filadelfia, University of Pennsylvania Press, 1970. Véanse también *The People's Pottage*, por Garet Garret, Caldwell, Id., Caxton Printers, 1953; *Fugitive Essays: Selected Writings of Frank Chodorov*, editado por
Charles H. Hamilton, Indianápolis, Liberty Press, 1980; *Left and Right: The
Prospects for Liberty*, por Murray N. Rothbard, San Francisco, Cato Institute, 1979; "Why the Futile Crusade", por Leonard Liggio, *Left and Right*, primavera 1965, pp. 4-22; "Palefaces or Redskins: A Profile of Americans", por
Leonard Liggio, *Left and Right*, otoño 1966, pp. 48-60; "The Transformation
of the American Right", por Murray N. Rothbard, *Continuum*, vol. 2, 1964,
pp. 220-231, y "The Political Economy of Liberal Corporatism", por Joseph
Stromberg, *Individualist*, mayo de 1972, pp. 2-11.

namericana de Washington, que en 1889 fracasa en el propósito de crear una unión aduanera, y continúa en la actualidad con los esfuerzos por establecer un(a especie de) Área de Libre Comercio de las Américas en el contexto de las persistentes barreras comerciales por parte de los Estados Unidos y la aun mayor desconfianza aduanera por parte de América latina.

¿Cuál es el criterio con el que uno debería juzgar la política exterior latinoamericana de los Estados Unidos a lo largo del siglo xx? La lógica indica que ese criterio pasa por preguntarse hasta qué punto América latina se volvió o no un socio comercial valioso, un destino seguro y consistente para el capital estadounidense y una región políticamente estable, en la que la democracia funcionó con un grado razonable de previsibilidad (éstos fueron los objetivos manifiestos de la política latinoamericana de Washington).

¿Era América latina a fines del siglo xx un socio comercial más valioso para los Estados Unidos que al comienzo? Estados Unidos empezó a interesarse en la economía latinoamericana, en abierta competencia con países europeos como el Reino Unido, Alemania y Holanda, a fines del siglo xix. Ese interés creció durante las primeras tres décadas del siglo xx, cuando sus vecinos del Sur estaban todavía activamente comprometidos con la globalización. Hacia 1929, un 19% de las exportaciones estadounidenses viajaban a América latina, mientras que 39% de las importaciones latinoamericanas provenían de los Estados Unidos y 32% de sus exportaciones iban al mercado del Norte. Las cifras son similares a las de 1914: la Primera Guerra Mundial dislocó temporariamente el comercio, pero éste se recuperó a fines de los años '20. ¿Qué ocurría a fines de la década de 1970, sesenta años más tarde? Para entonces, 16% de las exportaciones estadounidenses viajaban a América latina, 31% de las importaciones latinoamericanas provenían de los Estados Unidos y 35% de las exportaciones latinoamericanas iban al mercado del Norte[142]. Por lo tanto,

---

[142] Albert Fishlow, "The Western Hemisphere Relation: Quo Vadis?", en *The United States and the Americas: A Twenty-First Century View*, editado por Albert Fishlow y James Jones, Nueva York, Norton, 1999, p. 21.

hacia las décadas finales del siglo xx, ¡las relaciones comerciales entre los Estados Unidos y América latina no habían progresado!

¿Ofrecía América latina oportunidades más atractivas para el capital estadounidense hacia fines de los años '70 de las que ofrecía a comienzos de siglo? Hacia 1929, nada menos que una tercera parte de las inversiones estadounidenses en el exterior tenían a América latina por destino. Hacia fines de los años '70, América latina no representaba más del 18% de las inversiones estadounidenses en el exterior, caída dramática, en términos proporcionales, con respecto a la primera parte del siglo. Al igual que con el comercio, las cifras utilizadas se refieren a la década de 1970 para evitar las de la década de 1980, pues ese crítico decenio, que abrió las puertas a las reformas de estos últimos años, afectó el comercio y la inversión todavía más[143].

Y, finalmente, ¿puede decirse que a fines de siglo América latina había dejado de ser una fuente de inestabilidad política en el hemisferio? El mero término "América latina" evoca todavía cualquier cosa menos estabilidad, haciendo justicia al título del libro de Andrés Oppenheimer, *Bordering On Chaos*[144]. Ha habido períodos en que la democracia ha sido la norma, pero debido a que "democracia" no significó otra cosa que la posibilidad de elegir un presidente todopoderoso cada tantos años y ella no estuvo anclada en el Estado de Derecho, la existencia de gobiernos "democráticos" en la región implicó apenas que ni el comunismo ni las juntas militares tenían el mando. Todo lo demás —abusos a los derechos humanos, persecución política, judicaturas serviles, no rendición de cuentas, corrupción generalizada, demagogia virulenta, zozobra social y ausencia de derechos económicos individuales— siguió siendo, con esporádicas excepciones, el rasgo saliente de esas naciones.

---

[143] Albert Fishlow, "The Western Hemisphere Relation: Quo Vadis?", en *The United States and the Americas: A Twenty-First Century View*, editado por Albert Fishlow y James Jones, Nueva York, Norton, 1999, p. 21.

[144] Andrés Oppenheimer, *Bordering On Chaos: Guerrillas, Stockbrokers, Politicians and Mexico's Road to Prosperity*, Boston, Little, Brown, 1996.

La política latinoamericana de Washington nunca procuró el fortalecimiento de la sociedad civil frente al Estado, la extensión de los derechos económicos a los miserables bajo instituciones políticamente neutrales y el sometimiento del poder de las autoridades al Estado de Derecho (aun si en muchos casos éstos eran los objetivos declarados de la política exterior norteamericana). Se dice a menudo que la política de Washington ha tendido a ser reactiva y cortoplacista, en lugar de estratégica. Aunque la principal responsabilidad por el destino de América latina les cabe a los propios latinoamericanos, una estrategia que hubiese tenido en cuenta la naturaleza de su subdesarrollo —el corporativismo, el mercantilismo de Estado, el privilegio, la transferencia de riqueza y la ley política— habría evitado reforzar su condición.

El intervencionismo pertinaz en el Caribe y América Central por lo general benefició a gobiernos tan corruptos y ajenos al Estado de Derecho como los enemigos, a menudo pero no siempre comunistas, a los que combatía. Y esos gobiernos representaban —como en el caso de Anastasio Somoza en Nicaragua, Fulgencio Batista en Cuba y muchos otros— prototipos de mercantilismo de Estado endeudado a determinados inversores locales y extranjeros. Las intervenciones contra gobiernos latinoamericanos de izquierda percibidos como una amenaza a los intereses estadounidenses sirvió por lo general a los propósitos de dictaduras de derecha, como la del Brasil en la década de 1960 y la de Chile en los años '70, no la consolidación de alternativas democráticas[145]. Las acciones militares del vecino del Norte rara vez se dieron sin entusiastas aliados locales: hubo a menudo intereses nacionales que reclamaron la intervención estadounidense. Por lo demás, el contexto de la Guerra Fría y la escasez de alternati-

---

[145] La Escuela de las Américas, que entrenó a unos 60 mil oficiales latinoamericanos durante medio siglo, produjo al menos 600 violadores de derechos humanos identificados, incluida una decena de dictadores. Funcionó en Panamá entre los años '40 y los años '80, y luego fue trasladada a Fort Benning, en Georgia (Estados Unidos). Fue cerrada en el año 2001 y reemplazada por otra escuela de entrenamiento para militares del hemisferio.

vas democráticas redujo con frecuencia la baraja de opciones de la política exterior de los Estados Unidos. Y los métodos no siempre fueron sangrientos ni estuvieron orientados a influir en el tipo de gobiernos que conducía América latina. En ocasiones, los Estados Unidos utilizaron la diplomacia de las cañoneras para intervenir las aduanas de países deudores.

Puede que el intervencionismo contuviera la expansión comunista e impidiera que el nazismo penetrase en la región (algunos fugitivos nazis llegaron a refugiarse en la Argentina tras la Segunda Guerra Mundial), pero no favoreció, en los varios países donde tuvo lugar, los intereses del Estado de Derecho y el capitalismo liberal. El efecto del intervencionismo fue doble: por una parte, reforzó instituciones autoritarias, corruptas y mercantilistas; por otra, el resentimiento que provocó entre muchos latinoamericanos la percepción de que Washington seguía una línea agresiva se tradujo en un rechazo, por asociación, de los valores relacionados con el liberalismo capitalista que los Estados Unidos representaban. El resentimiento en muchos casos escondía envidia contra el éxito y el poder estadounidenses, y fue atizado por demagogos turbulentos, pero los desaciertos del imperio no ayudaron precisamente a desfondar el antiimperialismo.

La intervención directa no fue el único tipo de política reactiva que reforzó las instituciones tradicionales y la cultura pública. Hubo momentos de diplomacia amigable también. La Política del Buen Vecino de F. D. Roosevelt y la Alianza Para el Progreso de J. F. Kennedy —dos emblemas de la condescendencia estadounidense— fueron políticas reactivas, en este caso bienintencionadas. La Política del Buen Vecino aspiraba a prevenir la penetración nazi en América latina; la Alianza para el Progreso pretendía segar el césped bajo los pies del comunismo en la región (el *Forth Point Program* de Harry S. Truman, considerado la partida de bautismo de la ayuda exterior, también había intentado, a partir de 1949, restar aliento al comunismo). Ambas políticas fueron financiadas con dinero del Estado norteamericano, por lo general destinado a programas estatales latinoamericanos o a organizaciones comprometidas con las corporaciones locales del nacionalismo económico. La Política del Buen Vecino, que decía promover el libre comercio, suministraba fondos para el desarrollo industrial, lo que en la práctica significaba la sustitución de importaciones. La Alianza para el Progreso afirmaba en su mismísima Carta que la mayor parte de los 20 mil millones de dólares necesarios para solventar esa política provendrían del erario público; no sorprende que entre 1961 y 1965 el dinero de los contribuyentes estadounidenses destinado a la Alianza para el Progreso se duplicara[146]. El origen de ese dinero era un problema no menos importante que su destino, porque los fondos que provee un gobierno extranjero tienden a dirigirse a programas bendecidos —cuando no administrados— por las autoridades del país receptor. Aun si no es así, el resultado es el favoritismo y la discriminación, no el capitalismo competitivo.

La Alianza para el Progreso promovió la idea del libre comercio entre los latinoamericanos, pero el efecto práctico fue que algunas de las políticas del nacionalismo económico pasaron a ser regionales en lugar de nacionales. Es más: algunos de los ideólogos de la sustitución de importaciones y de la "teoría de la dependencia" respondieron a los fracasos de su política defendiendo el concepto de una Latinoamérica alambrada que debía reproducir los principios del nacionalismo económico a escala continental. El proteccionismo de los Estados Unidos amplió los vicios de su política exterior. F. D. Roosevelt protegió la agricultura, D. D. Eisenhower protegió el petróleo y los sucesores por lo general mantuvieron aranceles y barreras no arancelarias que no sirvieron en nada la causa del libre comercio en América latina[147].

[146] Albert Fishlow, "The Western Hemisphere Relation: Quo Vadis?", en *The United States and the Americas: A Twenty-First Century View*, editado por Albert Fishlow y James Jones, Nueva York, Norton, 1999, p. 20.

[147] Debe decirse, en relación con el proteccionismo estadounidense en general, que América latina ha obtenido en algunos casos acceso preferencial a través del Sistema Generalizado de Preferencias (SGP), la Iniciativa Para la Cuenca del Caribe (ICC), la Ley de Preferencias Comerciales Andinas y Erradicación de la Droga (conocida como ATPADEA por sus siglas en inglés), y otros mecanismos.

Las políticas públicas no fueron la única fuente de compromiso estadounidense con el nacionalismo económico latinoamericano. La banca privada jugó un papel de primer orden en la década de 1970 —la de los petrodólares—, otorgando créditos masivos a la región. La abundancia de dinero en los bancos por los altos precios del petróleo, y el hecho de que las grandes empresas apelaran a los mercados de capitales antes que al crédito bancario para obtener fondos, hicieron de los países subdesarrollados un perfecto destino para los dólares excedentes. América latina se entregó al dinero fácil y a las tasas de interés negativas en términos reales, hasta que en 1979 el segundo shock petrolero precipitó la recesión en el mundo desarrollado. El aumento de las tasas de interés y la recesión estadounidense pusieron al descubierto, de buenas a primeras, la fragilidad del nacionalismo económico latinoamericano. Pero aún no se respiraba un ambiente de reforma: con el respaldo de los organismos multilaterales, los latinoamericanos consiguieron nuevos préstamos para pagar los antiguos. Con una deuda de cientos de miles de millones de dólares que pesaba como un muerto, el carrusel financiero apuntaba al desastre. Bienvenido, lector, a la década de 1980.

Mala conciencia, peor economía

De una u otra forma, los países ricos han transferido a los países pobres todo tipo de recursos, excepto el intangible: las claves del desarrollo. En verdad, las transferencias —bienes de capital, ayuda exterior, dinero invertido o créditos— han resultado una apuesta por el subdesarrollo. Los países ricos aceptaron la idea de que América latina necesitaba bienes de capital para crear su propia base industrial y así no tener que importar manufacturas cuyo costo era superior a las divisas generadas por sus materias primas. Aun cuando estas falacias de la "dependencia" pasaron de moda, la ayuda exterior siguió siendo distribuida sobre las naciones del subdesarrollo para "fomentar" la inversión. Se pensaba que una vez que los países de América latina tuviesen los recursos financieros del exterior, la inversión haría brotar el desarrollo en poco tiempo. Debería haber sido obvio que colocar capitales en el andamio del subdesarrollo no desencadenaría la prosperidad. Si la inversión extranjera, que ha sido por lo general mucho más abundante que la ayuda exterior, no desarrolló a esos países durante el siglo xx, ¿cómo iba la prodigalidad asistencialista internacional (es decir, la estadounidense) a lograr ese objetivo?

Los países ricos no se desarrollaron a causa de la industrialización. Fue al revés: la industrialización siguió al desarrollo, que en muchas naciones occidentales ya estaba en marcha cuando la economía seguía basada en la agricultura. La industria, como sostuvo Peter Bauer, no es "causa" sino "síntoma" del desarrollo[148]. Importar bienes de capital para aumentar la inversión, o invertir la ayuda exterior en la industria local, no produce desarrollo a menos que las causas del desarrollo —las instituciones del capitalismo liberal— estén en su lugar. Derramar dinero sobre América latina para aumentar la inversión sólo desarrolla a aquellos sectores que gozan de derechos de propiedad seguros. Sin el ambiente adecuado, la inversión no engrosa sino ciertos enclaves, desviando recursos de los bienes de consumo, de la agricultura o de los muchos servicios que las naciones latinoamericanas proveen, incluyendo el turismo. Hacia comienzos de los años '90, las mayor parte de las exportaciones del Brasil tenía que ver con la industria, mientras que tres décadas antes sólo un 10% de ellas tenían ese origen: a pesar de la masiva industrialización alcanzada, ese país sigue muy lejos del desarrollo. En cambio, la industrialización sí resultó una expresión del desarrollo en lugares donde los marcos institucionales eran más afines al capitalismo liberal, como el Sudeste asiático, España, Irlanda o Quebec. En todo caso, la oferta, la productividad y la formación de capital dependen de las instituciones y de la capacidad emprendedora de los individuos que se guían

---

[148] Peter T. Bauer, *Dissent On Development*, Cambridge, Mas., Harvard University Press, 1976, pp. 142-145.

por ellas, no de la inversión de fondos recibidos del exterior por medio del Banco Mundial, el FMI y USAID, o de cualquier otra forma de transferencia de riqueza desde los países prósperos. Con tales fondos, un país puede elevar de forma temporal los niveles de consumo e inversión, pero el desarrollo no fluye de ese efecto.

La contribución de organismos multilaterales de crédito como el Fondo Monetario Internacional, el Banco Mundial y el Banco Interamericano de Desarrollo al subdesarrollo latinoamericano ha sido notable (algo de lo que parecen cada vez más conscientes). Los recursos que han destinado a la región han tenido tres efectos: el fortalecimiento del estatismo, la postergación de las soluciones adecuadas y el desvío de las responsabilidades políticas.

Lo primero es consecuencia de haber financiado programas estatales o proyectos privados respaldados por el Estado que han estimulado el parasitismo, es decir la dependencia respecto de medios ajenos en lugar del propio esfuerzo para sostener una actividad. Aunque tanto el Banco Mundial como el Banco Interamericano de Desarrollo tienen ramas dedicadas a financiar proyectos privados, destinan a ese propósito una fracción pequeña de sus fondos. El resultado de la política crediticia está expresado en los informes de estos organismos, que reconocen la ineficiencia, y a veces la corrupción, con que los destinatarios han administrado los desembolsos.

El segundo efecto de los créditos —la postergación de las soluciones adecuadas— nace del hecho de que los gobiernos y, en no poca medida, las Organizaciones No Gubernamentales que constituyen el destino de estos fondos han preferido concentrar en la exigencia de nuevos desembolsos una energía que hubiesen debido aplicar a reformar sus países.

La tercera consecuencia —el desvío de las responsabilidades— calza con la segunda: los países latinoamericanos han recurrido al fácil expediente de culpar a los organismos internacionales de males cuya principal responsabilidad es local.

Nada ilustra mejor el fracaso de las políticas crediticias de la llamada "comunidad internacional" que el hecho de que en los años '90 buena parte de los organismos multilaterales ayudaran a financiar la privatización de proyectos estatales cuyo origen habían sido los préstamos otorgados en su día por ellos mismos.

El caso del Fondo Monetario Internacional es elocuente. Esta entidad no nació para cumplir funciones de banco: fue asumiéndolas con el tiempo. En los años '70, otorgó créditos a los países latinoamericanos para ayudarlos a resolver las "crisis" de sus "balanzas de pagos". Hacia 1979, resultó evidente que los gobiernos no estaban generando los recursos para saldar sus deudas. Se puso de moda "reprogramar" los pagos; el FMI se abocó a prestar dinero para que los países pudieran seguir sirviendo la deuda: verdadero carrusel financiero. En los años '80, se pusieron de moda los "programas de ajuste estructural", mediante los cuales, a cambio del compromisos de ajuste fiscal por parte del país deudor, el FMI facilitaba nuevos créditos. Decenas de miles de millones de dólares de financiamiento exterior fueron incapaces de evitar la "década perdida".

La guerra contra las drogas

En las últimas dos décadas del siglo XX, pero en especial en los años '90, la política de los Estados Unidos hacia América latina pasó a ser poseída por el demonio de la guerra contra las drogas. Era la culminación de una tendencia iniciada en 1914 con la Ley Harrison, que prohibió la venta de heroína y cocaína, expandida en 1937 al añadirse la marihuana a la lista negra y potenciada bajo Richard Nixon, en los '70, con la primera declaración de "guerra" contra los estupefacientes. Hacia fines de siglo, esta obsesión vampirizó la política latinoamericana de Washington[149]. Bajo la presidencia de Ronald Reagan, fueron triplicados los fondos para la erradicación y la interdic-

---

[149] Eva Bertram, Morris Blachman, Kenneth Sharpe y Peter Andreas, *Drug War Politics: The Price of Denial*, Berkeley, University of California Press, 1996, pp. 26, 81, 105-109.

ción de las drogas, así como para la sustitución de cultivos[150]; el gasto dedicado a atacar la oferta creció por múltiplos de diez con Bill Clinton y George W. Bush ha intensificado la campaña. Todo avance político o comercial que experimentan las relaciones entre Washington y sus vecinos resulta una recompensa por la energía que el país en cuestión exhibe en contra del cultivo de la coca y el tráfico de drogas. Del mismo modo, la falta de cooperación por parte de los países que son "fuente" del problema acarrea represalias económicas[151]. Nada ilustra mejor el entrevero de las relaciones políticas y comerciales con la estrategia antidrogas que la Ley de Preferencias Comerciales Andinas (conocida como *ATPA* por sus siglas en inglés), que exoneraba de aranceles las exportaciones de los países andinos, renovada en 2002 bajo el nombre de Ley de Preferencias Comerciales Andinas y Erradicación de la droga (*ATPADEA*). Todo discurso oficial, toda visita de alto nivel, todo acuerdo firmado por un funcionario del gobierno de los Estados Unidos aludía —alude— a la guerra contra las drogas.

Reflejo de una política interna intensificada desde los años '70, que cobró considerable aliento en los '80 y pasó a ser un monotema en los '90, la guerra contra las drogas llevó el enfoque represivo hasta los países donde se origina el producto (en 2003 la *Drug Enforcement Agency*, conocida por su acrónimo DEA, empleaba a ¡más de 9 mil personas!). Como casi la mitad de la cocaína que se consumía en los Estados Unidos se producía en Colombia y la hoja de coca se cultivaba en el Perú y en Bolivia (y

---

[150] Bruce M. Bagley, "The New Hundred Years War?: U.S. National Security and the War on Drugs in Latin America", en *The Latin American Narcotics Trade and U.S. National Security*, editado por Donald J. Mabry, Nueva York, Greenwood, 1989, p. 46.

[151] Las leyes antinarcóticos (*Drug Abuse Acts*) de 1986 y 1988 condicionan la ayuda exterior y las relaciones comerciales preferenciales con los países que producen droga o que constituyen puntos de tránsito para el narcotráfico a su activa participación en la guerra contra las drogas. Véase *Bad Neighbor Policy: Washington's Futile War On Drugs In Latin America*, por Ted Galen Carpenter, Nueva York, Palgrave, 2003, pp. 124, 146.

luego también en Colombia), "represión" significaba reducir la oferta con una campaña militar orientada tanto contra los cultivos y los laboratorios que procesaban la materia prima como contra los círculos dedicados al contrabando del producto prohibido. Una arista adicional de la estrategia consistía en crear incentivos para que los campesinos sembraran cultivos distintos. La responsabilidad recayó en unidades militares y policiales latinoamericanas; del dinero, los equipos y el entrenamiento —y, sobre todo, de la incesante presión política— se ocupó Washington. Estados Unidos actuaba "por poderes" contra un negocio tan rentable como fácil de emprender: guerra imposible contra la ley de la oferta y la demanda, que aumentaba los precios artificialmente, y por tanto los beneficios y el poder de los narcotraficantes.

No sorprende que durante la segunda mitad de los años '80 el negocio de la droga se comprometiera en Colombia con la insurgencia terrorista mediante las actividades de tres grupos conocidos como las FARC (Fuerzas Armadas Revolucionarias de Colombia), ELN (Ejército de Liberación Nacional) y Autodefensas Unidas de Colombia, organización paramilitar de derecha. Entre 50 y 60% de los ingresos de estos grupos pasaron a depender de las drogas. Las organizaciones subversivas se involucraron en toda la cadena productiva y comercializadora, desde el cultivo de la hoja de coca y el opio hasta el procesamiento y la distribución de cocaína y heroína[152]. Por un tiempo, importaron la materia prima del Perú y de Bolivia; luego empezaron también a cobrar impuestos por el cultivo de la hoja de coca y del opio en Colombia, y a proteger los sembrados. A poco, los grupos terroristas, que obtenían cientos de millones de dólares al año gracias al narcotráfico, se volvieron un factor tan importante de la ecuación como los cárteles basados en Colombia con ramificaciones en otros lugares, incluido México, país que fue arrastrado al conflicto porque la guerra contra las drogas desvió el punto de en-

---

[152] Eduardo Buscaglia y William Ratliff, *War and Lack of Governance in Colombia*, Stanford, Hoover Institution Press, 2001, p. 5.

trada de La Florida a California y Texas[153]. El fenómeno desgarró el tejido social y la estructura institucional de Colombia.

Durante la década de 1990, los terroristas financiados por el narcotráfico tomaron el control de muchos pueblos y ciudades de Colombia. Según una investigación, 57% de las cabezas de familia utilizaron —o conocían a personas que habían utilizado— los mecanismos informales de solución de disputas ofrecidos por concejos vecinales bajo control de las FARC; 35% de las personas consultadas declararon haber participado en obras públicas comunales coordinadas por las FARC[154]. Este drama social empeoró con cada gobierno y con cada iniciativa política. Nada había dado resultados en los '80: ni siquiera la extradición de barones de la droga a los Estados Unidos o las diversas negociaciones entre el gobierno y los insurgentes financiados por el narcotráfico gracias a las cuales dos grupos menores dijeron adiós a las armas en 1990. Ahora, el fracaso volvía a repetirse. Entre 1998 y 2001, el gobierno, desesperado, cedió 42.000 kilómetros cuadrados de territorio a las FARC a modo de incentivo para negociar la paz, al tiempo que fortalecía a las Fuerzas Armadas, en parte con dinero de los Estados Unidos. Los terroristas y los barones de la droga seguían tan poderosos como siempre.

Como el financiamiento proveniente del narcotráfico ha hecho crecer sin tregua el poder y la infraestructura de los terroristas, no es poca la responsabilidad que recae sobre la guerra contra las drogas por la incapacidad de los países para detener el avance del terrorismo y por la devastación moral e institucional que los colombianos —y los países andinos en general— han sufrido a manos de las múltiples organizaciones ilegales.

En 1998, Bogotá anunció el Plan Colombia, estrategia de 7

---

[153] La incidencia que tiene la guerra contra las drogas en la corrupción mexicana pueden leerse en *Bad Neighbor Policy: Washington's Futile War On Drugs*, por Ted Galen Carpenter, Nueva York, Palgrave, 2003, pp. 175-185.

[154] Eduardo Buscaglia y William Ratliff, *War and Lack of Governance in Colombia*, Stanford, Hoover Institution Press, 2001, p. 9.

mil millones de dólares destinada en apariencia a revivir el "proceso de paz", galvanizar la economía y reducir la oferta de drogas. Este último componente era la nuez del plan. Los Estados Unidos comprometieron 1,3 mil millones de dólares, buena parte de ellos para entrenar y equipar a las unidades antinarcóticos de Colombia con helicópteros Black Hawk y Huey, y para rejuvenecer las naves aéreas abocadas a la interdicción. Los helicópteros financiados por los Estados Unidos no podían ser utilizados contra los terroristas, sólo contra actividades vinculadas al narcotráfico. Discriminación enigmática: el Plan Colombia, que pasó algo así como a personificar al país ante el mundo, constituía una movilización contra los perversos efectos institucionales y económicos de asalto combinado, e interdependiente, de las drogas y el terrorismo. Colombia se volvió el tercer receptor de asistencia militar estadounidense en el mundo.

Bajo el mencionado plan, el gobierno debía recuperar las áreas dedicadas a la producción de drogas mediante el uso del ejército, los potentes químicos debían aniquilar los sembrados de hoja de coca y de opio, y se debía destruir laboratorios e infraestructuras de transporte. La empobrecida y violenta Colombia se vio envuelta en una estrategia nacional cuyo único propósito era reducir la oferta de drogas en los Estados Unidos. Ese fin drenó mucha de su energía, de sus recursos y de su tiempo. Era el precio exigido por Washington para mantener buenas relaciones diplomáticas con Colombia, otorgarle ayuda y no tomar represalias contra ella.

Entre 1999 y 2001, el Estado fumigó miles de hectáreas de hoja de coca desde el aire. De un total de 160.000 hectáreas de plantaciones de coca, se logró erradicar entre una cuarta y una tercera parte[155]. ¿Resultado? Esta política afectó muchos cultivos legales y poblaciones aledañas; surgieron protestas y las matas de coca emigraron al vecino Perú, inclusive a Bolivia, para volver, luego de un tiempo, a florecer en Colombia. Es más: duran-

---

[155] Álvaro Vargas Llosa, "Back From the Dead — With U.S. Help", *San Francisco Chronicle*, 18 de agosto, 2002.

te el primer año fiscal del Plan Colombia, el cultivo de coca en la región andina experimentó un aumento del 21%[156]. No sorprende que la oferta de cocaína no disminuyera en los Estados Unidos y los precios no aumentasen[157] (se da el hecho, por cierto, de que la cocaína gana o pierde terreno frente a otras drogas de tanto en tanto, y de que otras regiones, en especial Europa, sostienen la demanda internacional).

A pesar de gastar, durante los años '90, más de 25 mil millones de dólares en programas internacionales de control de drogas, el gobierno de los Estados Unidos concluyó que el fracaso del Plan Colombia era un problema de grados. En 2002, un nuevo paquete de 1,5 mil millones de dólares fue asignado al mismo fin en el país andino. Esta vez se permitió que los helicópteros financiados por los Estados Unidos fuesen utilizados en el combate contra la insurgencia terrorista. Según la oficina estadounidense para el control de las drogas y las Naciones Unidas, la reducción del cultivo de la hoja de coca en Colombia, calculada esta vez en un 15%, fue nuevamente correspondida por un aumento de los sembrados en el Perú y en Bolivia. Al interior de Colombia, la virtual erradicación de la hoja de coca en el Putumayo coincidió con un aumento de la producción en el Guaviare y una proliferación de parcelas más pequeñas[158]. En consecuencia, la oferta —blanco contra el que apuntaban los dardos de la guerra contra las drogas— no decayó. Como ha dicho Steven Wisotsky, "si la industria de la cocaína encargara a un asesor el diseño de un mecanismo para garantizar su renta-

[156] Tina Hodges y Kathryn Lebedur, "Bolivians Pay Dearly For U.S. War On Drugs", *The Miami Herald*, 14 de noviembre, 2002.

[157] Según *The Economist*, un gramo de cocaína se vendía a 150 dólares en 2001. El precio era de 490 dólares en 1981 y bajó a 110 dólares en 1996, año excepcionalmente deprimido. Véase "Stopping it: How governments try —and fail— to stem the flow of drugs", *The Economist*, 28 de julio, 2001. El artículo forma parte de un reportaje especial titulado "A Survey on Illegal Drugs", p. 11. En 2003, el precio ya estaba por debajo de los 100 dólares.

[158] "The Balloon Goes Up", *The Economist*, Londres, 8 de marzo, 2003, p. 37.

bilidad, éste no podría haber escogido nada mejor que la guerra contra las drogas: presión suficiente para inflar los precios, pero no tanta como para mantener su producción alejada del mercado"[159].

La movilización antiterrorista de los Estados Unidos a raíz de los ataques del 11 de septiembre de 2001 contra el World Trade Center de Nueva York permitió ampliar la participación militar en Colombia al tiempo que crecía el papel del Comando Sur del Pentágono. Basado en Miami, responsable de las actividades militares estadounidenses en América latina y el Caribe, el Comando Sur se propuso comprometer a los países andinos de manera más decisiva en la estrategia de seguridad regional y potenciar las bases castrenses desde América Central hasta la selva amazónica. El renovado enfoque hacía más fácil a los Estados Unidos asistir a Colombia en su empeño por proteger el oleoducto de Caño-Limón, en un país donde se estima que sólo una quinta parte de los campos petroleros han sido explorados y donde las compañías estadounidenses y canadienses compiten con las europeas en busca del codiciado recurso. Sin embargo, la cocaína seguía siendo el principal objetivo, ya que las finanzas del terrorismo colombiano dependen abrumadoramente de ese negocio ilegal. La mal encaminada guerra contra las drogas era, en tal virtud, el peor enemigo de la guerra contra el terrorismo en América latina. A medida que crecía el Plan Colombia, las organizaciones narcoterroristas, beneficiadas por los altos precios y la oferta ininterrumpida que resultaban de la estrategia fallida, ingresaban al Perú por el río Putumayo, al Ecuador por Sucumbías, a Venezuela por Zulia, Táchira y Apure, y al Brasil por la zona amazónica. Los Estados Unidos optaron por condicionar aún más las relaciones con los países afectados —que ya dedica-

---

[159] Steven Wisotsky, *Beyond the War on Drugs: Overcoming a Failed Public Policy*, Buffalo, Nueva York, Prometheus Books, 1990. La frase es citada por Eva Bertram, Morris Blachman, Kenneth Sharpe y Peter Andreas en *Drug War Politics: The Price of Denial*, Berkeley, University of California Press, 1996, p. 13. *(T. del A.)*

ban mucho tiempo y recursos a objetivos distintos del desarrollo— a la instalación de bases y a una cooperación militar aun mayor.

El Plan Colombia no fracasó. Lo que fracasó fue la guerra contra las drogas en su triple vertiente: la interdicción, la erradicación y la sustitución de cultivos.

Bolivia experimentó un desastre similar. En 1998, los Estados Unidos "animaron" a ese país a poner en práctica el Plan Dignidad en la región del Chapare. El ejército boliviano arrancó miles de hectáreas de plantaciones de hoja de coca. Hacia 2001, la superficie cultivada bajó de casi 40 mil hectáreas a 7 mil (otras 9 mil seiscientas hectáreas constituían cultivos legales en distintas partes del país)[160]. Decenas de miles de familias perdieron su sustento de la noche a la mañana, impedidas de obtener ganancias con la venta de las piñas y los plátanos con que intentaron reemplazar las matas de coca valoradas en 400 millones de dólares. El resultado fue una revuelta sangrienta, con muertos y heridos.

Las autoridades bolivianas enviaron una fuerza expedicionaria pagada y entrenada por los Estados Unidos. Como cabía esperar, esta unidad fue acusada de atroces violaciones contra los derechos humanos. ¿Por qué debía sorprendernos que Evo Morales, hijo de pastores andinos y combustible demagogo antiestadounidense, casi ganara las elecciones presidenciales defendiendo el derecho a cultivar la coca y denunciando la prepotencia yanqui?

¿Qué podían los Estados Unidos exhibir a cambio? No disminuyó la oferta de cocaína en el mercado norteamericano; en la calle, los precios siguieron igual. Las consecuencias de esta política no se limitaron a ciertos brotes de protesta y violencia, y al surgimiento de un poderoso caudillo antediluviano. La causa del libre mercado cayó bajo sospecha, en parte porque los Estados Unidos no cumplieron a tiempo y sin condiciones la promesa de

---

[160] Álvaro Vargas Llosa, "Back From the Dead — With U.S. Help", *The San Francisco Chronicle*, 18 de agosto, 2002.

acceso al mercado estadounidense para los productos andinos mientras se intentaba erradicar la coca. Las acciones de Washington, en particular los subsidios a su agricultura por un monto de 50 mil millones de dólares —equivalentes a 21% de la renta agrícola estadounidense—, contradecían de un modo tan frontal las promesas de libre comercio, que muchos en Bolivia se rebelaron contra la idea misma del libre comercio, acaudillados por agitadores que encontraron en los efectos de la guerra contra las drogas el perfecto pretexto para el odio antiyanqui. Qué ironía que, mientras arreciaban los desórdenes en el país, la coca regresara a hurtadillas: 95% de la coca erradicada en el año 2002 era de cultivo reciente (en el 2003, según el gobierno norteamericano, la extensión de los cultivos ilegales aumentó en 4.000 hectáreas). La caída del presidente Gonzalo Sánchez de Lozada en octubre de 2003, en apariencia por un proyecto de exportación gasífera que provocó un estallido popular y sacó otra vez a Evo Morales a las calles, tuvo relación directa con el conflicto de la coca.

El caso del Perú es igual de elocuente. En los años '90, creyendo que la línea dura de Alberto Fujimori y su monje negro, Vladimiro Montesinos, era la mejor respuesta al terrorismo y las drogas, Washington aceptó que ese gobierno hiciera caso omiso del Estado de Derecho, la libertad de prensa y otras nimiedades. El Perú recibió más de 110 millones de dólares del dinero de los contribuyentes estadounidenses. Durante un tiempo, los incentivos para que los campesinos sustituyeran sus cultivos redujeron el área cultivada en un 60%. Pero las plantaciones emigraron a Colombia. Unos años después, con el Perú sumido en una catatónica recesión, cuando su dictadura perdía eficacia y Estados Unidos ayudaba a expulsar los cultivos de Colombia, la coca regresó sin misericordia. Al igual que con el Plan Colombia, Washington atribuyó el fracaso a la insuficiencia de recursos. En 2002, el gobierno federal triplicó el aporte de los contribuyentes estadounidenses a la erradicación de la coca en el Perú. Para entonces, entre protestas oficiales de los Estados Unidos ante el gobierno peruano, los campesinos reemplazaban los sembrados de café, cacao y otros cultivos por la hoja de coca, que era tres veces más rentable[161]. Con el resurgimiento de la organización maoísta Sendero Luminoso, los barones de la droga volvieron a comprarles protección a los terroristas, quienes a su vez empleaban ese dinero adquiriendo alimentos entre los campesinos. Como en Bolivia, hubo en 2003 un rebrote de sentimiento antiestadounidense: las movilizaciones de los valles Ene y Apurímac, y de otras regiones del interior, merecieron una sangrienta respuesta.

La guerra contra las drogas —política de represión de la oferta que lleva a los países subdesarrollados a una reasignación forzosa de recursos, al desvío de su capital político y a la militarización de las instituciones— ha sido contraproducente. No ha servido la causa del Estado de Derecho y del capitalismo liberal, aquello que hizo posible a los Estados Unidos. Ha hecho lo contrario: socavar los derechos individuales y debilitar todavía más las garantías institucionales contra la intromisión del Estado. Al igual que el intervencionismo y la condescendencia —los dos polos entre los cuales ha oscilado la política latinoamericana de Washington, a menudo con el uso de una doble moral—, la guerra contra las drogas sólo ha hecho de los Estados Unidos y América latina vecinos más distantes que nunca[162].

Libre comercio (pero no demasiado)

Desde el fin de la Segunda Guerra Mundial, los Estados Unidos y otras naciones capitalistas han visto aumentar el comercio a una velocidad cada vez mayor. Emblema de nuestra era, el comercio ha crecido a un ritmo muy superior al de la producción.

---

[161] Según Rensselaer W. Lee III, los campesinos ganan entre 4 y 10 veces más dinero con la hoja de coca que con cultivos legales como el cacao, la naranja y el aguacate. Véase *The White Labyrinth: Cocaine and Political Power*, por Rensselaer W. Lee, New Brunswick, N.J., Transaction Publishers, 1989, pp. 26-27.

[162] Alan Riding, *Distant Neighbors: A Portrait of the Mexicans*, Nueva York, Vintage Books, 1989.

La globalización, palabra de moda a comienzos del siglo xxi (en realidad la globalización ya tuvo lugar en el pasado con otros nombres), es hija de ese fenómeno. La fuerza política y moral del libre comercio es tan grande que inclusive la izquierda y la derecha nacionalistas le rinden pleitesía verbal. Ningún político dice oponerse al libre comercio. Si se opone, tiende a argumentar que un socio comercial está haciendo trampa porque coloca productos por debajo del precio de mercado con ayuda de subsidios directos o indirectos, que los bienes importados no reúnen los requisitos sanitarios o que las condiciones laborales en la nación exportadora son tan ignominiosas que descalifican al producto ofrecido (o que la mano de obra es tan barata en el extranjero que ciertas compañías tienen ventajas injustas gracias a sus menores costos).

Estos argumentos constituyen pretextos para impedir el comercio. El que semejantes pretextos deban siquiera ser invocados, es síntoma de la fuerza moral lograda por el libre comercio. No menos elocuente es el hecho de que las protestas "globalifóbicas" alrededor de mundo no condenan el libre comercio como tal. A menudo hacen lo contrario, pues denostan a los países desarrollados por practicar una doble moral al proteger sus economías con barreras arancelarias.

En el medio siglo transcurrido desde la Segunda Guerra Mundial, el comercio ha crecido a un ritmo vertiginoso. Pero no ha crecido tanto como debería en todo el mundo, porque las naciones subdesarrolladas no han sido las únicas que han practicado el nacionalismo económico. Si nos atenemos a su definición real, no ha existido un libre comercio. Desde el comienzo, el intercambio estuvo colmado de excepciones. Los Estados Unidos han protegido la agricultura no menos que los europeos. Las políticas diseñadas para animar a ciertas economías extranjeras —como el comercio "preferencial" o la condición de "nación más favorecida" que Washington dispensa a algunos países— han excluido o limitado bienes importantes. La lista abarca las importaciones de bienes agrícolas, confecciones y demás manufacturas textiles, y otros productos, como el acero, que han sufrido restricciones directas o indirectas.

A través de precios "de refugio", pagos compensatorios y subvenciones monetarias, los Estados Unidos generan una sobreproducción de algodón, granos, azúcar, plantas oleaginosas y otros productos agrícolas. Las cuotas que restringen la importación de azúcar cruda no sólo limitan la cantidad que puede ser exportada a los Estados Unidos: también deprimen su precio en el mercado mundial. Aunque algunos países latinoamericanos se benefician con la renta que les significa dicha cuota porque venden azúcar al precio norteamericano, los obstáculos al comercio perjudican a las economías del hemisferio. Las cuotas de "salvaguarda" que reducen la importación de confecciones y de otros productos textiles han sido hasta hace poco particularmente dañinas para los países andinos —los mismos a los que se ha exigido reemplazar la coca con otro tipo de oferta exportadora—, así como para las naciones del Caribe y Centroamérica. Existen trabas adicionales que frenan las exportaciones latinoamericanas en nombre de la protección a los consumidores y el medio ambiente. Éstas abarcan los reglamentos fitosanitarios y ciertas exigencias relacionadas con el comercio que obligan a los productos importados a igualar la calidad y el volumen de los pedidos locales[163]. En este amplio sentido, los Estados Unidos se han desviado de los viejos tiempos en que George Washington podía sostener, en las postrimerías del siglo XVIII, con ocasión de su *Fairwell Address*, que la política comercial "debería ser guiada por una mano equitativa e imparcial; no buscar ni otorgar favores exclusivos o preferencias; consultar el curso natural de las cosas; dilatar y diversificar por medios delicados los flujos del comercio, pero sin forzar nada"[164].

Como en el caso de la guerra contra las drogas, las barreras

---

[163] Nancy Birdsall, Nora Lustig y Lesley O'Connell, "The United States and the Social Challenge in Latin America: The New Agenda Needs Instruments", en *The United States and the Americas: A Twenty-First Century View*, editado por Albert Fischlow y James Jones, Nueva York, Norton, 1997, pp. 100-101.

[164] W. B. Allen, *George Washington: A Collection*, Indianápolis, Liberty Classics, 1988, p. 525. *(T. del A.)*

comerciales de los Estados Unidos han descolocado a los amigos del capitalismo liberal, poniéndolos en desventaja frente a las corrientes anticapitalistas. En 2002, en plena campaña presidencial en el Brasil, el candidato favorito —y a la postre ganador—, Luiz Inácio "Lula" da Silva, atacó el Área de Libre Comercio, que se negocia desde 1998 y apunta a completarse en 2005, con el poderoso pretexto de que las medidas antidumping y los subsidios agrícolas restan sentido a la expresión "libre comercio". El Brasil soporta aranceles contra sus exportaciones de azúcar (es el primer productor mundial), bienes textiles, tabaco y etano. Como primer productor mundial de jugo de naranja, es particularmente sensible a los altos aranceles que perjudican también a ese producto. Las objeciones contra el comercio no desaparecerían si desapareciera el proteccionismo de los Estados Unidos[165] y, en definitiva, el libre comercio es bueno aun si se lo abraza en forma unilateral (lo que no se da, pues los detractores del proteccionismo estadounidense practican su propio proteccionismo). Pero si Estados Unidos quiere promover el capitalismo en América latina, debe practicar más a fondo aquello que predica. Haciéndolo, ayudará a lograr algo que forma parte de su propio interés: segar el césped bajo los pies de los enemigos de la libertad, incluidos aquellos que pudieran estar utilizando el proteccionismo estadounidense como excusa (los consumidores norteamericanos también lo apreciarán). Thomas Paine, el filósofo de la Revolución Americana, podría haber estado refiriéndose a las relaciones entre los Estados Unidos y América latina, en lugar de Europa, cuando dijo que el "comercio" obtendría para los norteamericanos la "paz y amistad" del continente, y que "su comercio siempre será su protección"[166]. En el contexto de las actuales relaciones hemisféricas, esta afirmación es más válida que nunca.

---

[165] Se calcula que el proteccionismo de los Estados Unidos equivale a un impuesto a las ventas de 6% en promedio. Véase "Protectionism in America: Watch Your Wallet", un informe preparado por Consumers For World Trade para The Trade Partnership, Washington D.C., 1 de noviembre, 2003.

[166] Thomas Paine, *Common Sense*, Nueva York, Penguin, 1986, p. 86.

El proteccionismo no es una política de Estado reciente en los Estados Unidos. Pero en las últimas décadas del siglo XX representó como nunca la naturaleza paradójica de las políticas públicas en el mundo desarrollado (resulta coherente con ellas que la guerra contra el terrorismo haya restringido en estos últimos años el ingreso de personas, capitales y bienes a los Estados Unidos más que antes). Los impedimentos al libre comercio han constituido un artero ataque a los valores que los Estados Unidos y Europa decían estar promoviendo en los países subdesarrollados, cuyo corporativismo y mercantilismo reflejan precisamente el pasado de las actuales naciones de vanguardia (dicho sea de paso, la obsesión de Europa Occidental contra los alimentos genéticamente modificados ahora afectará al Brasil y la Argentina, productores recientes de estos cultivos). Aunque la responsabilidad del fracaso latinoamericnao la tienen los propios latinoamericanos, es apropiado señalar la contribución de los países capitalistas más avanzados a los principios, por lo visto perpetuos, del corporativismo, el mercantilismo de Estado, el privilegio, la transferencia de riqueza y la ley política.

SEGUNDA PARTE

LO QUE PROSPERÓ

IV. Lo que pudo ser

Es fácil perder de vista que, *mutatis mutandis*, los rasgos permanentes del sistema político y económico latinoamericano fueron alguna vez, y de modo flagrante, los de aquellas sociedades que ahora conocemos como el Occidente desarrollado. Las ricas democracias capitalistas de nuestros días no pasaron de las cavernas a la civilización en un instante. Ellas evolucionaron, y lo que América latina nos recuerda es un momento muy particular de esa larga evolución, que empezó de forma casi imperceptible después del siglo X, continuó a través de la Edad Media y el nacimiento del Estado-nación, y prosiguió en la era moderna. Hubo un período, entre los siglos XVI y XVII, en que se produjeron, en Europa Occidental, negociaciones y luchas de poder despiadadas como resultado del esfuerzo de distintos grupos —que ejercían una suerte de liderazgo empresarial— por arrancar de manos de las autoridades políticas ciertos derechos de propiedad y libertades. Lo que resultó decisivo para el surgimiento de las potencias capitalistas fue que esos forcejeos incorporaron cada vez a más personas —gradual, dolorosamente— al ordenamiento que garantizaba derechos y libertades generales[167]. La cultura que fue for-

[167] Por supuesto, aquellos que negociaban derechos trataban, en esencia, privilegios porque no lo hacían en nombre de los derechos individuales *per se*, sino de los suyos propios. Vimos algo similar en los "fueros" españoles, excepto que el proceso de extender la libertad a más y más grupos finalmente se interrumpió. La idea del *fuero* en tanto que privilegio, y otras formas en que la Europa medieval concedió libertades especiales, son tratadas en *El tema de nuestro tiempo*, por José Ortega y Gasset, Madrid, Espasa Calpe, 1988, pp. 165-166.

mándose con la expansión de las oportunidades y los beneficios propios de ese cambio institucional reforzó ese ordenamiento. El despertar de la mente occidental bajo la influencia de líderes visionarios ayudó a consolidarlo. Esta influencia no parece menos poderosa que la de los emprendedores que intuían beneficios en las oportunidades desplegadas ante su inquieta mirada.

En cualquier caso, antes de que las negociaciones fijaran algo que pudiera llamarse derechos individuales y universales, y antes de que los acuerdos privados fueran tolerados en lugar de perseguidos por el Estado, Europa lucía caótica e injusta, plagada, como estaba, de ciudadanos de segunda clase. Había corporativismo a gran escala, mercantilismo de Estado del tipo más ruin, privilegios obscenos, una depredadora transferencia de riqueza de abajo hacia arriba y una ley política que confundía el derecho con el Estado.

La diferencia con América latina reside en que semejante estado de cosas fue transitorio en las actuales potencias capitalistas, un largo puente que llevó de la servidumbre medieval a la libertad moderna (aun cuando la modernidad también trajo al Estado-Leviatán, por lo que el progreso "moderno" merece una valoración matizada). En los países de avanzada, las cosas se movieron hacia la generalización de lo particular, haciéndose extensivos a nuevos grupos de personas, de modo incesante, los espacios que ciertas vanguardias empresariales pudieron abrir en su puja con la autoridad. Como ocurre en toda evolución histórica, el camino no fue llano y hubo muchas contramarchas, pero la tendencia fue inequívoca. En América latina, esa evolución nunca se produjo. Lo que evolucionó fue el mundo circundante, del cual América latina recibió innovaciones tecnológicas y otras formas de puesta al día, de modo que para fines de la década de 1980 su aspecto exterior lucía distinto de como había lucido en el siglo XIX y en los siglos anteriores. Los rasgos esenciales del ordenamiento institucional latinoamericano no variaron, como lo hicieron en la era mercantilista europea. En Europa, la fase mercantilista fue un momento prolongado, en una trayectoria esencialmente lineal; en América latina tuvo, durante sus épocas colonial y republicana, una forma circular. No hubo evolución, tampoco involución: más bien, un torbellino girando alrededor de un centro estático.

Conviene, por ello, hacer una pausa antes de encarar el intento de reforma capitalista de América latina durante la década de 1990 y dejar, por un rato, las cosas como estaban a fines de los años '80 para, a modo de breve digresión, trazar la evolución de aquellas instituciones capitalistas fundamentales —y de su protagonista, el individuo— que forjaron a las naciones desarrolladas. Al observar a estas últimas, debemos tener presente una pregunta: ¿qué hay en el capitalismo de aquellos países que nunca hubo en América latina, región que pertenece al Occidente por más que sea vista por el resto de esa familia cultural muy a la distancia? La respuesta a esa pregunta arrojará luces sobre lo ocurrido con las reformas de los '90. Nos ayudará a entender si es viable una reforma capitalista dirigida en una región en la que el capitalismo no evolucionó.

Política y capitalismo

Los países capitalistas de avanzada tienen en común el que, en un determinado momento, las autoridades políticas, ya sea por conveniencia, debilidad o razones de supervivencia, empezaron a respetar acuerdos privados. Lo que hicieron los Estados fue aceptar los hechos de la vida diaria, las idas y venidas de gente que se afanaba en hacer sus negocios, ya fuera en la agricultura, el comercio o en industrias menores. Lo demás, incluida la Revolución Industrial, fue consecuencia del hecho de que la clase dirigente y sus instituciones políticas aceptaron, mediante el retiro de obstáculos legales, las transacciones privadas de la gente, haciendo posible un sistemático crecimiento de la inversión per cápita (razón por la que la población británica se duplicó durante la Revolución Industrial). El fenómeno supuso la salida a flote de un mundo sumergido cuyos comercios cotidianos pasaron, después de mucho tiempo, al ámbito de la bendición oficial por parte de Estados generalmente desesperados por obtener recaudación fiscal.

Este fascinante proceso tiene una interpretación institucional y otra cultural. Ambas se refuerzan, aun si sus respectivos valedores no lo indican así necesariamente.

¿Cuál es la versión institucional? Douglass North y Robert Paul Thomas, por ejemplo, han descrito con lucidez cómo el crecimiento de la población europea durante el siglo X desencadenó un proceso tricentenario: la escasez de tierra y su decreciente producción (debida al uso excesivo) llevaron a muchos siervos a forcejear con los señores feudales para obtener propiedades privadas y a otros a emigrar hacia tierras vírgenes en el Noroeste[168]. De estos acontecimientos fluyeron la propiedad privada, la especialización y en particular el comercio; también mecanismos privados de resolución de disputas. Venecia, Flandes y otras ciudades surgieron como símbolos del primer capitalismo. El sistema prevaleciente en la mayor parte de Europa era aún "medieval". Nathan Rosenberg y L. E. Birdzell han mostrado cómo la autoridad política y la económica se combinaban todavía en las mismas instituciones: la propiedad feudal en el campo, la guilda en la ciudad[169]. El Oriente, cuya civilización sarracena se extendía hasta el Mediterráneo, era un mundo mucho más libre; el florecimiento de Venecia se debió en parte al vigoroso intercambio que tuvo con esa civilización. Pero el ordenamiento "medieval" se empezaba a cuartear, bajo la creciente presión de las respuestas individuales a la escasez de tierra y a la caída de la producción, así como a las oportunidades que se abrían en tierras vírgenes.

Precisamente porque las instituciones no evolucionaron con suficiente rapidez y amplitud en las nuevas condiciones demográficas, hacia el siglo XIV sobrevino la hambruna. La disminu-

---

[168] Douglass North y Robert Paul Thomas, *The Rise of the Western World: A New Economic History*, Cambridge (EE.UU.), Cambridge University Press, 1973, pp. 29-35.

[169] Nathan Rosenberg y L. E. Birdzell, Jr., *How the West Grew Rich: The Economic Transformation of the Western World*, Nueva York, Basic Books, 1986, pp. 37-60.

ción de la población fortaleció al siervo de cara al señor porque la mano de obra cobró más valor y la caída de la renta de la tierra redujo los tributos feudales. Los campesinos se volvieron más exigentes, reclamaron acceso a la propiedad y pidieron pagar sus tributos con las cosechas o hasta con dinero, en lugar de hacerlo con mano de obra. Como resultado de esta puja y de infinidad de transacciones diarias, el sistema feudal decayó: ganó terreno la economía de la propiedad privada, el comercio y el dinero. El proceso coincidió con el Estado-Nación, cuya consolidación aceleró, ya que los señores feudales y los pequeños reinos no podían ofrecer la protección que exigían los cambios sociales. Los servicios tradicionalmente suministrados por el señor feudal —justicia y protección— ahora podían obtenerse a través del Estado. Las distintas partes —los terratenientes en el campo, los comerciantes en las ciudades— pasaron a negociar con el Estado.

En este momento, las entidades representativas —asambleas políticas que representaban a quienes producían riqueza— asumieron un rol significativo. Las negociaciones entre el Estado (en la mayoría de los casos, el rey) y las asambleas llevaron gradualmente al reconocimiento legal de la multitud de acuerdos y contratos privados relacionados con el proceso descrito. En el camino, el Estado ofreció derechos de propiedad limitados, privilegios exclusivos. En lugares como Inglaterra y los Países Bajos, la tendencia apuntó a la larga a los derechos plenos y universales; en Francia, a una mezcla mucho menos saludable de mercantilismo y derechos de propiedad negociados, y en España y Portugal —los países que conquistaron lo que hoy llamamos América latina—, a un sistema hostil al individuo. Aquellos que luchaban por los derechos de propiedad y las libertades políticas no eran en sí defensores de la libertad. Eran personas, a menudo nobles o parte de la elite productiva y con posesiones, que querían asegurar sus propios intereses. El espacio que se abrió al individuo como consecuencia de la tensión entre el interés personal y la autoridad central (y hasta de "corruptas" transacciones que se remontan a un Enrique III confirmando a los barones las provisiones de la Magna Carta a cambio de dinero[170]) redundó, en última instancia, en beneficio de la sociedad, mitigando el poder del Estado-Nación[171].

Un nuevo aumento de la población que en el siglo XVI elevó los precios agrícolas y la renta dio el ímpetu definitivo a la propiedad privada de la tierra y a las transacciones del mercado en la agricultura. De igual forma, el comercio, muy animado en las ciudades por el influjo de metales preciosos y otros productos del Nuevo Mundo, generó una gama de mecanismos institucionales diseñados para reducir el riesgo financiero y la responsabilidad civil[172]. Como ocurrió en el campo, estos acontecimientos capitalistas de la vida diaria buscaban evitar las interferencias oficiales y obtener garantía legal. El Estado era el interlocutor inevitable, de modo que los creadores de riqueza y el gobierno libraron largas batallas políticas. El Estado quería recaudación fiscal, los productores querían derechos de propiedad (desde patentes y leyes de propiedad intelectual hasta medidas que legitimaran las sociedades anónimas y las letras de cambio). Ésta es —en síntesis— la perspectiva institucional acerca de cómo el capitalismo se abrió camino en el Occidente.

¿Cuál es la perspectiva cultural? Según ella, los cambios institucionales siguieron al despertar de la mente y ambas cosas se

---

[170] Douglass North y Robert Paul Thomas, *The Rise of the Western World: A New Economic History*, Cambridge, Cambridge University Press, 1973, p. 84.

[171] La baronesa Margaret Thatcher sostiene que, al insertar la palabra *freemen* (literalmente "hombres libres"), los barones que forzaron al rey Juan a aceptar límites a su autoridad inauguraron una tradición que hizo posible, con el tiempo, la extención de sus privilegios a toda la población (a diferencia de las exigencias que hicieron los nobles a sus reyes en otros países). Su sabiduría, piensa ella, es tanto más admirable cuanto que los barones eran hombres incultos y guerreros. Véase *Statecraft: Strategies for a Changing World*, Nueva York, HarperCollins, 2002, p. 470.

[172] La continua producción americana de plata permitió a Europa exportar metales preciosos al Asia y no experimentar una escasez de especias. Véase "Colonial Silver Mining: Mexico and Peru", por David A. Brading y Harry E. Cross, en *Readings in Latin American History*, vol. 1: *The Formative Centuries*, editado por Peter J. Bakewell, John J. Johnson y Meredith D. Dodge, Durham, C.N., Duke University Press, 1985, pp. 129-156.

retroalimentaron. Los remotos orígenes del concepto del gobierno de leyes por oposición al gobierno de los hombres se encuentran en la Grecia antigua, entre estadistas como Solón y Pericles, o filósofos como Aristóteles, y en la república romana, entre oradores como Cicerón (también existe una antigua tradición china, mucho menos conocida en el Occidente)[173]. Ese concepto —con excepciones medievales como la cultura sarracena, Venecia y, más tarde, algunos escolásticos españoles— no resurgió hasta los siglos XVII y XVIII, cuando los juristas e intelectuales británicos empezaron a revisar la historia. David Hume atribuye el declive del orden feudal en Inglaterra tanto a los efectos de la invasión normanda —que provocó que el rey y sus descendientes debilitaran gradualmente el poder de los barones sobre quienes estaban por debajo de ellos— como a una conciencia creciente de ciertas elites con respecto al Estado de Derecho. Él sitúa el origen de este segundo factor en el descubrimiento de los códigos de Justiniano en el siglo XII: desde entonces los eclesiásticos vieron las ventajas del derecho civil para proteger sus considerables propiedades frente a reyes y barones. Los códigos mismos no produjeron el cambio cultural pero dieron gran impulso al valor del derecho frente al ordenamiento feudal que hasta entonces había ofrecido seguridad a expensas del individuo[174].

Así, los factores institucionales y políticos se combinaron con los culturales para desgarrar el tejido feudal. En términos más generales, también es posible, como escribió Albert Nock, que el espíritu individual fuera producto del renacer que experimentó el conocimiento en el continente[175]. Si no fue exactamente hijo

---

[173] Friedrich A. Hayek, *The Constitution of Liberty*, Chicago, The University of Chicago Press, 1978, pp. 164-167.

[174] David Hume, *The History of England: From the Invasion of Julius Caesar to the Revolution in 1688*, Indianápolis, Liberty Classics, 1983. Esta edición está basada en la edición de 1778 que incluye los últimos añadidos del autor, vol. 2, p. 520.

[175] *Our Enemy, the State*, por Albert J. Nock, Caldwell, Id., The Caxton Printers, 1959, p. 73.

del Renacimiento, sí representó, en el contexto de la revolución cultural de la época, un despertar de la mente.

Otra influencia cultural decisiva en el surgimiento del capitalismo vino por el lado de Martín Lutero y su desafío a la autoridad del Papa y de la Iglesia Católica, basado en principios como la separación de los reinos secular y temporal, la responsabilidad individual ante Dios por sobre las cabezas de los sacerdotes y el cuestionamiento a la autoridad jerárquica. Su visión creó las condiciones para la Reforma. Si esas herejías hubiesen sido expresadas en otros tiempos, no hubieran encontrado tantos aliados políticos en el noroeste de Europa —en Alemania, en Inglaterra—, donde las autoridades recelaban del poder papal[176]. Y los hugonotes franceses y holandeses, variante del mismo fenómeno, también dejaron huella en el siglo XVI con sus invocaciones a la libertad de conciencia en las guerras civiles de su tiempo. Instituciones, política y cultura se movieron, pues, en dirección al individuo, aunque no necesariamente a la tolerancia (el fanatismo puritano fue también hijo de la Reforma)[177].

Ésta es, en forma muy sucinta, la perspectiva cultural.

Sea cual fuese el énfasis relativo que uno otorgue a los factores institucional y cultural, la libertad individual avanzó a grandes zancadas en el norte de Europa mientras los países mediterráneos preservaron sistemas más centralizados, sujetos al mercantilismo de Estado. En Francia y, con más intensidad, en España y Portugal, madres patrias de América latina, la monarquía centralista arrebató poderes a las asambleas e instaló sistemas impositivos diseñados para promover guildas monopolísticas y corporaciones privilegiadas. En Flandes, en cambio, los duques de Borgoña eliminaron las prácticas restrictivas y consolidaron instituciones po-

[176] Véase *Roots of Freedom: A Primer on Modern Liberty*, por John W. Danford, Wilmington, Del., ISI Books, 2000, pp. 37-40.

[177] Vilfredo Pareto atribuye la Reforma a una ola de sentimiento religioso en el norte de Europa por oposición a valores más mundanos en el sur de Europa. Véase *The Rise and Fall of Elites: An Application of Theoretical Sociology*, por Vilfredo Pareto, New Brunswick, N.J., Transaction Publishers, 1991, p. 40.

líticas —el Gran Consejo, la Suprema Corte de Apelaciones, los Estados Generales— diseñadas para proteger los intereses de los individuos contra las tentaciones del Estado intervencionista. Esto ocurrió al tiempo que el Parlamento inglés limitaba los poderes de la Corona, sentando las bases de lo que sería la Revolución Industrial, hija no premeditada de la evolución capitalista[178] bajo un ordenamiento político que en general honraba las recompensas privadas de la iniciativa personal, la creatividad y la empresa.

Otra vez, las mentes de grandes visionarios intelectuales —de John Locke a Adam Smith— se nutrieron de lo que ocurría a su alrededor y, al mismo tiempo, ayudaron a formar los valores de la libertad en las mentes de las elites que tenían el poder de influir en los hechos. Las ideas de John Locke acerca del derecho natural (cuyas viejas raíces se remontan a los estoicos griegos) fueron, por ejemplo, parte de ese avance cultural: constituyeron una formulación teórica inspirada en anteriores aportes filosóficos —traduciéndolos, como lo hizo también Hugo Grocio, a derechos naturales— para tratar de persuadir a la gente mediante el uso de argumentos (lo que no debe tomarse literalmente, pues el origen de la libertad no está tanto en la naturaleza como en la evolución cultural)[179].

---

[178] Douglass North y Robert Paul Thomas, *The Rise of the Western World: A New Economic History*, Cambridge, Cambridge University Press, 1973, pp. 155-157.

[179] Las raíces culturales de la libertad, como la evolución de las instituciones, pueden ser rastreadas, por supuesto, en períodos muy anteriores a Locke y otros escritores. La tradición judeo-cristiana las ubica en la persona de Abraham, hace cuatro mil años. Los filósofos griegos meditaron acerca de la libertad (los estoicos en particular inventaron la idea del "derecho natural") y Friedrich A. Hayek rastrea el origen del concepto del Estado de Derecho hasta la palabra *isonomia*, con la que se denominaba en la antigua Grecia la igualdad de las leyes para todos los hombres (*The Constitution of Liberty*, Chicago, The University of Chicago Press, 1960, p. 164). Quienes están familiarizados con la cultura china indican que allí surgió, entre los siglos VII y III a.C, la idea de un gobierno de leyes en lugar de hombres. Los juristas romanos prolongaron la tradición griega. Más tarde, los reformistas gregorianos también agitaron ideas de libertad en su pugna con el Estado, conflicto que estimuló el desarrollo del derecho canónico.

Ello no quiere decir que Inglaterra o cualquier otro país europeo orientado hacia los derechos individuales fuesen sociedades abiertas del todo. Ninguna lo era. El tipo de comentarios que Francia e Inglaterra inspiraron a Thomas Jefferson en la década de 1780, siendo embajador estadounidense en París y viajando por Europa, dan una idea de cómo en el Viejo Mundo, con agudas diferencias de grado entre país y país, la riqueza estaba todavía altamente concentrada, el sistema de clases seguía limitando las oportunidades y la propiedad, y los obstáculos al comercio transatlántico eran abundantes. La situación era mucho peor en Francia que en Inglaterra. Después de un año en París, Jefferson escribía a un corresponsal estadounidense: "La propiedad (es decir, la tierra) de este país está absolutamente concentrada en muy pocas manos, y produce ingresos de medio millón de guineas para abajo". Y proseguía: "...cuando quiera que en un país hay tierras sin cultivar y pobres sin empleo, está claro que las leyes de propiedad han sido torcidas hasta violar los derechos naturales"[180].

En Inglaterra, los derechos de propiedad estaban mejor protegidos, pero desde el punto de vista de un héroe de la libertad estadounidense las clases dirigentes todavía restringían el acceso de las masas. Tras una misión diplomática en Londres, Jefferson observó: "La aristocracia de Inglaterra —que abarca a la nobleza, a los comunes acaudalados, a la alta jerarquía eclesiástica y a los funcionarios del gobierno— tiene en sus manos las leyes y el Estado, (y) los ha administrado de tal modo que ha reducido a la clase limosnera, o pauperizada, a una condición por debajo de la subsistencia, inclusive trabajando"[181]. Aun con estas atingencias relacionadas con los diversos grados de libertad individual existentes a fines del siglo XVIII en Estados Unidos, Inglaterra y la Francia prerrevolucionaria, la tendencia del mundo occidental apuntaba hacia el capitalismo liberal. La libertad del Nuevo Mundo jeffersoniano estimulaba la libertad del Viejo Mundo, como cuando a me-

---

[180] Albert J. Nock, *Mr. Jefferson*, Tampa, Florida, Hallberg Publishing, 1983, p. 51. *(T. del A.)*

[181] *Ibidem*, p. 63. *(T. del A.)*

diados del siglo xix los británicos derogaron las leyes marítimas proteccionistas inspirados por el libre comercio estadounidense.

Las instituciones sociales que asociamos con el capitalismo liberal —de la propiedad a los tribunales mercantiles, del derecho consuetudinario al uso del dinero— nacieron del libre intercambio entre personas que tomaban decisiones privadas y hacían contratos, no de políticas de Estado. Tampoco la corporación capitalista —red de contratos entre personas, desde accionistas hasta empleados, investidas de derechos de propiedad, con sueños de creación y progreso— fue un designio frío y científico, políticamente dirigido. Más bien fue un desarrollo institucional espontáneo, profundamente humano, que brotó de la conveniencia de reducir los costos de transacción mediante la integración de diversas actividades.

América latina, mientras tanto, bajo la influencia de la Península Ibérica y de su propia tradición, giraba en torno al mismo tipo de estructuras e instituciones de Estado que la Europa mercantilista dejaba atrás. La naturaleza estática de sus instituciones, su falta de evolución, preservaron el nervio del corporativismo y el mercantilismo europeos de los siglos xvi y xvii, aun si las centurias siguientes modificaron el aspecto exterior. La América latina de la actualidad es en muchos sentidos una fotografía, en versión siglo xxi, del capitalismo occidental súbitamente detenido a mitad de su camino, justo en medio de ese laberinto hecho de tratos exclusivos entre las corporaciones privilegiadas y las autoridades políticas, antes de que los derechos individuales fluyeran como resultado de semejante puja.

El Banco de Inglaterra lo crearon en el siglo xvii hombres de negocios que recibieron favores de las autoridades a cambio de crédito mediante la adquisición de bonos[182]. En el siglo xxi, las instituciones financieras latinoamericanas también compran bonos del Estado a cambio de favores que el gobierno derrama sobre ellas y sobre las industrias vinculadas a sus dueños.

---

[182] Alberto Benegas Lynch, *Fundamentos de análisis económico*, Buenos Aires, Abeledo-Perrot, novena edición, 1986, pp. 281-282.

El capitalismo y la ley

El desarrollo del capitalismo fue también el desarrollo del derecho. Si el sistema político y económico de América latina ha consistido tradicionalmente en el corporativismo, el mercantilismo
de Estado, el privilegio y la transferencia de riqueza, es gracias a
su quinta característica saliente: la ley política. La legislación
(también llamada derecho positivo), es decir, la promulgación y
aplicación de mandatos por parte del Estado, ha sido instrumento de gobiernos, tanto coloniales como republicanos, democráticos como dictatoriales, socialistas como reaccionarios, empeñados
en dictar la conducta humana. La tradición política de América
latina ha diluido la línea que separa el derecho de la voluntad del
gobernante y ha confundido el papel del Estado en el derecho
constitucional con el papel del derecho en las vidas privadas de
las personas. A veces con las mejores intenciones, a menudo con
propósitos más oscuros, quienes han detentado el poder político
han dictado las reglas de juego de acuerdo con sus caprichos, sin
respetar la costumbre y la praxis humanas, atrapando a los individuos en una jungla de mandatos contradictorios, arbitrarios e
impredecibles que hacían imposible entender la ley. El gobierno
ha intervenido, a través de las leyes y del control político de los
tribunales, en todos los aspectos de la vida social, incluyendo los
asuntos civiles más privados. Al actuar así, ha hecho escarnio de
uno de los pilares de la sociedad libre: la preeminencia del derecho sobre la voluntad del gobierno.

Bruno Leoni ha descrito de forma iluminadora la evolución
del derecho privado y su impacto en el desarrollo económico[183].
En la época de los romanos, el Estado, republicano o imperial,
no interfería mucho con el derecho civil, basado en los reclamos
privados resueltos por los jurisconsultos[184]. El *Corpus Juris Civi-*

---

[183] Bruno Leoni, *Freedom and the Law*, Indianápolis, Liberty Fund, 1991,
pp. 50-52.

[184] *Natura omnes hominess liberi sunt et aequales* ("Todos los hombres
son libres e iguales por naturaleza") era una regla del derecho romano. Véase

lis o cuerpo de leyes de Justiniano codificó la jurisprudencia romana mucho después de la caída de Roma, pero guardó tanto respeto por los casos —la experiencia— de la vida diaria, y estuvo tan limpio de mandatos positivos o estatutarios, que cuando fue descubierto en Europa Occidental, en la Edad Media, se convirtió en una referencia porosa, flexible, no en un conjunto de reglas forasteras impuestas sobre realidades nuevas, siempre cambiantes (sin embargo, por tratarse de códigos, sí sentó las bases para futuras y más entrometidas formas de codificación legal)[185]. El derecho consuetudinario inglés también fue resultado de millones de decisiones diarias a partir de la resolución de reclamos privados por parte de jueces que sólo tenían como guía los casos anteriores y producían el derecho a medida que enfrentaban los casos humanos y reales, no de formulaciones intelectuales preconcebidas que pretendían amoldar la realidad.

En lugares como Inglaterra y los Países Bajos, el derecho evolucionó junto con el capitalismo, al tiempo que las decisiones del mercado y la interacción humana adquirieron complejidad. Los gobiernos y las asambleas legislativas trataban las cuestiones constitucionales y el derecho penal, pero el derecho civil —aun cuando a veces estuviese formalmente codificado— era un proceso gradual, de abajo hacia arriba, hecho de actos de jurisprudencia diaria a partir de transacciones y disputas cotidianas. Como escribió el historiador inglés Lytton Strachey: "La Constitución

---

"The Private Life of Liberty", por Donald R. Kelley, en *Liberty/Liberté: The American & French Experiences*, editado por Joseph Klaits y Michael H. Haltzel, Washington D.C., The Woodrow Wilson Center Press, 1991, pp. 13-17.

[185] Kennet L. Karst y Keith S. Rosenn sostienen que el derecho romano había pasado de hundir sus raíces en la experiencia de la vida real a ser idealista y rígido en la época final del Imperio Romano. En consecuencia, la codificación de Justiniano (primera codificación integral del derecho romano: las anteriores a la caída de Roma habían sido meras compilaciones del derecho consuetudinario y de alguna legislación) ya distaba en algo de la experiencia de la vida real. Véase *Law and Development in Latin America: A Case Book*, por Kenneth L. Karst y Keith S. Rosenn, Berkeley, University of California Press, 1975, p. 30.

inglesa —esa entidad indescriptible— es un organismo vivo, que
crece a medida que crecen los hombres, y asume formas siempre cambiantes de acuerdo con las sutiles y complejas leyes del
carácter humano"[186].

El derecho positivo —lo que este libro llama ley política—, en
especial después de la Revolución Francesa y la promulgación de
los códigos napoleónicos, contagió algo de su esencia estatutaria
e intervencionista a las naciones europeas más libres, incluida Inglaterra, donde el Parlamento empezó a interferir más en los negocios de la sociedad, pero el espíritu de la ley como principio situado por encima del poder político siguió inseminando el
desarrollo capitalista. El racionalismo francés, para el que todos
los arreglos legales ocurridos bajo el viejo régimen eran emana-
ciones del absolutismo monárquico y que por tanto entronizó el
derecho positivo —la ley política—, tuvo un efecto pernicioso en
otras latitudes, como América latina. Allí se importó los códigos
napoleónicos y se pensó que las instituciones republicanas eran
los mejores ingenieros de la justicia, tanto en su sentido tradicional como en su nueva acepción "social". Lo que América latina
no importó de la Europa continental son esos mecanismos que
en el siglo XIX ayudaron a atenuar en algo los poderes legislativos
del gobierno (el *Conseil d'Etat* en France y una efectiva revisión
judicial de las leyes en Alemania)[187].

El Estado fue tan ajeno a la temprana evolución del derecho,
y su ausencia en ese proceso resultó tan importante para el desarrollo del capitalismo, que el derecho mercantil fue durante siglos un asunto privado, primero en Europa y luego en los Estados Unidos (en la Islandia medieval las víctimas tenían un
derecho de propiedad transferible que les permitía vender su derecho a actuar judicialmente en cualquier tipo de caso[188]). El de-

---

[186] Lytton Strachey, *Queen Victoria*, Nueva York, Penguin Books, 1971,
p. 177.

[187] Friedrich A. Hayek, *The Constitution of Liberty*, Chicago, The University of Chicago Press, 1978, pp. 196-200.

[188] David Friedman, "Private Creation and Enforcement of Law: A Historical Case", *Journal of Legal Studies*, vol. 8, marzo, 1979, p. 406.

recho mercantil nació, después de los cambios que a partir del siglo x estimularon el comercio en Europa, en las ferias y mercados de las nuevas ciudades, como un sistema de tribunales y árbitros privados que resolvían disputas de una manera rápida y eficiente. Aunque fue adoptado en el siglo XIV por los tribunales estatales basados en el derecho consuetudinario, siguió existiendo como forma paralela de justicia privada hasta el siglo XVII[189]. El derecho mercantil internacional, por otra parte, nunca dejó de existir.

En los Estados Unidos, el *law merchant* estuvo presente desde el primer momento. Durante los siglos XVII y XVIII, el arbitraje privado fue casi el único sistema de resolución de disputas civiles. El derecho consuetudinario —en esencia el reconocimiento por parte de los tribunales del Estado de una larga tradición que resolvía disputas de acuerdo con los precedentes y no con los mandates legales— también evolucionó, convirtiéndose finalmente en el principal sistema de justicia (todavía en 1872 una ley de California permitía a los individuos escoger cualquier tipo de tribunal que quisieran[190]). En el siglo XIX, el arbitraje privado resurgió en Inglaterra al dislocar la guerra civil de los Estados Unidos el comercio atlántico, en particular el del algodón, y afectar los contratos. La influencia del derecho mercantil fue grande: casi todas las profesiones, no sólo los comerciantes, usaban tribunales y árbitros privados. Inclusive hoy las disputas comerciales internacionales se resuelven sin la intervención de los tribunales estatales de las distintas naciones. Es más: el arbitraje y los tribunales "con fines de lucro", producto de una herencia con mil

---

[189] Bruce Benson, "Justice without Government", en *The Voluntary City: Choice, Community and Civil Society*, editado por David. T Beito, Peter Gordon y Alexander Tabarrock, Ann Arbor, Michigan, The University of Michigan Press, 2002, pp. 127-133.

[190] Bruce Benson, "Justice without Government", en *The Voluntary City: Choice, Community and Civil Society*, editado por David T. Beito, Peter Gordon y Alexander Tabarrock, Ann Arbor, Michigan, The University of Michigan Press, 2002, p. 142.

años de historia, están ganando terreno otra vez en los Estados Unidos.

La lógica indica que, si el derecho fue un factor poderoso en el triunfo del capitalismo, tener sistemas e instituciones judiciales adecuadas es una condición necesaria para el desarrollo de cualquier nación, en cualquier época. Los países prósperos del Occidente no hubieran visto florecer el capitalismo sin una tradición judicial adecuada. Las naciones a las que les ha ido mejor en tiempos modernos son todavía aquellas en las que unas instituciones jurídicas apropiadas estimulan el capitalismo liberal. Gerald W. Scully ha mostrado que los países con instituciones jurídicas eficientes y amigas del libre mercado crecen tres veces más que los otros[191] (en los países exitosos, la proporción del presupuesto nacional dedicada a la judicatura es menor que en América latina). Es más: hay quienes, como Eduardo Buscaglia y William Ratliff, han argumentado que los costos de transacción derivados de las diferencias entre las disposiciones legales y los sistemas jurídicos de los países que comercian entre sí deben considerarse barreras no arancelarias[192].

No hace falta mucha ciencia para concluir que la ausencia de instituciones legales apropiadas, o, para ser más precisos, de ordenamientos políticos sensibles a las mejores tradiciones del capitalismo, hicieron imposible un desarrollo auténtico y sostenido en América latina durante los siglos XIX y XX. La relación entre las instituciones políticas y las instituciones legales latinoamericanas ha sido diametralmente opuesta a la que facilitó el éxito deslumbrante del Occidente (aun cuando, con el tiempo, la ley política haya interferido también, y cada vez más, con la libertad de las personas). Dos ejemplos elocuentes tomados de los úl-

---

[191] Gerald W. Scully, "Statism Versus Individualism and Economic Progress in Latin America", in *Fighting the War of Ideas in Latin America*, editado por John Goodman y Ramona Morotz-Baden, Dallas, National Center for Policy Analysis, 1990, pp. 211-212.

[192] Eduardo Buscaglia y William Ratliff, *Law and Economics in Developing Countries*, Stanford, Hoover Institution Press, 2000, p. 10.

timos años sugieren lo lejos que está el derecho de las preocupaciones de los individuos en América latina. En la década de 1990, durante la administración del presidente Carlos Menem, los ciudadanos argentinos tomaron la iniciativa de rebelarse contra el bombardeo de reglamentos fabricados por las autoridades políticas, volcándose sobre los tribunales para reclamar indemnizaciones de parte del Estado. Viendo lo que se venía, el gobierno usó su poder para aprobar una ley que lo exoneraba de tener que hacer pagos efectivos, limitando las indemnizaciones que obtuviesen los litigantes a una simple declaración de intenciones. En cinco años, los mandatos judiciales que ordenaban a las autoridades compensar a los ciudadanos por los perjuicios que les habían infligido alcanzaron el equivalente a ¡la tercera parte del gasto público argentino! La ley política, madre de los reglamentos que estaban en el origen del problema, resultó agravada por un sistema judicial absurdamente impotente de cara al poder político.

El caso del Perú es más elocuente. La ineficiencia de las instituciones judiciales es tal que en las últimas dos décadas ha surgido, asociada al fenómeno más amplio de la economía sumergida, una suerte de administración informal de justicia con organizaciones vecinales que resuelven en los barrios populares disputas en torno a la asignación de tierras o peticiones de divorcio, sindicatos de transportistas que arbitran reclamos entre sus miembros y vendedores ambulantes que apelan a sus organizaciones de comerciantes para obtener reparaciones de manos de quienes los han perjudicado. Esta justicia privada nacida en los extramuros de la justicia estatal equivale a una suerte de desobediencia civil contra las instituciones del derecho peruano.

La íntima conexión entre el derecho y la economía política significa que, a diferencia de lo que acontecía en el pasado en las naciones capitalistas liberales, el derecho latinoamericano —la ley política— ha sido un factor decisivo en el nacimiento, desarrollo y consolidación de una economía política anclada en el corporativismo, el mercantilismo de Estado, el privilegio y la transferencia de riqueza.

El capitalismo y los Estados Unidos

Pocas cosas duelen más a una nación subdesarrollada que un vecino próspero surgido desde una posición de desventaja y que fue alguna vez insignificante. Ése es el complejo de los países latinoamericanos con respecto a los Estados Unidos, país colonizado por europeos más de cien años después que sus vecinos, pero que a comienzos del siglo XXI alcanzó un ingreso per cápita de ocho a nueves veces superior al suyo. Las causas del éxito capitalista en los Estados Unidos no son un gran misterio. Son las mismas que trajeron prosperidad a Europa Occidental y han sido bosquejadas en este capítulo, excepto que Estados Unidos mantuvo durante muchas décadas muchos de los preceptos del gobierno limitado cuando algunos de los países donde esa fórmula mágica nació empezaron a alejarse de ella.

Lo que, desde la perspectiva del siglo XVII, hubiera podido parecer la inferioridad de los asentamientos de colonos en territorio estadounidense frente a la masiva estructura colonial latinoamericana —sistemas de autogobierno de escala pequeña con gente que huía de la persecución religiosa—, fue en realidad la semilla del capitalismo norteamericano. Hubo peregrinos antes de esa época, por cierto, y algunos se inspiraron, a comienzos del siglo XVII, en las utopías agrarias colectivistas, pero el hambre y la lucha por la supervivencia los llevaron a optar por parcelas privadas de propiedad individual o familiar. Los colonos no llegaron como los conquistadores ibéricos sino en barcos de compañías mercantes[193] y su concepción del gobierno era ajena a la noción del derecho divino (lo que no quita que las compañías mercantes tuvieran a muchos colonos bajo régimen de servidumbre ni que los colonos exterminaran a los nativos en algunas áreas).

---

[193] Como los cazadores nativos no eran una fuerza laboral organizada, las compañías mercantes —la Virginia Company, la Massachusetts Company, la Dutch West India Company y otras— trajeron mano de obra europea bajo régimen de servidumbre, así como esclavos africanos. Véase *The Rise of American Civilization*, por Charles Austin Beard y Mary R. Beard, Nueva York, Macmillan, 1934, pp. 11, 35-37, 44-45, 55.

Pronto una palabra vino a definir todo el empeño de los colonizadores: propiedad. Como no había una civilización indígena con estructuras políticas sólidas, los colonos y los inmigrantes no tuvieron que forzar a las instituciones y leyes oficiales a adaptarse a una sociedad que emergía de abajo hacia arriba, basada en el comercio y la empresa, proceso que, como vimos, había ocurrido en algunas partes de Europa. Más bien, sus instituciones y leyes fluyeron de sus quehaceres cotidianos y asambleas locales —de las que fue símbolo el *town meeting* de Nueva Inglaterra—, y por tanto reflejaron adecuadamente sus libertades. Los colonos y sus descendientes forcejearon con los gobernadores coloniales británicos y opusieron resistencia a las restricciones impuestas (en las partes no controladas por Francia o España). Existió en varias de las Trece Colonias un considerable mercantilismo de Estado, visible en la relación que se tejió entre las elites y la maquinaria política alrededor de las concesiones de tierras y demás favores. Pero la cultura del autogobierno local y otras prácticas descentralizadas crearon una situación para nada comparable con la estructura ibérica que prevalecía en el resto del hemisferio[194].

Cuando, en el siglo siguiente, Jorge III intentó ajustar las tuercas a las Trece Colonias, es decir expropiar la riqueza de los individuos norteamericanos con impuestos y aranceles que limitaban sus libertades, se rebelaron. En ese preciso momento, América latina experimentaba las reformas equivocadas dirigidas por Carlos III, el monarca español, y el marqués de Pombal, primer minstro portugués, que centralizaron más el Estado, consolidaron la burocracia y robustecieron un sistema de derechos de propiedad limitados.

Después de la Revolución Americana, a pesar de los espasmos intervencionistas, el Estado tendió a respetar los derechos

---

[194] En cambio, las colonias inglesas en las plantaciones caribeñas (las llamadas Indias Occidentales) se parecían al tipo de gobierno y de sociedad que cristalizaron en la América ibérica. Véase *The Fall of the Planter Class in the British Caribbean, 1763-1833: A Study in Social and Economic History*, por Lowell J. Ragatz, Nueva York, The Century Co., 1928, pp. 3-36.

económicos del individuo. Un reciente libro ha documentado la trayectoria seguida por los derechos de propiedad en los Estados Unidos. Ésta atraviesa varios momentos determinantes: los acuerdos privados extralegales de los invasores de terrenos que usaron distintos mecanismos ingeniosos (*tomahawks rights, cabin rights, corn rights*) para dar representación a sus posesiones y transferir títulos; la abolición, decretada por Thomas Jefferson en Virginia, de los impedimentos a la venta de propiedades más allá de la familia; el reconocimiento oficial del derecho de una persona sobre la tierra desarrollada con su esfuerzo; la legislación de 1866 que legitimó los contratos privados de los mineros y el derecho de los pioneros del oro a adquirir minas en las que hubiesen trabajado[195]. Terry Anderson y Peter Hill han estudiado cómo la expansión del siglo XIX por los territorios del Oeste entrañó una multitud de contratos privados mediante los cuales las personas definieron y protegieron sus derechos sobre la tierra que adquirían y trabajaban, y cómo los invasores formaron asociaciones voluntarias para el reclamo de tierras a fin de inscribir esos reclamos y hacer valer los títulos de los miembros (al comienzo esto implicó cierto grado de violencia)[196]. Cuando el Estado subastó mucha de la tierra, en la práctica se limitó a reconocer a los invasores asentados antes de las subastas: éstos invocaron el *Preemption Act* de 1830 que garantizaba los derechos de primera posesión. Después, en la decada de 1860, la política del *homesteading* condicionó los títulos de los ocupantes a que éstos hubiesen invertido en las propiedades, principio que en la práctica se traducía en que las instituciones del poder legitimaban las libres decisiones de los individuos. (No debe, sin em-

---

[195] Hernando de Soto, *The Mystery of Capital: Why Capitalism Triumphs in the West and Fails Everywhere Else*, Nueva York, Basic Books, 2000, pp. 116-120, 145-147, 188.

[196] Terry L. Anderson y Peter J. Hill, "The Evolution of Property Rights", en *Property Rights: Cooperation, Conflict, And Law*, editado por Terry L. Anderson y Fred S. McChesney, Princeton, Princeton University Press, 2003, pp. 120-138.

bargo, menospreciarse las muchas injusticias cometidas en el tortuoso esfuerzo por fijar un sistema de derechos de propiedad en el Oeste y el Sudoeste, en especial los diferentes subterfugios con que los colonos americanos, ya fuera a través del uso de los tribunales o de agencias gubernamentales, desposeyeron a ocupantes anteriores, incluyendo muchos hispanoamericanos, cuyos arreglos e instituciones consuetudinarias sirvieron de poco contra los recién llegados)[197].

La trayectoria de los derechos de propiedad en los Estados Unidos equivalió al mismo proceso capitalista que vimos antes en Europa, cuyos Estados reconocían los contratos espontáneos de los individuos y respetaban, mediante instituciones políticas, los múltiples acuerdos privados de la sociedad a fin de honrar los derechos económicos de los ciudadanos. Mientras esto ocurría en los Estados Unidos, en América latina, nada más obtenida la independencia con respecto a España y Portugal, las elites instituían paredes de fuego alrededor de sus derechos exclusivos, bloqueando el acceso de las masas a la propiedad.

Durante el siglo XIX, tanto los Estados Unidos como ciertos países de Europa Occidental mantuvieron el comercio y la industria como esferas autónomas en las que el Estado no interfería mayormente. La paz que reinó en Europa entre 1815 y 1914 y el espectacular éxito de los Estados Unidos a lo largo de ese siglo son en buena parte consecuencia de esas libertades, sostenidas por la firme protección de derechos individuales (las mujeres y ciertas minorías, como es sabido, continuaron padeciendo una inicua discriminación durante un tiempo largo). Bajo semejantes coordenadas, la influencia civilizadora del comercio motivaba a

---

[197] Clark S. Knowlton ilustra cómo el impuesto sobre la tierra, la abierta violencia, las leyes del *homesteading*, el ciclo económico, el establecimiento de bosques nacionales, la irrigación y los proyectos de control de inundaciones, de tendido de vallas y de asistencia pública tuvieron el efecto, en distintas etapas que van de la mitad del siglo XIX hasta comienzos del siglo XX, de arrebatar vastas porciones de tierra a los dueños originales. Véase "Land-Grant Problems Among the State's Spanish-Americans", por Cark S. Knowlton, *New Mexico Business*, junio 1967, pp. 5-11.

Richard Cobden a afirmar: "Ni un solo fardo de mercancía deja nuestras costas sin llevar consigo las semillas de un pensamiento inteligente y fructífero a los miembros de alguna comunidad menos esclarecida"[198]. En cambio, como hemos visto en capítulos anteriores, la sociedad latinoamericana, que en no poca medida participaba del comercio y de la globalización del capital antes de que los nacionalismos económicos empezaran a inquietar sus instituciones en la década de 1920, era incapaz de extraer beneficios de ese intenso intercambio debido a los cinco principios de la opresión: el corporativismo, el mercantilismo de Estado, el privilegio, la transferencia de riqueza y la ley política.

Es un error deducir que en la sociedad estadounidense del siglo XIX no había lugar para la compasión y que el lucro era el único motivador de la acción humana[199]. Ciertas investigaciones recientes han redescubierto una historia rica en asociaciones cívicas, órdenes fraternales, sociedades de amigos y grupos religiosos que, en el siglo XIX, constituían en los Estados Unidos y en Gran Bretaña las redes de asistencia social que tenderemos a asociar hoy con el Estado: atención médica, seguro de desempleo, educación y hasta mantenimiento del orden[200]. Otros "bie-

---

[198] Richard Cobden, *The Political Writings of Richard Cobden*, Nueva York, T. F. Unwin y Kraus, 1969, p. 36. *(T. del A.)*

[199] En 1935, Albert J. Nock escribió: "Hasta ahora, en este país se ha respondido a las crisis de infortunio con una movilización del poder social. En verdad (excepto ciertas instituciones como el asilo de ancianos, el hospital municipal y hogar de pobres del condado), el desamparo, el desempleo, la 'depresión' y males similares no han sido asunto del Estado: se ha aliviado su impacto mediante el poder social". Véase *Our Enemy, The State*, por Albert J. Nock, Caldwell, Id., The Caxton Printers, Ltd., 1959, p. 5. *(T. del A.)*

[200] David T. Beito, "This Enormous Army: The Mutual-Aid Tradition of American Fraternal Societies", y David G. Green, "Medical Care Through Mutual Aid: The Friendly Societies of Great Britain", en *The Voluntary City: Choice, Community and Civil Society*, editado por David T. Beito, Peter Gordon y Alexander Tabarrock, Ann Arbor, Michigan, The University of Michigan Press, 2002, pp. 182-196 y 204-219. Véase también *Reinventing Civil Society: The Rediscovery of Welfare Without Politics*, por David G. Green, Londres, Institute of Economic Affairs (Health and Welfare Unit), 1993.

nes públicos", como las carreteras interestatales de los Estados Unidos, también fueron el resultado de la cooperación privada[201]. No debe sorprender que en las últimas dos décadas miles de asociaciones comunitarias e inmobiliarias de residentes hayan asumido diversos servicios vecinales y locales en ese país[202].

Las libertades económicas que imperaron en los Estados Unidos durante buena parte del siglo XIX tuvieron dos consecuencias que merecen ser mencionadas desde el punto de vista latinoamericano. Una fue la formidable acumulación de capital que hacia fines del siglo XIX transformó a la Estados Unidos en la economía más poderosa de mundo. La ética protestante relacionada con el trabajo, responsable de que una porción grande de los ingresos fueran ahorrados e invertidos en el desarrollo de la producción, influyó en ello. Las instituciones políticas y económicas de América latina —y la correspondiente cultura del lucro rápido por parte de aquellos con acceso a la riqueza en un contexto que sabían inestable— nunca permitieron similares niveles de formación de capital[203]. La segunda consecuencia es acaso más crucial: el capitalismo liberal estaba tan enraizado en los Estados Unidos, que cuando, en la parte final de siglo XIX y en especial tras la Primera Guerra Mundial, el Estado comenzó a roer los fundamentos de la libertad económica, el daño no fue tan profundo como el que sufrió América latina cuando el comercio más o menos libre fue sustituido por el nacionalismo económico. El nacionalismo económico extendió el subdesarrollo latinoa-

---

[201] Daniel Klein, "The Voluntary Provision of Public Goods? The Turnpike Companies of Early America", en *The Voluntary City: Choice, Community and Civil Society*, editado por David T. Beito, Peter Gordon y Alexander Tabarrock, Ann Arbor, Michigan, The University of Michigan Press, 2002, pp. 76-91.

[202] Véase *Solving Problems Without Large Government: Devolution, Fairness and Equality*, por George W. Liebmann, Westport, Ct., Preager, 2000, pp. x, 1, 6-8, 11-15.

[203] Lawrence E. Harrison ha escrito ampliamente acerca de la incidencia de los valores culturales en el subdesarrollo latinoamericano. Véase, por ejemplo, *The Pan-American Dream*, Nueva York, Basic Books, 1997.

mericano porque consolidó un sistema de vieja data, írrito a la sociedad libre. En los Estados Unidos, limitó, sin destruir, un puñado de instituciones que, a pesar del cúmulo de interferencias políticas, ya habían hecho prosperar al país y eran lo bastante tenaces como para seguir estimulando la formación de capital aun cuando no al mismo ritmo que se hubiera dado si el Estado hubiese actuado de otro modo.

Por lo general, las guerras han engendrado el dirigismo en los Estados Unidos. La Guerra de Secesión desencadenó tanto en el Norte como en el Sur espasmos intervencionistas que dejaron huellas perdurables en determinadas áreas de la economía; después de la Pimera Guerra Mundial, y en particular tras la década de 1930, el Estado adoptó políticas que redujeron la esfera de la libertad para promover de manera activa la "justicia social", erosionando el concepto de revisión judicial de las leyes mediante el cual los tribunales actuaban como garantes del derecho frente a la intromisión legislativa. Las dimensiones de este considerable fenómeno no alcanzaron las proporciones del Estado de Bienestar fundado por Bismarck en Europa Occidental —creación decimonónica que ha sobrevivido hasta el siglo XXI y que absorbe la mitad de la riqueza producida por la mayor parte de los países europeos— ni las del mercantilismo populista latinoamericano. Pero ellas nos indican que los impulsos del Estado intruso existen incluso en sociedades libres. Tras la Segunda Guerra Mundial, en especial desde la década de 1960, una sucesión de programas estatales ha golpeado a los contribuyentes estadounidenses y puesto en marcha agobiantes mecanismos de transferencia de riqueza. Pero cuando esta tendencia se aceleró, Estados Unidos era ya una superpotencia con siglos de capitalismo triunfal detrás de sí. No hay consuelo para el orgullo herido de América latina en las políticas intervencionistas estadounidenses de la segunda posguerra.

Jeffrey Rogers Hummel ha descrito cómo la Guerra de Secesión aumentó los impuestos en los Estados Unidos por encima del nivel que se daba entonces en la mayor parte de los países y cómo el endeudamiento público se descontroló debido a que los ingresos fiscales sólo cubrían la quinta parte de

los gastos[204]. Estados Unidos pasó de un sistema monetario des-
reglamentado sin Banco Central a la Ley de Curso Forzoso (*Legal Tender Act*) bajo la cual el Estado imprimía dinero fiduciario
—*greenbacks*— sin respaldo metálico (los californianos rehusa-
ron aceptar el papel moneda y siguieron usando el oro[205]). El país
se erizó de aranceles internos para proteger a la industria, un Ministerio de Agricultura vio la luz del día, el Estado empezó a dictar los precios de sus adquisiciones y a limitar el número de acres
para el cultivo del algodón y el tabaco, y las empresas públicas
hicieron su aparición en el Sur.

La siguiente fase del intervencionismo surgió a raíz de la Primera Guerra Mundial, como lo ha demostrado Robert Higgs,
cuando el gasto público —el tamaño del Estado— subió de 7 a
21% del Producto Nacional Bruto[206]. A comienzos de los años '20,
volvió a los niveles de la preguerra, pero durante la era del *New
Deal* subió a 15%. El *New Deal* de los años '30 trajo consigo muchos cambios —en las relaciones laborales, los programas de
asistencia social, los reglamentos federales—, que se volvieron
permanentes en la economía norteamericana. El país se alejó
mucho del capitalismo decimonónico, pero también siguió muy
lejos de los países subdesarrollados, donde el problema no eran
sólo los altos niveles de gasto público e interferencia reglamen-
tarista sino algo más profundo, que incluía la ausencia de Estado de Derecho y de protección básica a los derechos individuales, así como la simbiosis entre Estado y gobierno.

Tras la Guerra de Corea, el tamaño del Estado equivalía a más
de una quinta parte del Producto Nacional Bruto. En los años
'60, '70 y '80, debido a las transferencias del Estado, incluyendo

---

[204] Jeffrey Rogers Hummel, *Emancipating Free Slaves, Enslaving Free
Men: A History of the American Civil War*, Chicago, Open Court, 1996, pp.
223-225.

[205] Murray N. Rothbard, *What Has Government Done To Our Money?*,
Auburn, Al., Ludwig von Mises Institute, Auburn University, 1990, p. 83.

[206] Robert Higgs, *Crisis and Leviathan: Critical Episodes in the Growth of
American Government*, Nueva York, Oxford University Press, 1987, p. 21.

la Seguridad Social, subió a 38% y se ha mantenido alrededor del tercio del tamaño total de la economía desde entonces. Se comprueba otra vez que, tras siglos de alta formación de capital bajo un clima general de incentivos a la empresa privada, este muy malsano crecimiento del dirigismo no ha podido desplazar a los Estados Unidos de la supremacía mundial ni destruir el motor capitalista que empuja al país. Un aumento equivalente del dirigismo estatal en una nación subdesarrollada hubiese causado muchos más estragos.

V. La tradición liberal

Así como puede hablarse de una tradición anticapitalista o antiliberal en América latina, la misma que recorre siglos de vida precolombina, colonial y republicana, puede hablarse, aun cuando es mucho más tenue, de una tradición capitalista o liberal que ha dejado una estela de episodios inspiradores. Parecerá exagerado hablar de una "tradición" cuando la historia de la libertad en América latina parece no ofrecer sino una lista de momentos, talentos excepcionales, grupos minoritarios o instituciones pasajeras que nunca cristalizaron en la liberación del individuo. Pero sería un error medir el aliento del ideal liberal a partir de su incapacidad, hasta ahora, para establecerse como principio rector. Existe, sí, una tradición, aunque lábil y no siempre asumida como tal por los espíritus que la informan, que indica que el triunfo del corporativismo, el mercantilismo de Estado, el privilegio, la transferencia de riqueza y la ley política no estaba predestinado. En realidad, ella muestra que las razones, incluidas las culturales, que esgrimen quienes creen que la libertad es un lujo que los países subdesarrollados no pueden darse, son excusas.

Desde los tiempos en que ciertos indios de América Central y de México usaban semillas de cacao como dinero para facilitar el intercambio hasta la economía informal de nuestros días, la naturaleza y el instinto de la especie latinoamericana no difieren del resto de la especie humana. Nada sugiere que si se hubieran elegido opciones diferentes en distintos momentos, las culturas nativas, en sus formas precolombinas o mestizas, habrían sido incapaces de responder con creatividad y éxito a los incentivos de la libertad, así como fueron capaces de producir, bajo el colectivismo y aun el totalitarismo, obras públicas sorprendentes (o espléndidas violaciones privadas). La cultura recibe tanta influencia de las instituciones como las instituciones de la cultura, y ella varía de un conjunto de comunidades a otras por muchas razones. Pero todas las culturas comparten una naturaleza humana común que ha demostrado capacidad de respuesta al desafío de la libertad en ambientes muy distintos. En todo caso, la cultura predominante en América latina es abrumadoramente "occidental" (aunque no "occidental" en el sentido anglo-protestante sino más bien en el íbero-católico) y, como hemos visto, la contribución al subdesarrollo latinoamericano por parte de las ideas "occidentales" y de los responsables políticos ha sido y sigue siendo notable. No es la cultura nativa la que pone piedras en el camino del sentido común.

Sería riesgoso negar que, en América latina como en otras partes del mundo, el colectivismo ha sido una ética ampliamente aceptada, no una mera creación artificial de un puñado de tiranos que lo impusieron a víctimas amantes de la libertad. Tras tantos milenios de colectivismo y siendo tan evidente su perdurabilidad aun en las sociedades más avanzadas, podemos admitir sin miedo a equivocarnos que una parte de la naturaleza humana desconfía de la libertad. Los latinoamericanos no han sido la excepción. Pero las lecciones de la historia universal también indican que todo tipo de sociedades responden bien y de manera inmediata al desafío de la libertad una vez que la experimentan, y que la gente rechaza, a veces al costo de sus propias vidas, el intento de arrebatársela. La oculta tradición liberal o capitalista de América latina nos recuerda que las cosas pudieron haber tenido, y podrían tener todavía, un signo distinto.

No puede emprenderse una reforma latinoamericana exitosa sin atender las señales intermitentes que ha enviado la libertad, a lo largo de los siglos, en esas mismas tierras, la historia vencida que el tiempo ha reivindicado. Ella se remonta muy atrás, desde los núcleos familiares que labraban la tierra e intercambiaban bienes en la antigua América hasta los jesuitas de la

Escuela de Salamanca que descubrieron las causas monetarias de la inflación o la naturaleza subjetiva del valor al mismo tiempo que España y Portugal colonizaban América latina en el siglo XVI, y desde allí hasta la respuesta contemporánea y creativa de la economía informal a la ilegitimidad del Estado. En medio, la rebelión de Gonzalo Pizarro, la Constitución liberal de Cádiz de 1812, las ideas que inspiraron las luchas de independencia, los brillantes tres cuartos de siglo que fluyeron de la visión de Juan Bautista Alberdi (y de otros, como Domingo Faustino Sarmiento), así como los intelectuales de la posguerra que nadaron contra la corriente, representan algunas de las huellas dejadas por la tradición individualista.

El candil individual en la noche colectivista

El comercio vivió en las tres grandes civilizaciones precolombinas —los incas, los aztecas, los mayas— aun cuando las comunicaciones estaban limitadas por la ausencia de bestias de carga y el desconocimiento de la rueda (los mayas la usaban sólo en los juguetes). Una vez asentadas las poderosas burocracias, el comercio fue utilizado por el Estado para sus propios fines y la iniciativa mercantil privada sufrió recortes, pero el intercambio ya constituía una práctica común.

Antes de la consolidación de Tenochtitlán como centro del imperio azteca en el corazón de México, esa ciudad-Estado compartía la preeminencia regional con Tlatelolco. Y mientras que Tenochtitlán giraba alrededor de los valores de la guerra, Tlatelolco era una empresa enteramente mercantil. Tenochtitlán tenía celos de los mercaderes de Tlatelolco, que comerciaban con bienes de valor[207]. Una vez que, políticamente consolidado, el imperio fue gobernado desde su centro, Tenochtitlán, una clase compuesta por mercaderes y empresarios, vino a constituir, a

---

[207] N. James, *Aztec and Maya: The Ancient Peoples of Middle America*, Charleston, C.S., Tempus, 2001.

partir de la actividad comercial, una suerte de "elemento integrador"[208]: el comercio siguió siendo una característica de la vida
diaria[209]. Los pochtecas se especializaban en el comercio de larga distancia y la supervisión de mercados en el Valle de México[210].
Había abundancia de animales y plantas para alimentar a los mexicas de la capital, pero tenía lugar una intensa actividad comercial con las áreas circundantes: se intercambiaban productos ma-
rinos (la ciudad se erguía sobre una gran laguna) por madera y
piedra. Aunque el imperio se dividía esencialmente entre la clase
gobernante y la gran masa de gente común que labraba la tierra,
unos 10.000 mercaderes formaban una especie de clase social in-
termedia[211]. Bajo el peso asfixiante de los controles estatales (limitación que parece haber existido en grados varios desde el nacimiento de la civilización[212]), estos pueblos mantuvieron una

---

[208] *The Columbia History of the World*, editado por John A. Garraty y Peter Gay, Nueva York, Harper, 1972, p. 649.

[209] Entre las numerosas tribus del Valle de México, los mexicas surgieron como fuerza dominante. Su triple alianza con los acolhuaques y los tepanecas hizo posible una formidable expansión que desbordó el valle a gran
escala. Numerosas alianzas, así como las tribus subordinadas, constituyeron lo que se conoce como el imperio "azteca", un tipo de organización menos penetrante, centralizada e "imperial" que la de los incas. Véase *The Aztecs Under Spanish Rule: A History of the Indians of the Valley of Mexico
1519-1810*, por Charles Gibson, Stanford, Stanford University Press, 1964,
pp. 15-22.

[210] N. James, *Aztecs and Maya: The Ancient Peoples of Middle America*,
Charleston, C. S., Tempus, 2001, p. 121.

[211] Eric R. Wolf, *Envisioning Power: Ideologies of Dominance and Crisis*,
Berkeley, University of California Press, 1999, p. 184.

[212] Robert Revere sostiene que el mercado se originó en los "puertos de
comercio" situados en la periferia de los antiguos imperios, en las costas o
cerca de ciertos ríos, donde los intercambios entre extraños tenían lugar sin
mayor interferencia por parte de los Estados, que actuaban como entidades "neutrales" y tenían poco interés en esas áreas (anteriormente, en las
cunas de la civilización el comercio habría sido mayormente una actividad
estatal, de modo que había comercio sin mercados). Los Estados comenzaron a interferir en los "puertos de comercio" luego del primer cuarto del pri-

cultura del intercambio, un tipo de relación que pasaba por el principio del beneficio mutuo, en vez de la autoridad vertical y la obediencia servil. El Estado interfería más directamente en el comercio de larga distancia, basado en tratados y del que se excluía la competencia, pero los espías comerciales se filtraban en los mercados extranjeros para comprar y vender de forma más libre y competitiva; en los mercados locales, por lo demás, "era bienvenido cualquiera que tuviera unas cuantas semillas de cacao en su bolsillo"[213]. Gracias a esta actividad mercantil y mediante el uso del cacao, el oro, el zinc y otros medios de intercambio, estaba muy vivo, aunque de manera primitiva, el concepto del dinero, término de referencia contra el cual podían medirse los valores de distintos bienes. La fogosa actividad de los mercaderes era lo bastante apreciada por el Estado como para que éste la honrara (¡o quizá lo contrario!) con un distinguido sitial en el código legal del emperador. Es significativo que los mercaderes tuvieran inclusive tribunales de justicia especiales[214].

Entre los mayas, cuya civilización floreció en la península de Yucatán y las zonas aledañas, el comercio fue también una notable característica cultural. Mucho antes del período clásico de la civilización maya, que según los estudiosos empezó en el tercer siglo d.C., el comercio sostenía a localidades como Chiapa de

---

mer milenio a.C. Véase "Ports of Trade in the Eastern Mediterranean", por Robert B. Revere, en *Trade and Market in the Early Empires: Economies in History and Theory*, editado por Karl Polanyi, Conrad M. Arensberg y Harry W. Pearson, Glencoe, Ill., Free Press, 1957, pp. 38-61.

[213] La cita es de Anne C. Chapman, que sostiene que el comercio de larga distancia unía a las dos grandes zonas culturales de Mesoamérica, Tenochtitlán (aztecas) y Yucatán (descendientes de los mayas), y distingue entre el comercio de larga distancia reglamentado por el Estado y el mercado de casa. Véase "Port and Trade Enclaves in Aztec and Maya civilizations", por Anne C. Chapman, en *Trade and Market in the Early Empires: Economies in History and Theory*, editado por Karl Polanyi, Conrad M. Arensberg y Harry W. Pearson, Glencoe, Ill., Free Press, 1957, pp. 114-116.

[214] Eric R. Wolf, *Envisioning Power: Ideologies of Dominance and Crisis*, Berkeley, University of California Press, 1999, p. 185.

Corzo, Abaj Takalik, El Baúl y Chalchuapa[215]. Más tarde, gracias a la expansión del comercio entre los mayas, las comunidades de la costa fueron alimentadas, no por los campos agrícolas de su vecindario inmediato, sino por los *hinterlands*, donde, además de alimentos, obtenían bienes textiles y de otro tipo. El comercio era uno de los factores que hacían posible la organización flexible y confederal de la cultura maya: ella no reposaba sobre un centro político permanente sino sobre un sistema de ciudades-Estado entre las cuales iba desplazándose la influencia hegemónica, siendo Tikal la más conocida. A la llegada de los europeos, ya no existía una entidad política maya, pero los descendientes de esa civilización estaban familiarizados con la noción del intercambio.

Los incas, por su parte, también conocían los beneficios del comercio, aunque una vez que se transformaron en imperio, hicieron muchos esfuerzos para eliminarlo. Habían surgido importantes culturas en lo que hoy se conoce como el Perú mucho antes de los incas. La cultura Tiahuanaco, nacida alrededor de 500 d.C. en las montañas del sur del Perú, comerció intensamente con la costa y aun con América Central. El comercio se volvió una actividad marginal, circunscrita a bienes superfluos, sólo en la etapa imperial de los incas, período en que España entró en contacto con esa parte del mundo. Antes de que surgiera el Imperio, cuando el reino incaico era apenas uno entre otros, el comercio siguió formando parte de la vida de los Andes. Lo practicaban en especial las mujeres, cuya presencia en el mercado era particularmente visible. Es irónico que muchas de las decisiones del inca fuesen anunciadas precisamente en los mercados.

Numerosos archivos notariales de los primeros tiempos de la Colonia describen a los indios en trance de contratar con negociantes españoles, y los testimonios ofrecidos por muchos indios de las comunidades peruanas a los inspectores españoles en el siglo XVI se refieren al comercio. Los registros notariales hablan

---

[215] N. James, *Aztecs and Maya: The Ancient Peoples of Middle America*, Charleston, C. S., Tempus, 2001, p. 69.

de *kurakas* (caciques locales) que suscribieron contratos mediante los cuales suministraban mano de obra a los colonizadores españoles a cambio de un estipendio, usando costumbres sociales
tradicionales de data muy anterior a la llegada de los europeos[216].
El *kuraka* recibía de los españoles algodón sin procesar y lo distribuía a los indios de su jurisdicción. Los indios entregaban las
telas acabadas al *kuraka*, que a su vez las vendía a los españoles
por dinero. Hacia mediados de siglo XVI, los indios ya dedicaban
parte de su trabajo, más allá del que exigían de ellos las autoridades, a la producción de bienes destinados al mercado español.
Hacia el siglo XVIII, no sólo los *kurakas* sino, en general, los
miembros más acaudalados de la sociedad indígena intercambiaban sus posesiones en los mercados españoles por bienes que
luego vendían a otros indios. Toda una clase de mercaderes —los
principales— abastecían sus tiendas con productos europeos
comprados a mercaderes españoles[217]. El mayor rebelde indígena que enfrentó el dominio español, José Gabriel Túpac Amaru,
un *kuraka*, obtuvo muchas utilidades gracias al comercio de mercurio y demás mercadería entre Lima, la region minera de Poto-
sí y otras ciudades andinas[218]. Aunque la incorporación de indios
al mercado español debe mucho a la dispersión de normas sociales tradicionales impuestas por los tributos coloniales y la expropiación de tierras, la respuesta inmediata de la sociedad indígena tras la Conquista, así como su posterior adaptación a las
limitadas oportunidades, da fe de su propia tradición comercial.

Aparte del comercio, existió otra manifestación importante
del espíritu individual en los Andes antiguos. Entre el declive de

[216] Karen Spalding realizó, por ejemplo, numerosas investigaciones en
los registros de la ciudad de Huánuco, en el Perú. Véase *"Kurakas* and Commerce: A Chapter in the Evolution of Andean Society", por Karen Spalding,
Hispanic American Historical Review, 53:4, noviembre 1973, pp. 586-588.

[217] Archivo Nacional del Perú, Sección Histórica, Derecho Indígena, Cua-
derno 491.

[218] Lillian Estelle Fisher, *The Last Inca Revolt: 1780-1783*, Norman, Ok.,
University of Oklahoma Press, 1966, p. 30.

la cultura Tiahuanaco y el surgimiento del imperio de los incas, hubo un eclipse político durante el cual la vida de los pueblos andinos regresó a los clanes familiares atados a la tierra (a pesar de la presencia de pequeños reinos despóticos). Cada *ayllu* consistía en una comunidad agraria de una o más familias que decían descender de algún ancestro remoto considerado una divinidad[219]. Entre esta gente primitiva existía un notable rudimento de propiedad privada. Las familias poseían la tierra, que era distribuida por el jefe[220]. Las casas en que vivían, al igual que los huertos y las herramientas, les pertenecían. Aunque el *kuraka* era una autoridad que tenía poder sobre la comunidad, estaba sujeto a obligaciones, y era la protección de la propiedad privada una de las principales. Inevitablemente, surgían desigualdades económicas entre las diversas comunidades o *ayllus*, que cuando eran muy pronunciadas desembocaban en conflictos y guerras[221]. Los *kurakas* supervisaban y representaban a los parientes de la comunidad y, a cambio de favores y mano de obra que no estaban automáticamente obligados a suministrar, los indios recibían de ellos ciertos servicios, como la resolución de conflictos, la ejecución de reclamos por parte de los miembros más débiles y la conducción de rituales[222]. La evidencia de que hubo muchas

[219] En su *Lexicón, o vocabulario de la lengua general del Perú* (Lima, Instituto de Historia, 1951), fray Domingo de Santo Tomás define el *ayllu* como linaje, generación o familia, p. 232.

[220] En *Relación de las costumbres antiguas de los naturales del Pirú*, texto escrito en tiempos coloniales, publicado anónimamente en 1879 y luego atribuido al jesuita mestizo Blas Valera, el autor afirma que una vez que la división de la tierra tenía lugar entre los antiguos peruanos, se entendía que ni siquiera el rey y sus nobles podían pisar las parcelas privadas. Véase "Relación de las costumbres antiguas de los naturales del Pirú", en *Antigüedades del Perú*, editado por Henrique Urbano y Ana Sánchez, Madrid, Historia 16, 1992, p. 101.

[221] Álvaro Vargas Llosa, *The Madness of Things Peruvian*, New Brunswick, N. J., Transaction Publishers, 1994, pp. 89-90.

[222] Karen Spalding, "*Kurakas* and Commerce: A Chapter in the Evolution of Andean Society", *Hispanic American Historical Review*, 53:4, noviembre 1973, pp. 584-585.

disputas entre los *kurakas* y sus parientes locales indica lo celosos que eran los miembros de las comunidades en la defensa de su esfera ante la invasión de la autoridad[223].

La artesanía era otra de las formas con las que el individuo lograba asomar la cabeza en ese mundo tan opresivo. Aunque formaban parte de la clase labradora y sometida, los artesanos gozaban de un cierto margen de libertad para imprimir su personalidad, su visión del mundo circundante y su imaginación en los objetos que fabricaban. Mucho de lo que hacían era rutinario y mecánico, por tanto repetitivo. No obstante ello, un simple vistazo a lo que ha sobrevivido permite identificar algo más que la existencia de talento: características únicas e intransferibles que sólo pueden fluir de almas individuales en acción. Almas irónicas, por cierto, pues su arte, tímido pero inequívoco gesto de individualidad, estaba casi enteramente al servicio de un sistema diseñado para sofocarlo.

Cualquiera que visita un mercado en día de feria en las comunidades de los Andes, del sur de México o de Guatemala, se topa con un poderoso espíritu comercial, entre personas en muchos sentidos alejadas de la cultura occidental predominante[224].

---

[223] Thomas C. Patterson se refiere a conflictos "civiles de sangre" que surgían cuando los gobernantes ya no podían dominar a sus parientes. También indica que, a menudo, el dominio expoliador de la clase dirigente estaba disimulado en las relaciones tradicionales basadas en la cooperación de parientes cercanos, lo que eventualmente degeneraba en rebeliones. Véase *The Inca Empire: The Formation and Disintegration of a Pre-Capitalist State*, por Thomas C. Patterson, Nueva York, Berg Publishers, 1991, pp. 50-51, 161.

[224] Carlos Antonio Mendoza Alvarado, que ha realizado investigaciones exhaustivas en los mercados indígenas de Guatemala, afirma que dichos mercados son instituciones que fluyen de la cultura maya guatemalteca, y que están basadas en el intercambio libre y voluntario por parte de sus miembros, así como en el valor de su palabra (contratos orales); según él, los mercados indígenas constituyen lugares de reunión donde se intercambia información y tienen lugar relaciones interculturales. Véase *Aproximación al funcionamiento de los mercados indígenas de Guatemala: consideraciones económicas sobre el mercado de Tecpán, Guatemala*, Guatemala, Universidad Francisco Marroquín, 1999, p. 5.

Aunque ha sufrido variaciones, el *ayllu* sigue vivo: basta compro-
bar cómo los campesinos han parcelado 60% de la tierra colec-
tivizada por la reforma agraria en el Perú para reconocer el legado de las comunidades antiguas que acostumbraban parcelar
la tierra entre familias e individuos, quienes pasaban a ser dueños de sus lotes. Y los indígenas practican hoy el arte de la cerá-
mica y del tejido con tanta creatividad como lo hacían hace siglos, intentando colocar sus obras confeccionadas en el mercado
local o internacional.

El espíritu individual, lo mismo que el espíritu de cooperación voluntaria entre las personas y las familias, formaba, pues,
parte de la vida andina, por mucho que ciertas costumbres co-
lectivas y jerarquías comunales gravitaran contra él. El hecho de
que el poder imperial se abocara a someter ese espíritu por la
fuerza, no invalida su significación como parte de la herencia
cultural. El candil individual nunca se apagó del todo en la noche colectivista.

Rebeldes y sotanas

Desde el comienzo, la Conquista de Sudamérica estuvo mar-
cada por tensiones entre los conquistadores y la monarquía española, en cuyo nombre se apropiaron de vastos imperios. Fue
origen de dichas tensiones la pugna por la propiedad y por la autonomía. El desenlace del conflicto se produjo pronto, cuando la
primera ola de conquistadores —ambiciosa y muy independiente— opuso una lucha feroz, pero en definitiva infructuosa, al poder metropolitano en defensa de dos principios: la sujeción del
gobierno al consentimiento y propiedad privada. El que ellos
mismos fuesen autoritarios contra la población nativa, y que el
tipo de propiedad que defendían incluyera la mano de obra servil de quienes labraban sus tierras para cumplir con los tributos,
no quita esta verdad: ciertas nociones de gobierno limitado po-
blaban la cabeza de algunos de los principales actores de aquel
período decisivo para la formación de América latina. La rebelión encabezada por Gonzalo Pizarro, hermano y heredero polí-

tico de Francisco Pizarro, fue derrotada, pero constituye un precedente de relativa importancia.

A mediados de la década de 1540, la monarquía española estableció un control más estricto sobre las colonias y limitó las encomiendas de los conquistadores[225]. A resultas de este enfrentamiento irrumpió en el Perú, bajo el mando de Gonzalo Pizarro, un movimiento con fuerte motivación ideológica. Se alzaron voces intelectuales prestigiosas para justificar su sedición contra el absolutismo. Afirmaron que el gobierno no podía actuar sin el consentimiento de los afectados y que la propiedad privada era inalienable. Los rebeldes basaron buena parte de sus reclamos en la doctrina del derecho natural de Santo Tomás de Aquino y en los códigos medievales españoles conocidos como *Las Siete Partidas*, inspirados a su vez en las codificaciones de la jurisprudencia romana realizadas por Justiniano. El absolutismo monárquico había barrido en la práctica estas nociones del mundo ibérico, pero la fuerza moral e intelectual de dichos principios era todavía suficiente como para poner los pelos de punta a la Corona. Los hombres de Gonzalo Pizarro tenían presentes las conmociones que habían provocado de tanto en tanto las comunidades castellanas con sus rebeliones por asuntos de impuestos y otras limitaciones de sus libertades. Tampoco ignoraban que aun en el ámbito de la rígida doctrina escolástica había en España voces jurídicas y morales según las cuales el gobierno y los gobernantes se debían a principios superiores a ellos mismos. Por tanto, la reacción de la Corona contra la rebelión de Pizarro tenía como objetivo —además de preservar el control en las colonias— impedir que se siguiera resquebrajando el edificio absolutista.

En documentos como la *Representación de Huamanga*, el manifiesto de la rebelión, así como en cartas al Rey, Gonzalo Pizarro y sus hombres insistieron en afirmar que la defensa de la propiedad y el cuestionamiento de las leyes promulgadas sin con-

---

[225] *Las leyes nuevas, 1542-1543; reproducción de los ejemplares existentes en la Sección de Patronato del Archivo General de Indias* (trancripción y notas por Antonio Muro Orejón), Sevilla, 1945.

sulta no equivalían a un acto de deslealtad[226]. Bajo la premisa de acatar pero no cumplir las leyes, buscaban eludir la acusación de alta traición, pero también hacer valer un principio moral ante el gobierno. Los dirigentes, brutalmente aniquilados después de hacer correr, ellos también, bastante sangre, actuaban, en cierto modo, como herederos de una tradición afincada en los *fueros* españoles y otras formas de limitación del poder del Estado. También recuerdan a los sarracenos que gobernaron la Península con mano bastante liberal, cuya energía científica y emprendedora todavía impregnaba aquella parte del mundo cuando la monarquía cristiana que había expulsado a los moros patrocinó la conquista de América.

Una contribución más sistemática y profunda del siglo XVI al espíritu individualista (tampoco atendida por las autoridades políticas) fue la Escuela de Salamanca, grupo de escolásticos jesuitas y dominicos considerados precursores de la Escuela Austríaca de los siglos XIX y XX[227]. No cuestionaron la naturaleza divina de la monarquía de los Habsburgo: más bien suministraron, junto con otros, su justificación teológica. Pero los teólogos asociados a la Escuela de Salamanca (algunos de ellos no estudiaron ni enseñaron allí) introdujeron el sentido común en la perspectiva teológica acerca de asuntos terrenales como la economía, desmontando muchos mitos sobre el valor de los bienes, el papel de la moneda y los tributos. Basaron sus creencias en la filosofía del derecho natural elaborada por Tomás de Aquino unos siglos antes (arma de doble filo, como vimos anteriormente)[228].

[226] Guillermo Lohmann Villena, *Ideas jurídico-políticas en la rebelión de Gonzalo Pizarro: la tramoya doctrinal del levantamiento contra las leyes nuevas en el Perú*, Valladolid, Seminario Americanista, Secretariado de Publicaciones de la Universidad, 1977, p. 41.

[227] Carl Watner afirma que constituyen una "tradición libertaria". Carl Watner, "All Mankind is One: The Libertarian Tradition in Sixteenth Century Spain", *The Journal of Libertarian Studies*, vol. 8, nº 2, verano 1987, p. 293.

[228] Jesús Huerta de Soto, "Principios básicos de liberalismo", *Revista Hispano Cubana*, nº 4 (mayo-septiembre), Madrid, 1999, pp. 105, 107. Disponible en http://www.hispanocubana.org

Sus enseñanzas no incidieron en la conducción política de España y por tanto tampoco de América latina, donde en la práctica la escolástica significó la justificación de la opresión colonial. Pero nos legaron un pensamiento económico sensato. Los primeros académicos "que entendieron el rol del comercio y el intercambio en el nacimiento de un mundo interdependiente basado en el derecho y el consentimiento"[229] nos recuerdan que había al alcance de la mano opciones muy distintas de las que se impusieron y que no es la penuria de ideas razonables la culpable de la herencia colonial que en tantos sentidos todavía es un lastre para América latina.

Mucho antes de los austríacos, la Escuela de Salamanca descubrió la naturaleza subjetiva del valor, por la cual ningún producto en el mercado posee un valor objetivo que pueda ser determinado por las autoridades. El valor, como afirmaron Diego de Covarrubias y Leyva, Luis Saravia de la Calle, Jerónimo Castillo de Bovadilla y otros, tiene que ver con la "estimación" de cada individuo. La única forma de establecer el "precio justo" —una obsesión medieval— es, por tanto, dejar que la oferta y la demanda —el libre juego de las "estimaciones"— haga su trabajo. No son los costos los que determinan los precios —ya que ellos mismos, incluidos los salarios, son precios—, sino que es el público el que los determina, en un ambiente de intercambio competitivo. "Sólo Dios" conoce el "precio justo" (*pretium iustum*)[230]. Alejandro Chafuén ha descrito con lucidez muchas otras contribuciones de la Escuela de Salamanca[231]. Francisco de Vitoria, uno de los teólogos más eminentes, denunció la esclavitud de los in-

---

[229] Michael Novak, *This Hemisphere of Liberty: A Philosophy of the Americas*, Washington D.C., American Enterprise Institute, 1990, p. 45.

[230] La cita pertenece al jesuita español Juan de Lugo. Véase "Principios básicos de liberalismo", por Jesús Huerta de Soto, *Revista Hispano Cubana*, n° 4 (mayo-septiembre), Madrid, 1999, p. 107. Disponible en http://www.hispanocubana.org

[231] Alejandro Chafuén, *Christians For Freedom*, San Francisco, Ignatius Press, 1986.

dios por ser contraria al derecho natural; Domingo de Soto y Tomás de Mercado criticaron la propiedad comunitaria; Juan de Mariana justificó el tiranicidio porque los déspotas violaban el derecho y el principio del consentimiento, y propugnó tanto una
moderación de los impuestos como una reducción del gasto público; Martín de Azpilcueta, Luis de Molina y Diego de Covarrubias y Leyva entendían las causas monetarias de la inflación, un
asunto muy importante en una época en que los metales preciosos que venían de América latina afectaban los precios en Europa;
finalmente, Fray Felipe de la Cruz y otros, aun cuando no llegaron
tan lejos como para aceptar el concepto del interés (auténtico ana-
tema en aquella época), justificaron el descuento de las letras de
cambio. Los jesuitas inclusive atribuyeron algún sentido a los descubrimientos de Copérnico y trataron de conciliar la descripción
científica del universo con su concepción cristiana.

Estas observaciones cruciales nos hablan de una antigua tradición de pensamiento liberal en la España que gobernó América. Fue eclipsada por el espíritu de la Contrarreforma, tan determinante que estos mismos escolásticos formaban parte de ella.
Sus valiosas lecciones económicas quedaron en el terreno de la
especulación académica, mientras que la política real estuvo re-
servada a todo aquello que tan lúcidamente atacaron. El hecho de
que ellos mismos fuesen parte del basamento escolástico del Estado español implica que no eran herejes; su aceptación de la naturaleza divina del rey contrarrestó sus esfuerzos por basar el gobierno del Estado en el derecho y el consentimiento. La historia
ha tomado nota preferente de la rigidez contrarreformista y del
sofismo que encarnaron escolásticos como Francisco Suárez, el
intérprete principal del pensamiento tomista, y que se practicó como política de Estado antes que de los descubrimientos revolucionarios de muchos de estos científicos sociales *avant la lettre*[232].

---

[232] Richard M. Morse, "The Heritage of Latin America", en *The Founding
of New Societies: Studies in the History of the United States, Latin America,
South Africa, Canada and Australia*, editado por Louis Hartz, Nueva York,
Harcourt, 1964, pp. 153-159.

Infortunadamente, otras latitudes han extraído mucha mayor inspiración de sus enseñanzas que los latinoamericanos. Pero allí están, pugnando por ser rescatadas de olvido y la ignorancia.

(Casi) liberales

Hemos visto cómo en el siglo xix el liberalismo fue una hoja de parra detrás de la cual se ocultaba la estructura de poder conservadora y cómo las ideas de la Ilustración europea (y estadounidense) que tanto influyeron en los dirigentes de los movimientos de independencia se tradujeron en nuevas formas de autoritarismo y exclusión. Pero el pronunciamiento latinoamericano de independencia de fines del siglo xviii y comienzos del xix también contuvo genuinas expresiones de libertad.

La defensa del libre comercio fue una de ellas. Ya a mediados del siglo xviii los mercaderes venezolanos se alzaron en armas contra la Guipúzcoa, compañía creada para garantizar el comercio venezolano con los mercados imperiales y excluir el intercambio con otras potencias extranjeras. En las últimas décadas de ese siglo, el libre comercio fue el grito de guerra de los primeros amagos independentistas. El monopolio español constituía un blanco esencial de la rebelión criolla. Animaba ardorosamente a los alzados la aspiración de comerciar con Inglaterra, Francia, Holanda y otros países. También cuestionaron otras formas de intervención gubernamental. Las ideas de Rousseau y otros colectivistas de la Ilustración no eran las únicas que encendían la imaginación de los rebeldes. Los fisiócratas franceses remecieron la mente de los independentistas con su mensaje de mínima interferencia estatal y su creencia de que el progreso dependía de la libertad de los individuos para multiplicar los recursos naturales. La abolición de impuestos y reglamentos no era menos importante para ellos que la defensa del libre comercio.

El compromiso cívico en las distintas localidades y la participación municipal en las luchas de independencia nos hablan de esfuerzos realizados desde abajo para descentralizar el poder. No eran precisamente los *town hall meetings* de Nueva Inglaterra, pero los municipios se volvieron focos de discusión y participación ciudadana, centros neurálgicos en el esfuerzo por liberar al continente de las estructuras coloniales centralistas. Estos municipios y otros tipos de asociaciones cívicas, incluyendo grupos religiosos, especialmente clubes masónicos, tuvieron un papel destacado en la creación de redes locales de apoyo a las luchas de independencia. Constituyeron una forma embrionaria de sociedad civil, trágicamente sofocada por el posterior secuestro de las repúblicas independientes a manos de caudillos militares.

Estos tres instintos —libre comercio, impuestos mínimos y asociaciones vecinales— podrían haber tenido, con líderes más visionarios, una vigencia y desarrollo mayores de los registrados a lo largo de la vida republicana.

El movimiento de independencia fue una compleja mezcla de tendencias liberales y conservadoras. La Constitución de 1812, firmada bajo la ocupación napoleónica por políticos españoles y un grupo de delegados latinoamericanos en la ciudad española de Cádiz, fue un símbolo liberal para los movimientos independentistas (la lengua española dio entonces al mundo la expresión "liberalismo"). Tras la expulsión de Napoleón de los territorios de España y Portugal, los criollos latinoamericanos reaccionaron contra el liberalismo español y portugués dando ímpetu al movimiento independentista en nombre de valores tradicionales, pero muchos de los que combatieron al régimen colonial actuaron a partir del espíritu y los principios de ese documento liberal.

Así, dos fuerzas contradictorias acompañaron el nacimiento mismo de las repúblicas latinoamericanas. Estas contradicciones —para desgracia de América latina— anidaban también en la conciencia de los diversos caudillos. El resultado infortunado de sus acciones ha hecho perder de vista muchos de los instintos liberales que coexistían con sus tentaciones monárquicas y aristocráticas, en ciertos casos, y en otros con la visión colectivista, rousseauniana, del Estado como encarnación de la "voluntad general" del pueblo. Francisco de Miranda, precursor de la independencia de Venezuela, se escandalizó a fines del siglo XVIII al encontrar tantos mercaderes y herreros en la Asamblea de

Massachusetts, y se preguntó cómo podía funcionar la democracia bajo liderazgos tan incultos...[233] Pero ese espíritu aristocrático no era más poderoso que su fervor por las ideas de los fundadores de los Estados Unidos. Los argentinos Mariano Moreno y Manuel Belgrano dedicaron mucho de su pensamiento político a la ruptura del control que ejercía España sobre el comercio de Buenos Aires y a promover el libre intercambio. Dos sacerdotes mexicanos, Miguel Hildalgo y José María Morelos, legendarios precursores de la independencia de su país, encabezaron ejércitos de campesinos y mestizos para otorgar a las masas excluidas participación en las instituciones republicanas que ellos ansiaban, así como para abolir la esclavitud, los monopolios, el tributo de los indios y otras formas de discriminación contra los desheredados. En Colombia, Francisco de Paula Santander se quitó el uniforme militar y pasó a ser un gobernante civil, simbolizando la obediencia de los cuarteles a las instituciones civiles.

Hidalgo y Morelos no eran, en rigor clínico, líderes liberales devotos del gobierno limitado y de la libertad individual en todas las esferas. Pero hubiera tenido mucho menos arraigo el estatismo en la América latina si se hubiese conferido mayor representación a los activistas sociales, si se hubiera dado un comercio libre y una reducción de impuestos, si se hubiera legitimado el mestizaje y si los valores militares hubieran sido expulsados de las instituciones políticas. El eco de sus mejores instintos no se ha apagado del todo.

Entre el sonido y la furia del siglo xix latinoamericano, dos casos nos hablan de un cierto grado de civilización. Uno es el gobierno relativamente limitado que tuvo la Argentina a partir de la Constitución de 1853 y que dio a ese país unas siete décadas de desarrollo. El otro es el de la estabilidad chilena, que no fue resultado de la imposición tiránica sino de un ejercicio de moderación política y jurídica por parte de su clase dirigente.

---

[233] *The Diary of Francisco de Miranda, Tour of the United States, 1783-1784*, editado, con introducción y notas, por William Spencer Robertson, Nueva York, Hispanic Society of America, 1928, p. 121.

El nombre de Juan Bautista Alberdi, figura señera de la "generación de 1837", se ha extraviado entre los déspotas, más coloridos e imponentes, de su tiempo. Su libro *Bases y puntos de partida para la organización de la República Argentina*, publicado precisamente en 1852, sirvió de guía para la Constitución de 1853[234]. Ella reflejó en gran medida su creencia, deudora de la Revolución Americana y la Constitución de los Estados Unidos, de que la función del Estado era la protección de la vida y la propiedad, de que el federalismo era el mejor compromiso posible entre el gobierno central y el gobierno local, y de que el comercio libre es el motor del progreso. Sobresalía en el texto de Alberdi una obsesión por poblar el país y estimular la inmigración europea, junto a su admiración por Adam Smith, David Hume, los fisiócratas franceses y *El Federalista* (la debilidad por Bentham y otros pensadores daba un tinte utilitarista a su liberalismo).

Con las varias salvedades necesarias tratándose de un país donde la población nativa fue brutalmente desplazada, puede decirse que la Argentina logró acotar los poderes y el tamaño de su gobierno, y eliminar barreras al empeño capitalista y la asociación voluntaria. Reinaba a tal punto la libre empresa, que los bancos comerciales podían, en la década de 1880, emitir su propia moneda, algo impensable hoy en América latina y otras partes[235].

Debido a las reformas constitucionales y sin duda también a la impronta cultural de muchos inmigrantes europeos, en las últimas décadas del siglo XIX el país experimentó la segunda tasa de crecimiento económico más alta y el índice mayor de inversión extranjera per cápita del mundo. De 1892 a 1913, los salarios y los ingresos reales de los trabajadores agrícolas e industriales fueron superiores a los de Suiza, Alemania y Francia. En 1910, el volumen de exportaciones de la Argentina fue superior

---

[234] Juan Bautista Alberdi, *Bases y puntos de partida para la organización de la República Argentina*, Buenos Aires, Plus Ultra, 1996.

[235] Alberto Benegas Lynch, *Fundamentos de análisis económico*, Buenos Aires, Abeledo-Perrot, 1986, pp. 311-312.

al de Canadá y Australia[236]. Hacia la década de 1920, su economía estaba por delante de la de muchos países de Europa occidental y una sólida clase media constituía la columna vertebral de la sociedad: en 1928, su producto bruto interno per cápita era el decimosegundo más alto del mundo (hay que decir, sin embargo, que era menos de la mitad que el de los Estados Unidos)[237]. Su oferta cultural no era inferior a su progreso económico.

Sucesos posteriores, especialmente la irrupción del populismo, llevaron a la Argentina por una ruta muy diferente, lo que indica que, a pesar del desarrollo importante del libre mercado en ese país, el fenómeno no tenía raíces lo bastante profundas —al menos no en el mundo rural— como para constituir una cultura permanente[238]. La brecha entre el Buenos Aires europeo y el interior criollo nunca llegó a cerrarse. En la década de 1940, en la era del nacionalismo económico, buena parte del interior se descolgó sobre la periferia de la Capital (lo que se conoce como el Gran Buenos Aires). Para entonces, las reglas de juego se habían apartado mucho de la brújula de Alberdi. Aunque el autoritarismo había seguido presente y las reglas de juego de 1853 habían restringido la participación política, la visionaria "generación de 1837" merece reconocimiento por haber impregnado la atmósfera institucional y moldeado los acontecimientos de una forma que, desde el punto de vista del resto de la región, transpira exotismo.

El caso de Chile fue diferente. El aporte de sus dirigentes no estriba en que encabezaron un período de crecimiento impulsa-

[236] Alberto Benegas Lynch, "Rediscovering Freedom in Argentina", en *Fighting the War of Ideas in Latin America*, editado por John Goodman y Ramona Morotz-Baden, Dallas, National Center for Policy Analysis, 1990, p. 112.

[237] Mariano Grondona, *Las condiciones culturales del desarrollo económico: hacia una teoría del desarrollo*, Buenos Aires, Ariel-Planeta, 1999.

[238] Mariano Grondona sostiene que la Argentina, su país, es un caso único en el mundo porque se ha "desdesarrollado" a sí mismo, es decir que alcanzó una posición de desarrollo y luego retrocedió hasta alcanzar el subdesarrollo. Véase *Las condiciones culturales del desarrollo económico: hacia una teoría del desarrollo*, por Mariano Grondona, Buenos Aires, Ariel-Planeta, 1999, pp. 445-468.

do por la empresa privada, sino en que moderaron la relación entre las instituciones del poder y la población, insuflando al Estado cualidades previsibles, estables, superiores a la voluntad de quienes ejercían el gobierno y capaces de tolerar en los ciudadanos un sentido de lo jurídico. Seguió siendo un régimen conservador, oligárquico, pero su disposición fue mucho menos autoritaria que en otras partes: sus leyes preponderaban por encima de sus políticos. Chile aprendió a respetar las instituciones y los instrumentos del derecho de un modo más profundo que otras naciones de América latina, que nunca fijaron unas claras líneas de demarcación entre las funciones permanentes, neutrales, de la autoridad, y la política contingente, invasora, sujeta a los apetitos de poder. Aparte de las figuras políticas que dieron forma a la nación, tales como Diego Portales, merece mención la influencia de un hombre en particular. Andrés Bello, un venezolano que pasó una gran parte de su vida en Chile, elaboró los códigos civiles más avanzados de la región y publicó doctos tratados de derecho penal y derecho internacional, lo mismo que estudios de gramática. Los códigos legales no resultaron una bendición para América latina, pero la visión de Bello se fundaba en que el derecho, en lugar del capricho político, debía regir la sociedad. Tanto él como el héroe militar chileno Bernado O'Higgins recibieron el influjo de Francisco de Miranda, anglófilo precursor de la independencia sudamericana, a quien conocieron en Londres. La inclinación británica por el sentido común, el discurso moderado y la urbanidad jugó un papel en la formación de la república chilena: ella inspiró en los dirigentes responsables de moldear las instituciones conservadoras, incluido Portales, la idea moderada del Estado en cuanto a "forma" antes que acción. La oligarquía chilena fue en ese sentido más civilizada que la del resto de la región. Otro factor importante fue la penetración de la clase terrateniente por parte de grupos mercantiles en parte compuestos por vascos, que diversificaron los intereses económicos de la elite y le imprimieron una cultura empresarial[239]. Los aconteci-

---

[239] Kenneth L. Karst y Keith S. Rosenn, *Law and Development in Latin America: A Case Book*, Berkeley, University of California Press, 1975, p. 654.

mientos del tumultuoso siglo XX chileno no sugieren que ese país fue, en el pasado, estable y respetuoso de la legalidad. Pero tal vez su progreso contemporáneo debe más de lo que parece a una cultura subyacente que sobrevivió a esas turbulencias políticas y económicas[240].

Los sobrevivientes

Para los que creen en la libertad, pocos fenómenos contemporáneos son más elocuentes que el de la economía informal o "sumergida" como prueba de que la especie latinoamericana no es diferente de otras en su afán por satisfacer el interés propio a través de la empresa y el intercambio. Sobre ella se ha escrito mucho, pero las enseñanzas no han sido aprovechadas por los responsables del Estado. Debería llamarse en realidad economía "de supervivencia": se trata de millones de seres humanos que trabajan al margen de la ley, porque hacer empresa legalmente —desde obtener una licencia e inscribir una pequeña compañía hasta acatar los reglamentos del gobierno local o central— es caro, toma mucho tiempo y a veces resulta imposible. El sistema legal no ofrece garantía a aquellas personas que no están cerca de la maquinaria política donde se decide el destino de cualquier tipo de empresa u organización.

Se calcula que la economía informal representa en el mundo unos 5 billones de dólares, casi la mitad del total de la economía estadounidense[241]. Aunque todos los países tienen merca-

---

[240] Hacia 1900, la Argentina y el Uruguay eran los países latinoamericanos más exitosos en cuanto a rendimiento económico y avances sociales. Los seguían Chile y Cuba. México compartía algunos de los logros económicos del segundo grupo, pero estaba más atrasado en asuntos como el alfabetismo.

[241] "Billones" en castellano equivale a *trillion* en inglés. El profesor austríaco Friedrich Schneider, de la Universidad Johannes Kepler de Linz, realizó un estudio acerca del tamaño de la economía informal en 110 países. La cifra que se cita es la suma del valor (en dólares estadounidenses) de la

do negro o economía informal, en las naciones ricas ella representa en promedio un 15% de los bienes y servicios producidos, mientras que en los países subdesarrollados representa por lo menos el doble de esa cifra (en el África subsahariana alcanza un 54%)[242]. En vista de que la informalidad entraña ausencia de derechos de propiedad previsibles y de mecanismos para hacerlos valer, la inseguridad y el riesgo son muy altos. Como los informales no tienen suficiente ahorro, ni acceso al crédito formal ni a los seguros y a otras instituciones, su productividad es baja. Es un mundo caracterizado por la mano de obra intensiva, en el que los costos de la ilegalidad —desde las altísimas tasas de interés del crédito informal hasta la ausencia de mecanismos judiciales para la compensación por daños y perjuicios— limitan la productividad y el crecimiento. Aunque al menos un tercio de toda la producción económica proviene de actividades informales, en la mayor parte de los países en vías de desarrollo la proporción de trabajadores dedicados a producir bienes y servicios ilegales representa mucho más de un tercio de la población activa. El fenómeno equivale a la supervivencia de los pobres.

En el Perú, la construcción, el transporte, la producción de manufacturas, el comercio minorista —a través de la venta ambulante, los mercados o los centros comerciales— y el resto de actividades informales abarcan un 60% de las horas-hombre trabajadas[243]. El empleo informal ocupa a más del 50% de la pobla-

---

economía informal en los 110 países. Véase "Size and Measurement of the Informal Economy in 110 Countries Around the World", julio 2002, pp. 6, 8, 11, 13, 16, 18. Véase http//:rru.worldbank.org/documents/informal_economy.pdf

[242] Estas cifras son tomadas de una conferencia del profesor Friedrich Schneider publicada por el Center For the New Europe en *Liberty Briefing I*, en 2001. Véase *Statecraft: Strategies for a Changing World*, por Margaret Thatcher, Nueva York, HarperCollins, 2002, p. 418.

[243] Enrique Ghersi, "The Inforal Economy in Latin America", *Cato Journal 17* (primavera-verano), Washington D.C., 1997. Véase http://www.cato.org/pubs/journal/cato_journal.html

ción económicamente activa en México y al 40% de los asalariados en la Argentina[244]. Los informales brasileños suman más que
la cifra combinada de empleados públicos y empleados de la industria formal[245] (en Chile, en cambio, la economía informal representa sólo algo menos de la quinta parte del tamaño total de
la economía[246]). Cada año, los peruanos que buscan dónde afin-
carse invaden unos mil kilómetros cuadrados de tierra. La abru-
madora mayoría de viviendas nuevas son construidas sin la debida licencia municipal. No sorprende que sólo 5 de los 42 distritos
municipales de Lima tengan censos actualizados de la propiedad
inmobiliaria. El porcentaje de construcciones no registradas de
forma oficial es igualmente impresionante.

La región amazónica del Brasil abarca unos 5 millones de kilómetros cuadrados. Esas tierras pertenecientes al Estado se han
ido abriendo a los asentamientos y reclamos privados de un modo no muy distinto al que tuvo lugar en el Oeste de los Estados
Unidos[247]. Muchas familias se han afincado en determinadas parcelas de tierra, han negociado acuerdos informales y se han organizado para tratar de prevenir la invasión, por parte de terce-
ros, de espacios ya sujetos a reclamo. La falta de un sistema
rápido, flexible y adecuado de reconocimiento legal y ejecución
de contratos, sin embargo, ha forzado a muchos de los pobla-
dores a operar fuera de la ley de modo permanente. En ese tipo de
sistema, mientras más lejos está uno de los centros de decisión

[244] Rudá Ricci, "A Economia Política Da Argentina", Minas Gerais, 2002.
Véase http://ns.fcs.ucr.ac.cr/~historia/mod-his/arge-ecopol.htm

[245] Francesco Neves, "Making Do", *Brazzil*, Los Angeles, n° 160, junio,
1999. Véase http://www.brazzil.com

[246] Según el profesor austríaco Friedrich Schneider de la Universidad Johannes Kepler, la economía informal representa, en promedio, un 41% del
tamaño total de las economías latinoamericanas. "Size and Measurement
of the Informal Economy in 110 Countries Around the World", julio 2002,
p. 11. Véase http//:rru.worldbank.org/documents/informal_economy.pdf

[247] Gary D. Libecap, "Contracting for Property Rights", en *Property
Rights: Cooperation, Conflict, and Law*, editado por Terry Anderson y Fred
S. McChesney, Princeton, Princeton University Press, 2003, p. 151.

política, más precarias son las condiciones. Pero la vida continúa: los pobres se las ingenian como pueden.

Éstos son apenas algunos ejemplos propios de una región en
la que la economía informal viene acompañada, por sus dimensiones, de una suerte de cultura paralela. El mercado negro ha
sido la respuesta de los pobres a la ilegitimidad del Estado. Obligados a sobrevivir fuera de la ley en los centros urbanos a los que
migraron desde el campo, o en las capitales a las que llegaron
desde el interior, se organizaron, a partir de instituciones espontáneas, no sólo para emprender negocios, también para satisfacer necesidades más básicas, como poner un techo sobre sus
cabezas o proteger sus magras pertenencias. Las instituciones
fluyeron de las costumbres de los pobres. Isaías Berlin tenía el
ojo puesto en la historia pero, sin saberlo, se anticipaba a este fenómeno urbano contemporáneo cuando se refirió a esta cita de
Giambattista Vico: "A cada estadio del cambio social correspon-
de su propio tipo de ley, gobierno, religión, arte, mito, lenguaje,
modos"[248]. La proliferación de cultos evangélicos, la expansión
de movimientos artísticos mestizos, el surgimiento de modos
idiosincráticos de expresión, la invención de determinados símbolos extraídos de la vida diaria y otros síntomas nos hablan de
una transformación cultural que supera la dimensión económica. Respuesta directa a la conjura del corporativismo, el mercantilismo de Estado, el privilegio, la transferencia de riqueza y la
ley política contra los pobres, esa transformación empezó a ges-
tarse a mediados del siglo XX, pero sus implicaciones no conmo-
cionaron a América latina sino mucho después.

Hacia fines de la década de 1980 y comienzos de los '90, se
puso de moda afirmar que la economía informal no era sólo un
espectáculo de invasiones de tierras, conflictos sangrientos entre vecinos, venta callejera desordenada, transporte público te-
merario y contaminante, y evasión fiscal de entraña desleal, sino, más bien, prueba de que un espíritu emprendedor habitaba

---

[248] Isaías Berlin, *Vico and Herder, Two Studies in the History of Ideas*, Londres, Hogarth, 1976, p. 68.

entre los pobres y de que éstos encerraban la promesa de un desarrollo capitalista pujante. América latina descubrió con asombro (¿o fue con horror?) que a los pobres, como a los demás, también les gusta poseer propiedades, producir bienes y servicios de forma privada, intercambiarlos por contrato en vez de hacerlo bajo coacción y gozar los frutos de su trabajo. Toda clase de políticos y comentaristas elogiaron la inventiva, el espíritu empresarial, el potencial productivo, los instintos de supervivencia, los talentos de organización y los logros culturales de los "informales", como empezaron a llamar a los pobres. Ignoraban que la economía sumergida había sido advertida y analizada en otras partes del mundo subdesarrollado mucho antes, y que había sido aplaudida en otras regiones por constituir un colchón social capaz de prevenir revoluciones. El antropólogo estadounidense William Mangin, verdadero pionero junto con el inglés John Turner, había sacado las conclusiones adecuadas con respecto a este fenómeno dos décadas antes, basándose en exhaustivas e iluminadoras investigaciones realizadas en asentamientos humanos del Perú y otros lugares durante los años '50 y '60: si América latina hubiera valorado su trabajo, esos países quizá serían prósperos hoy[249]. En 1971, el antropólogo Keith Hart había publicado un ensayo en el que se refería a la economía informal de algunos países africanos como "vía de salvación" que permitiría "aumentar sus ingresos" a gente "a la que la estructura de oportunidades formal" le impedía hasta entonces "el éxito"[250]. A mediados de los '70, los resultados de otras investigaciones en asentamientos humanos latinoamericanos permitían a los académicos identificar normas y reglas consuetudinarias surgidas del ordenamiento informal, mediante las cuales los pobla-

---

[249] William Mangin, "Latin America Squatter Settlements: A Problem and a Solution", *Latin American Research Review*, vol. 2, n° 3, verano 1967, pp. 65-98.

[250] Keith Hart, "Informal Income Opportunities And Urban Employment In Ghana", *Journal of Modern African Studies*, vol. 11, n°1, marzo, 1973, p. 67. Ésta es una revisión de una conferencia ofrecida en 1971. *(T. del A.)*

dores se dotaban de una cierta seguridad, justicia y organización. Se mostraba que, a pesar de operar fuera de la ley formal, ellos estaban más o menos integrados al resto de la sociedad[251].

La economía informal tiene, en rigor, una data mucho más antigua. El ascenso del Occidente en siglos pasados ocurrió exactamente de la misma manera: con millones de personas que producían e intercambiaban bienes y servicios bajo reglas de juego espontáneas que se iban desplegando de acuerdo con las cambiantes necesidades; estas reglas eludían las normas onerosas, asfixiantes, de las autoridades. En su célebre *The Discovery of Freedom*, Rose Wilder Lane atribuye al "contrabando y la corrupción" la supervivencia del comercio bajo "economías planificadas" a lo largo de seis mil años, y celebra el intenso comercio ilegal de las Trece Colonias americanas bajo el mando de Londres[252]. La mayor parte del comercio que tuvo lugar en los Estados Unidos en tiempos de la Colonia fue, en efecto, ilegal, como lo fue el comercio colonial latinoamericano[253]. En América latina hubo invasiones de tierras desde los comienzos de la Colonia, en el siglo XVI.

En tiempos más recientes, a medida que el Estado se infló y el desempleo se volvió una constante, la economía negra volvió a hacerse notar en los países ricos. Era ilegal porque evadía impuestos y reglamentos, pero los fines que perseguían sus habi-

---

[251] Uno de estos estudios fue el que se realizó en ciertos barrios de Caracas, Venezuela, y se publicó en 1973. Karst, Kenneth L., Schwartz, Murray L. y Schwartz, Audrey J., *The Evolution of the Law in the Barrios of Caracas*, Los Angeles, Latin American Center, University of California, 1973.

[252] Rose Wilder Lane, *The Discovery of Freedom*, Nueva York, Arno Press, 1972, pp. 167, 165-170. *(T. del. A.)*

[253] Cuando la monarquía huyó al Brasil tras la invasión de Portugal por parte de Napoleón, una de las principales medidas de liberalismo económico consistió en autorizar la venta abierta de cualquier producto en las calles y puerta a puerta. Véase "The Political Emancipation of Brazil", por Emília Viotti da Costa, en *From Colony To Nation: Essays on the Independence of Brazil*, editado por A. J. R. Russell-Wood, Baltimore, Johns Hopkins University Press, 1975, p. 51.

tantes eran legítimos. Algunos de los logros más importantes de los Estados Unidos, por ejemplo la industria de los microprocesadores, guardan relación directa con la economía clandestina. En los años '70, muchas de las compañías asociadas con el despegue de lo que se conoce como *Silicon Valley* subcontrataron mano de obra casera que eludía reglamentos estatales e impuestos[254]. La industria informática estimuló unas relaciones laborales descentralizadas, facilitando también la contratación de mano de obra afincada en el hogar. Esta práctica, difícil de detectar por parte de las autoridades, redujo el desempleo originado por las interferencias del gobierno. Como ocurre en países pobres (a escala bien distinta), la economía informal tiene muchas conexiones directas con la economía formal, que van más allá de la contratación de inmigrantes ilegales sin el pago de los impuestos de la Seguridad Social. Ciertas economías desarrolladas, como Italia, son conocidas por su extensa dimensión informal, que ha ayudado a atenuar los desastres provocados por políticos corruptos y dirigistas.

A diferencia de lo que ocurre en América latina, en los países actualmente desarrollados las instituciones oficiales por lo general se amoldaron a las actividades económicas de las masas hace siglos, permitiendo el despegue capitalista. La actividad informal es hoy un fenómeno marginal en el mundo desarrollado pero significativo en tiempos de recesión, porque las instituciones, que son fuentes de incentivos y desincentivos, todavía hacen más costoso violar la ley que acatarla. En las repúblicas de América latina, entretanto, a pesar de gestos rituales en favor de la economía informal —como la distribución de títulos que significan "posesión" pero, en la práctica, no una propiedad real y transferible—, el país legal continúa excluyendo al otro mediante la imposición de barreras que traban el acceso al mercado. Un estudio reciente demuestra lo poco que ha resuelto la distribución de títulos, por parte del Estado, entre 1995 y 2001, a 1,2 millones de

---

[254] Philip Mattera, *Off The Books: The Rise of the Underground Economy*, Nueva York, St. Martin's Press, 1985, pp. 35-39.

viviendas informales en el Perú[255]. Esta política no ha permitido a los pobres convertir sus activos en capital a través del acceso al crédito, aunque sí ha facilitado que algunos de los beneficiarios pasen más tiempo trabajando fuera de sus casas debido a que sienten mayor seguridad con respecto a sus propiedades. Pero el aumento del número de horas dedicadas al trabajo por parte de los beneficiarios representa un porcentaje muy pequeño del total de horas trabajadas en todo el país. Distribuir títulos en un ambiente en el que ni siquiera la Constitución escrita tiene mayor parecido con la realidad, es como colocar un violoncelo entre las piernas de un músico esposado. Si el Estado no deroga la montaña de normas responsables del mercado negro, distribuir papeles que certifican la posesión equivale a atacar un mero síntoma.

Se calcula que el valor mundial de los ahorros de los pobres es 40 veces superior a toda la ayuda exterior otorgada desde 1945[256], pero el potencial que anida en la economía informal no puede volverse riqueza real mientras la economía de la supervivencia no adquiera derecho ciudadano. Sin verdaderos derechos de propiedad, no hay decisiones de largo plazo: los empresarios no pueden capitalizar el valor presente de las ganancias que esperan obtener en el futuro (lo que supone descontar las tasas de interés sobre el valor presente de esas ganancias que forman parte de su expectativa). La prosperidad sigue eludiendo a América latina porque una economía en la que la mayor parte de la gente hace negocios ilegales, y con una productividad que representa apenas un tercio de la producida por los negocios formales, está condenada a un bajo crecimiento real, a una brecha creciente entre ricos y pobres, y al resentimiento social.

---

[255] Alan B. Krueger, "A Study Looks at Squatter and Land Titles in Perú", *The New York Times*, 9 de enero, 2003. El estudio fue realizado por Erica Field, que preparaba un doctorado en Economía por la Universidad de Princeton.

[256] Hernando de Soto, *The Mystery of Capital: Why Capitalism Triumphs in the West and Fails Everywhere Else*, Nueva York, Basic Books, 2000, p. 5.

Este estado de cosas es perjudicial para todos: las empresas legales no pueden crecer y pagar altos salarios a un mayor número de personas de modo que puedan adquirir más bienes y servicios de las pequeñas y medianas empresas; estas últimas, a su vez, ante lo deprimido del mercado, se ven obligadas a vender sus productos a los empleados públicos (razón por la cual tantos vendedores informales se aglomeran alrededor de los edificios estatales con la esperanza de atraer clientes). En el Perú, por ejemplo, sólo el 2% de las empresas privadas son legales, y producen un 60% de la riqueza, mientras que el otro 98% produce poco[257].

Debido a que las naciones oficiales de América latina sencillamente no han abierto las puertas de la ley a la economía informal, los pobres, sobre cuyas cabezas las recientes reformas pasaron como cóndores andinos, no parecen haberse convertido, después de todo, en creadores de riqueza y abundancia dignos de Adam Smith. Por tanto, ha remitido en el discurso oficial latinoamericano la pasión de hace unos años por los "informales". Pero siguen siendo una inspiración para cualquiera que esté convencido de que lo que media entre la supervivencia y la prosperidad no es una incapacidad innata por parte de los ciudadanos del montón o la fatalidad metafísica.

Existe, a modo de conclusión, un legado individualista que permite valorar la historia de la libertad en América latina como una tierra próspera, nada baldía. El legado tiene dos vertientes. Una es académica e intelectual: se remota a la Escuela de Salamanca y tiene su expresión contemporánea en el puñado de intelectuales que se propusieron, desde los años '70, demoler los mitos contemporáneos. Entre estos últimos están Carlos Rangel, en Venezuela, y los pioneros de la Universidad Francisco Marroquín, en Guatemala; desde entonces han servido de inspiración a una lista numerosa de escritores y centros académicos. La otra

---

[257] Alberto Mansueti con la colaboración de José Luis Tapia y el Instituto de Libre Empresa, *La Salida* (libro electrónico), Lima, Instituto de Libre Empresa, 2003. Véase http://www.ileperu.org

vertiente es práctica. Tiene raíces muy antiguas, y pueden rastrearse, bajo los sofocantes Estados del mundo precolombino, en el comportamiento y las costumbres de los habitantes nativos que buscaban su sustento explotando la naturaleza mediante la cooperación social. Esa tradición sigue mirándonos a los ojos desde todos los rincones de América latina: es la lucha diaria de los hombres y mujeres que sobreviven hoy a través de la propiedad y la empresa clandestinas.

TERCERA PARTE

LAS REFORMAS

VI. Nada era lo que parecía

Antes de encarar las llamadas reformas "capitalistas" o "neo-liberales" de la década de 1990 y su desembocadura en el caos político y económico de comienzos del siglo XXI, un elemento más que debe ser dilucidado. En la larga marcha del Estado latinoamericano hacia la ilegitimidad —causa de las recientes reformas—, hay algo más que la formación gradual, geológica, capa tras capa, de instituciones que concentraron el poder a expensas del individuo, ese mutante civil. Hay también una larga lista de ensayos de reforma, prueba de que, en varios momentos de la historia de América latina, ciertos individuos y grupos comprometieron su energía e imaginación, dentro y fuera del poder, en la ilusión de alterar la forma en que estaba organizado el Estado y la manera en que el poder se relacionaba con el individuo.

Aunque hubo éxitos en el camino, gozaron de corta vida. Tuvieron, más bien, el efecto, como ocurre con esos cangrejos de la Florida mencionados en la introducción, de desarrollar un par de patas a expensas de los otros pares y del resto del cuerpo. Las malas reformas han sido casi tan nocivas para la región como sus viejas taras: el corporativismo, el mercantilismo, el privilegio, la transferencia de riqueza y la ley política. Las reformas liberales nunca llegaron a producir sociedades organizadas en función de la libertad ni un sistema verdaderamente capitalista. La razón es tan elocuente con respecto al subdesarrollo latinoamericano como lo es acerca del modelo que se aplicó en los años finales del siglo XX, el principal ensayo de reforma.

La reforma política y la reforma económica nunca llegan a ser dos ejercicios diferentes. La relación entre ambas es umbilical, como hemos visto en la evolución del desarrollo capitalista en los países ricos al igual que en el caso del subdesarrollo de los pobres. La razón no es un misterio: la economía es la acción humana bajo un conjunto de reglas, y esas reglas, buenas o malas, son la esencia de la política. Pero, para ilustrar mejor las cosas, distingamos, en los esporádicos destellos del individuo latinoamericano en la noche colectivista, algunos ensayos de naturaleza más bien "política" y otros de naturaleza más bien "económica".

La lucha de los liberales por reducir el poder de la Iglesia en el siglo XIX fue más política que económica, aunque constituyó en resumidas cuentas un asalto a la concentración del poder y, en la medida en que una economía responde a los incentivos e impedimentos que nacen del poder, tuvo una dimensión económica. La fiebre positivista que abrasó a algunos países latinoamericanos a fines del siglo XIX y comienzos del siglo XX fue más económica que política porque su obsesión estuvo en la inversión y la creación de una infraestructura económica moderna, pero no dejó de ser política, ya que las reglas que gobernaron esa maquinaria económica estuvieron en las férreas manos del Estado. Algo similar puede decirse de la bonanza exportadora ocurrida en las primeras décadas del siglo XX.

En todo caso, las reformas de la década de 1990, a las que se califica de "neoliberales" o "capitalistas", tienen una antigua genealogía detrás de sí. Muchos de esos precedentes —economías políticas basadas en la empresa privada, la exportación y la inversión de capital que no lograron generar el capitalismo liberal— contienen algunos de los gérmenes de lo que sucedió en la década de 1990. Si aquellos que estuvieron a cargo de las recientes reformas hubiesen tenido en cuenta la tradición seudocapitalista en la región, quizá se les habría ocurrido que, en los dos siglos de vida republicana independiente de América latina, hubo muchas veces en que no todo era lo que parecía.

Un conservador es un liberal en el gobierno

La historia atribuye al vizconde de Albuquerque, en el contexto del Brasil decimonónico, la frase: "No hay nada tan parecido a un conservador como un liberal en el gobierno". Esta paradoja calza como guante en casi todos los movimientos abocados a la reforma de lo establecido en los últimos dos siglos. Aun antes de ejercer el poder, los esfuerzos liberales o progresistas por rasgar la tela de araña de las instituciones autoritarias y oligárquicas delataron un apego poco disimulado al corporativismo, al mercantilismo de Estado, al privilegio, a la transferencia de riqueza y a la ley política, los cinco principios de la opresión[258].

La hazaña misma de la independencia fue en muchos sentidos un esfuerzo reaccionario a pesar de la retórica de la Ilustración que la presidió. Cuando Napoleón invadió España y puso a su hermano menor en el trono de Fernando VII, los tradicionalistas españoles se resistieron al dominio francés. Aunque Napoleón era el heredero de la Revolución Francesa y por tanto, en teoría, portaestandarte del liberalismo frente a la España reaccionaria, la resistencia contra la invasión inspiró ideales liberales a ambos lados del Atlántico, desencadenó el movimiento independentista en las colonias, estimuló una cultura de actividades locales y comunitarias a lo largo de América latina, y, finalmente, fue responsable de la Constitución liberal de 1812, que firma-

---

[258] El caso brasileño es paradigmático. Dom Pedro I, primer emperador brasileño, tenía una supuesta inclinación liberal pero gobernaba como autócrata y ejercía el control de la judicatura, a pesar de que hizo algunas concesiones a los liberales. Por su parte, Dom Pedro II llevó a muchos liberales al gobierno a comienzos de su largo reinado, pero el poder siguió siendo centralista, excluyente y también corrupto. Más tarde, a pesar de su papel constitucional como "poder moderador" y de su disposición tolerante, tendió a inmiscuirse en política y a resistir las presiones para una gran reforma, incluida la abolición de la esclavitud. Véase *Empire in Brazil: A New World Experiment With Monarchy*, por Clarence H. Haring, Cambridge, Mas., Harvard University Press, 1958, pp. 18-43, 53-62, 93-96, 165.

ron algunos delegados latinoamericanos en Cádiz, España, junto a sus colegas españoles. Sin embargo, los acontecimientos se dieron de tal modo que lo que parecía liberal se volvió conservador. Fernando VII regresó tras la caída de Napeoleón, abrogó la Constitución de 1812 y restauró el despotismo, pero en 1820 acabó forzado a aceptar el liberalismo y a tolerar en el gobierno a dirigentes anticlericales que se oponían a cualquier autonomía en las colonias. El giro inflamó todavía más el independentismo latinoamericano, capitaneado por miembros de la elite, muchos de los cuales eran conservadores que habían conocido algunas formas de autogobierno y no estaban dispuestos a aceptar el despotismo metropolitano. Tanto liberales como conservadores participaron en las guerras de Independencia; las ideas en boga, prestadas de la Ilustración, fueron la dínamo que los impulsó a pasar a la acción. Pero la Independencia, en apariencia una empresa liberal, estuvo desde el comienzo signada por un muy conservador apego a los privilegios particulares de que gozaba la clase dirigente.

Sobrevino una sucesión de caudillos —tradición con tinte visigótico—, entre los que había quienes se llamaban liberales, otros conservadores, algunos unitarios, otros federalistas, pero todos autoritarios y poco interesados en romper los candados del privilegio. Los liberales lo eran al estilo "Rousseau", con su idea centralista, orgánica, jerárquica del poder[259]. Bajo gobiernos liberales no menos que bajo gobiernos conservadores, las mujeres sólo podían ejercer la propiedad a través de sus maridos y no gozaban de derechos civiles básicos, incluyendo el derecho a votar o desempeñar un cargo público. Liberales y conservadores veían al Estado como el gran creador de oportunidades. Ambos bandos entendían que a través del ejercicio del poder político uno podía acceder a un empleo y a la propiedad privada. El Estado era el vehículo de la movilidad social. La inclinación ideológica de los liberales no se tradujo en menos clientelismo y favores económicos de los que se dieron al amparo de los conservadores.

[259] Howard J. Wiarda, *The Soul of Latin America*, New Haven, Yale University Press, 2001, p. 6.

La principal causa de los liberales del siglo xix fue la reforma de la Iglesia o, para ser más exactos, del poder exorbitante de la Iglesia, particularmente su dominio de la tierra, la educación y el matrimonio. Se tataba de una causa justa. La Iglesia era un bastión del sistema: todo intento por abrir espacios al individuo —la eliminación de obstáculos contra la propiedad, la movilidad social y la iniciativa personal— pasaba por despojar de algunos de sus poderes a esa institución tentacular casada con el Estado. Benito Juárez, símbolo del liberalismo mexicano del siglo xix, se abocó precisamente a este tipo de reforma a fines de la década de 1850. Los liberales empezaron restringiendo los privilegios eclesiásticos y militares en asuntos que se consideraban civiles. En 1856, la Ley Lerdo exigió que todas las "corporaciones" vendiesen sus tierras. La generalización tenía nombre propio: la Iglesia, a la que se obligó a colocar su tierra más productiva y valiosa en el mercado. La Constitución de 1857 confirmó las reformas y, al secularizar la educación, las llevó un paso adelante. La guerra desatada vio triunfar al movimiento liberal en su empeño por desligar a la Iglesia del control de los cementerios y el matrimonio civil, y por separarla del Estado. Con ánimo de realzar el papel del individuo por encima de la corporación, las cofradías fueron reemplazadas por las mayordomías: el énfasis estaba en el mayordomo individual[260].

Los mismos liberales que realizaron las reformas se encargaron, sin embargo, de neutralizar su ímpetu modernizador (las cosas no ocurrieron de un modo muy distinto en otros países, como Chile, luego de la desamortización). ¿De qué servía desposeer a la Iglesia de la propiedad de la tierra, altamente concentrada, si las mismas leyes forzaban a las comunidades indígenas, también consideradas "corporaciones", a desprenderse de sus propiedades, consolidando así los enclaves de privilegio mediante las transferencia de vastas cantidades de tierra a un puñado de grandes hacendados y terratenientes criollos? ¿De qué valía

[260] N. James, *Aztecs and Maya: The Ancient Peoples of Middle America*, Charleston, C.S., Tempus, 2001, p. 148.

imponer restricciones legales al ejército si el uso de la fuerza, es decir el componente militar del poder político, era la fuente fundamental de legitimidad para los liberales que luchaban por mantenerse en el gobierno y combatir a sus enemigos? ¿Y qué utilidad tenía arrebatar algunas de sus prerrogativas a las corporaciones privadas si el Estado iba a comprometerse, a través de la transferencia de riqueza y la interferencia política, en actividades que derivaban en nuevas formas de discriminación?

El error no estaba en las intenciones, la autenticidad ideológica y la capacidad intelectual de muchos de los reformistas. Como ha ocurrido después y se ha dado en otros países latinoamericanos, los dirigentes de la reforma confundían los síntomas con las causas. El enemigo al que combatían, la Iglesia, no era el verdadero enemigo. El verdadero enemigo eran los derechos de propiedad exclusivos o estratificados, el Estado en tanto que instrumento de un credo particular, la ley como extensión y no como límite del gobierno. Los reformistas apuntaban a despojar a ciertas instituciones y a determinados individuos de sus puestos de mando, no a cambiar la naturaleza misma de la autoridad y de su relación con todos los individuos. El resultado fueron nuevas formas —aunque menos brutales— de concentración de riqueza, imposición jerárquica, discriminación legal.

Tras la Independencia, las economías latinoamericanas sufrieron un estancamiento. La devastación de la guerra, los efectos de la consiguiente inestabilidad política y la suspensión del comercio español organizado redujeron a la región a la mera subsistencia económica. Pero una de las fuerzas motrices del movimiento independentista había sido la sed de comercio abierto y de inversiones mundiales, ausentes hasta entonces, se pensaba, por el anacronismo del régimen colonial. Ya en 1821 México abrió sus fronteras a todos los bienes extranjeros a un arancel de 25%. De manera que, una vez que se apagó la secuela turbulenta de las guerras de independencia, América latina comenzó a sentir los síntomas de la liberalización económica. La mayor parte de los países se abocaron a la reforma económica, cortejando la inversión extranjera con agresividad, levantando capitales en el exterior, y comerciando con los europeos y, en menor medida, con los Estados Unidos. Los ferrocarriles y la navegación a vapor, que llegaron a lomo del capital extranjero, redujeron el costo del transporte y abrieron mercados más allá de las estaciones comerciales acostumbradas. Los espacios abiertos se poblaron de colonos, que incorporaron áreas remotas a la economía global. Los reformistas estaban convencidos de que América latina era la tierra del futuro.

Pero una vez más los reformistas confundieron los síntomas con las causas. A través de la maquinaria del Estado, los países latinoamericanos concentraban la propiedad, el poder político y las oportunidades económicas en las manos de la elite terrateniente. Naturalmente, la expansión de la actividad económica tuvo un efecto de onda expansiva que envolvió a otra gente, pero el monopolio político, y por tanto el monopolio de los derechos económicos, que ejercía la clase dirigente, se encargó de que el progreso fuese superficial y beneficiara a la capa superior de la sociedad, ampliando la brecha, que debía haber sido ocupada por la clase media, entre la república teórica y la real. Los reformistas creyeron que el problema era España y que una vez que el comercio se abriera a otros socios —los británicos, los alemanes, los norteamericanos—, la prosperidad colmaría a la región. Creyeron que el problema era tener un solo mercado para las materias primas latinoamericanas y que una vez que hubiera otros mercados, vendría el despegue. Creyeron que la falta de industria se debía a la ausencia de inversión extranjera y que una vez que el capital extranjero estuviese disponible, campearía el capitalismo. Tenían razón, pero poca. En verdad, el comercio, la inversión y el acceso al capital no habían sido las causas del capitalismo europeo occidental y estadounidense. Éstos habían sido síntomas y consecuencias de los marcos institucionales dentro de los cuales la actividad económica, la sociedad de contratos, había dejado de ser el coto vedado de unos pocos. Sin esos marcos, la inversión y el comercio no podían hacer participar del capitalismo liberal a naciones enteras.

Una vez que América latina experimentó la globalización entre mediados y fines del siglo XIX, su paisaje económico cambió. Pero "prosperidad" no es la palabra que describe lo que ocurrió.

Era una economía de embudo con un extremo ancho donde se acumulaba la riqueza en beneficio de la oligarquía moderna y globalizada, y un extremo angosto en el que languidecía una mayoría. Lo que mejor describe el nuevo semblante que lucía América latina no es la palabra "capitalismo": éste era apenas un incómodo lunar en aquel rostro. En el campo, había fincas autosuficientes y latifundios altamente concentrados para cultivos de exportación. En las ciudades, funcionarios y terratenientes ausentes (y comerciantes y artesanos que trabajaban para ellos). La ciudad, como escribió Stanislav Andreski, tenía una relación "parasitaria"[261] con el campo: consumía productos agrícolas sin producir y suministrar casi nada a cambio.

Dos países, el Brasil y Chile, se yerguen como oasis de estabilidad en el siglo XIX. Se los suele señalar como ejemplos de progreso político y económico interrumpido por eventos posteriores, pero que constituyen una referencia para cualquier reforma que pretenda crear un clima estable, previsible, en el que puedan confiar los inversores. Una mirada más atenta indica que la valoración es generosa: algunos antecedentes de reforma torcida pueden encontrarse en el siglo XIX chileno, y especialmente en el brasileño, aun cuando la estabilidad política benefició a ciertos sectores de la economía.

La independencia del Brasil fue pacífica y civilizada: al invadir las tropas de Napoleón su país, el rey de Portugal escapó al Brasil. Allí se instaló la familia real. Una vez que el rey regresó a Portugal, el movimiento de independencia proclamó emperador a uno de sus hijos bajo el nombre de Pedro I. Durante el reinado de Pedro II, quien sucedió a su padre en 1831, el país alcanzó la estabilidad política, hasta la caída de la monarquía en 1889. Los dueños de las plantaciones constituían el espinazo de la Corona, que presidió la segunda economía esclavista del Nuevo Mundo, inmediatamente detrás del Sur estadounidense (hasta la abolición de la esclavitud, cinco millones de esclavos fueron vendidos

---

[261] Stanislav Andreski, *Parasitism and Subversion: The Case of Latin America*, Nueva York, Schocken Books, 1969, p. 2.

al Brasil[262]). El centralismo imperial mantuvo unido el territorio, en medio de fuerzas regionales que de otro modo habrían provocado la desintegración. Las distintas regiones no eran entidades federales que competían por inversiones, sino coaliciones locales que pujaban por el dinero fiscal y el patrocinio político, a través de un Parlamento que no fijaba reglas de juego neutrales y que, más bien, reflejaba el marco de derechos de propiedad fragmentarios y la estructura de transferencia de riqueza establecida por el Estado. Es cierto que el Brasil no padeció el equivalente de la Guerra de Secesión norteamericana, pero su clima de estabilidad fue mucho menos propicio para el capitalismo que el ordenamiento de los Estados Unidos, a pesar de la inestabilidad causada en ese país, durante parte del siglo, tanto por la expansión territorial como por la guerra entre el Norte y el Sur. Como se comprueba una vez más, el valor de la estabilidad que algunos latinoamericanos ven como panacea contra el subdesarrollo puede ser equívoco. La estabilidad del orden autoritario y de los intereses empresariales exclusivos puede estimular el crecimiento en algunos bolsones de la economía pero, como indica el caso del Brasil decimonónico, no genera el capitalismo liberal y la abundancia.

La década de 1880 trajo consigo reformas, como la desreglamentación de los mercados de capitales y, en 1888, la abolición formal de la esclavitud. Pero la reforma fue una vez más instrumento del reacomodo y realineamiento de los intereses creados. Los hacendados de la clase dirigente ya no admiraban a la monarquía; sin embargo, la república que engendraron con ayuda de muchos intelectuales progresistas resultó una hoja de parra que escondía la perseverancia de los tradicionales bastiones del poder: durante los siguientes cuarenta años, la oligarquía terrateniente y el ejército —institución suprema del Brasil— dominaron el juego político.

La estabilidad chilena del siglo xix fue más productiva que la del Brasil, pero ella también abrió un abismo entre la oligarquía

---

[262] E. Bradford Burns y Julie A. Charlip, *Latin America: A Concise Interpretive History*, Upper Saddle River, N.J., Prentice Hall, 2002, p. 23.

y el resto de la sociedad. Hacia 1830, la elite terrateniente conservadora fue capaz, bajo la influencia del poderoso Diego Portales, de moldear el Estado republicano[263]. El ejército estaba subordinado a las autoridades civiles; la Constitución que dio forma a esa era duró hasta el primer cuarto del siglo XX. El hecho de que Chile no hubiese sido un virreinato y hubiera estado en los márgenes del aparato colonial español hizo de su herencia algo menos sofocante. La inmigración, en particular la vasca, dotó de capacidad empresarial a la vanguardia de su economía productiva. La homogeneidad étnica y racial redujo el tipo de tensiones sociales presentes en el vecino Perú. La estabilidad ayudó a desarrollar el Estado chileno. Hacia fines de siglo, Chile fue capaz de derrotar al Perú, sede del antiguo imperio colonial sudamericano, y a su aliada Bolivia en la Guerra del Pacífico, incorporando el nitrato a su economía para bendición de su presupuesto público, que pudo vivir de esa materia prima sin necesidad de fijar altos impuestos a los productores.

Pero la estabilidad no significó un conjunto de reglas neutrales y previsibles que gobernaran la iniciativa individual, salvaguardaran los contratos y respetaran la libertad. Significó un ambiente conservador en el que una clase empresarial globalizada fue capaz de construir un Estado fuerte que encarnaba intereses nacionales y estimulaba la inversión y el desarrollo entre propietarios privilegiados. Al igual que ocurrió en el Brasil, este tipo de estabilidad abrió las puertas a la inestabilidad del siglo XX, cuando la legitimidad del Estado conservador fue cuestionada por una sociedad que no se sentía representada. Entonces, el corsé de la república oligárquica se hizo jirones; el resultado fue turbio. Chile se enganchó a la tendencia latinoamericana: inestabilidad y periódicas recomposiciones de la clase dirigente. La sociedad abierta y capitalista no había nacido todavía.

[263] La filosofía de Portales la resumió él mismo así: "Palo y bizcochuelo, justa y oportunamente administrados, son los específicos con que se cura cualquier pueblo, por inveteradas que sean sus malas costumbres". Simon Collier, *Ideas and Politics of Chilean Independence 1808-1833*, Cambridge, Cambridge University Press, 1967, p. 359.

Quien no te conozca, que te compre

Entre el último cuarto del siglo XIX y el primer cuarto del siglo XX, el bicho del progreso picó a América latina. Un observador que, tras presenciar la reciente moda capitalista en la región, hubiere retrocedido cien años en el tiempo, se habría sorprendido ante ese febril antecedente de la globalización latinoamericana. En retrospectiva, puede identificarse un fenómeno en dos fases, no necesariamente planeado de esa forma ni en secuencia nítida.

Primero vino la explosión del positivismo; la bonanza exportadora vino después. "Positivismo" fue el nombre dado a la idea del científico social francés Auguste Comte según la cual el progreso es un proceso deliberado y racional, mediante el cual las autoridades centrales, haciendo una lectura de las leyes históricas, inexorables, que gobiernan a las sociedades, aceleran el desarrollo a través de lo que hoy llamaríamos la ingeniería social. El Estado es la entidad moralmente responsable de traer el progreso, pero para ese propósito se recuesta firmemente en la empresa privada y mantiene los números fiscales en orden. Mientras que el positivismo tuvo apenas un impacto menor en los Estados Unidos —particularmente en el Sur debido a los prejuicios racistas de los sureños—, los intelectuales y las clases empresariales latinoamericanas se obsesionaron con él.

Unida a esta dinámica —aunque hizo su aparición hacia el final de la racha positivista— cundió la mentalidad de "exportar o morir" (para usar una frase moderna que se oye a menudo en países subdesarrollados); ella alimentó y se alimentó de la bonanza de las exportaciones primarias y del desarrollo de las industrias vinculadas a ellas. Todo ese período, desde el positivismo de fines del siglo XIX hasta el vendaval exportador de comienzos del siglo XX, constituye el mayor intento de desarrollo capitalista previo al de la década de 1990. Fue largo, y su intensidad sobrecogedora. La llamada "revolución liberal" de fines del siglo XX y comienzos del siglo XXI hubiera hecho bien en aprender las lecciones de ese período.

No sorprende que el Positivismo, hijo de la Ilustración e inspi-

rado en Charles Darwin, Herbert Spencer y James Mill, prendiera
en América latina. Tras las décadas de estancamiento e inestabilidad política que siguieron a las guerras de Independencia, llegaba una filosofía para la cual el progreso era un fenómeno científico. Debía ser explorado mediante la observación, la hipótesis y la
experimentación. Una vez identificado, el progreso podía ser acelerado a través de las fuerzas orgánicas de la sociedad bajo la dirección del supremo garante de orden y el desarrollo: el Estado.
Era crucial la inversión privada, en particular la extranjera, ya que
allí residía el capital, y la hacienda pública debía manejarse con
rigor a fin de garantizar un estado de cosas ordenado. Los nuevos
grupos comerciales podían conseguir una ubicación en el viejo
club de la oligarquía. Pero el Estado tenía un papel rector. Es más:
era el motor del progreso. Su conducción del desarrollo entrañaba una gran participación en proyectos de infraestructura y en el
fomento de la educación, así como en el cultivo de una relación
cómplice con la clase empresarial. La prosperidad fluiría de la legislación. Su herramienta sería la empresa privada capitalista, pero el Estado sería su ingeniero legislativo y político.

Fueron símbolos del positivismo —frenesí continental que no
se limitó a esos casos— el mexicano Porfirio Díaz entre 1876 y
1910, la declinante monarquía brasileña entre la década de 1870
y la de 1890, así como la naciente república después, y el venezolano Juan Vicente Gómez en las décadas de 1910 y 1920. El
uruguayo José Batlle y Ordóñez, fundador del primer Estado de
Bienestar latinoamericano, también encaja en ese molde, pero
ejerció el poder de un modo mucho menos autoritario. En cuanto al resto, el positivismo significó un alto grado de control político centralizado y autoritarismo[264].

---

[264] El positivismo, bajo el lema de "orden y progreso", influyó en el movimiento republicano que, con ayuda de un golpe militar, tumbó a la monarquía brasileña en 1889. Benjamin Constant, profesor en la Academia Militar de Río de Janeiro, fue uno de los principales responsables de la difusión
del positivismo. Véase *Empire in Brazil: A New World Experiment With Monarchy*, por Clarence H. Haring, Cambridge, Mas., Harvard University Press,
1958, pp. 139-141.

Una de las figuras señeras del positivismo latinoamericano, Laureano Vallenilla, defendió con ardor la idea del "cesarismo democrático", del poder cuasidictatorial, como condición del progreso material, dios ante cuyo altar todas las otras consideraciones debían ser sacrificadas[265].

Para los positivistas, la centralización del poder estatal y la subordinación de las instituciones políticas a intereses particulares no eran obstáculo sino condición de la creación de riqueza. Sin crecimiento económico, la democracia política era postiza. Porfirio Díaz estableció, por tanto, una dictadura política pero respetó la empresa privada. La inversión extranjera —francesa, británica, estadounidense— se multiplicó por tres, las exporaciones —mayormente primarias— crecieron 6,1% al año[266], florecieron algunas industrias, numerosas vías férreas y carreteras serpentearon por el país. Todos los signos materiales de progreso —emblemas positivistas, futuristas— estaban allí. Lo mismo se dio en el Brasil, donde la idea del progreso económico estimuló la lucha por la emancipación de los esclavos y el ocaso de la monarquía; también, algunos años después, en Venezuela, donde los inversores extranjeros, muchos de ellos estadounidenses, no daban abasto para extraer tanto petróleo del bendito subsuelo.

Como hemos visto en capítulos anteriores, esos años no trajeron el capitalismo liberal y la prosperidad, a pesar de un crecimiento impactante, de cierta expansión industrial, del aumento de las exportaciones, de la abundante inversión extranjera y de una estabilidad tanto política como fiscal. El hecho mismo de que el nacionalismo económico del siglo XX sucediera a la era positivista ilustra ese fracaso esencial y nos dice mucho acerca de la naturaleza del desarrollo. ¿Lección? Existe una diferencia esencial entre las

[265] Laureano Vallenilla Sanz, *Cesarismo democrático: Estudios sobre las bases sociológicas de la constitución efectiva de Venezuela*, Caracas, Tip. Universal, 1929.

[266] Alan Knight, "Export-led Growth in Mexico, c. 1900-1930", en *An Economic History of Twentieth-Century Latin America*, editado por Enrique Cárdenas, José Antonio Ocampo y Rosemary Thorp, 3 vols., Nueva York, Palgrave, 2000, vol. 1, pp. 127-130.

manifestaciones exteriores, las señales y síntomas aparentes de la prosperidad, y la verdadera causa de la riqueza de las naciones.

Los errores cruciales del positivismo —cuya sombra ominosa volvería a planear sobre América latina años después con el desplome del nacionalismo económico y el regreso del péndulo a la empresa privada y las fronteras abiertas— no son un misterio.

Su primer error fue concebir el desarrollo como un logro nacional deliberado, no como la consecuencia neutral de la acción humana individual en procura de objetivos independientes. La distinción no es académica. Como los dirigentes políticos pensaban que el progreso podía ser un acto de ingeniería social ejecutado desde los escalones superiores del Estado, el énfasis no estuvo en unas reglas que protegieran a la sociedad de contratos, sino en una legislación diseñada para acelerar la fuerza "científica" del avance material. Se creía, aun cuando se respetaba la propiedad privada, que la legislación misma podía operar efectos positivos en la economía. Las decisiones de arriba hacia abajo, no un ordenamiento institucional que fluyese de la cooperación voluntaria, eran la fuente del incentivo económico.

Esa premisa resultaba, en última instancia, incompatible con la economía de mercado aun cuando los hombres de negocios y la empresa privada gozaban de un respaldo caluroso por parte del Estado. Los incentivos políticos suministrados por medio de la legislación se traducían, como suele ocurrir, en códigos comerciales, códigos mineros, subsidios, aranceles y muchas otras maneras de beneficiar actividades particulares consideradas indispensables para el desarrollo material, en perjuicio de aquellas otras actividades juzgadas menos urgentes. Como ha sucedido siempre, la necesidad fiscal era un criterio decisivo para otorgar privilegios. Díaz permitió a los banqueros introducir las leyes bancarias que negaban el ingreso de nuevos participantes al sistema financiero[267]. Agradecidos, los beneficiarios suministraron líneas de crédito al

---

[267] Stephen Haber, Noel Maurer y Armando Razo, "Sustaining Economic Performance Under Political Instability", en *Crony Capitalism and Economic Growth in Latin America: Theory and Evidence*, editado por Stephen Haber, Stanford, Hoover Institution Press, 2002, pp. 39-40.

Estado. Los inversores locales que querían expandir sus negocios hacia nuevas industrias compraron protección estatal suscribiendo las emisiones de bonos soberanos. El resultado fue la perpetuación del corporativismo, del mercantilismo de Estado, del privilegio, la transferencia de riqueza y la ley política.

El segundo error, estrechamente ligado al primero, fue la idea de que la libertad podía ser tratada como un conjunto de compartimientos estancos en lugar de un todo. La libertad política y la libertad económica fueron separadas bajo la creencia de que el autoritarismo político podía dar a la libertad económica el tipo de estabilidad, protección y estímulo que las caóticas y frágiles instituciones democráticas no estaban en condiciones de facilitarle. Esta perspectiva partía de una falsa dicotomía. La verdadera disyuntiva no era procurar una dictadura estable o resignarse a una democracia ingobernable, sino preservar un sistema político, democrático o dictatorial, que no protegiera los derechos individuales o concebir otro —el Estado de Derecho— que sí lo hiciera. La falsa dicotomía que presidía la acción del Estado no sólo enturbió el progreso durante los años del positivismo: también comprometió el futuro porque tras la dictadura vino la democracia, mas no el Estado de Derecho.

El tercer error del positivismo, derivado de los dos anteriores, era la idea de que el desarrollo no anidaba en el ambiente general, sino en ciertos signos exteriores —determinadas máquinas, ciertas industrias específicas, sectores estratégicos— y en ciertas elites. En consecuencia, los recursos fueron desplegados —y arbitrariamente asignados— a través de diversos incentivos que respondían a las metas fijadas por la política. El resultado fue un desarrollo muy notable de ciertos sectores —siendo el preponderante la infraestructura de transporte— cuyo esplendor bastaba para convencer a los dirigentes de que el progreso estaba materializándose. Unos derechos de propiedad fragmentarios pueden, ciertamente, concentrar la inversión y por tanto desarrollar determinadas áreas de la economía, pero impiden el crecimiento sostenido del resto de la sociedad y a la larga comprometen la capacidad de supervivencia de esas mismas industrias privilegiadas una vez que el gobierno no puede sostener el apoyo. Fue esta mentalidad positivista la que, por ejemplo, llevó a Porfirio Díaz en México a dirigir la inversión hacia el petróleo y a expropiar fincas pertenecientes a los campesinos a fin de garantizar la oferta adecuada de tierra, agua y mano de obra para el desarrollo. Si el esfuerzo se hubiera encaminado a respetar todos los derechos de propiedad, la agricultura mexicana habría producido réditos asombrosos. La abundante agricultura fue uno de los elementos que sirvieron para el desarrollo de la industria en las naciones capitalistas de avanzada. Pero la historia del capitalismo muestra que el proceso debe ser espontáneo, el resultado no provocado de millones de individuos abocados a sus metas privadas, a partir de una asignación de recursos y una diseminación de la información basadas en el intercambio voluntario del mercado. El tejido del desarrollo general se compone de multitud de hilos muy finos, incluidos esos campesinos a quienes Díaz juzgaba poco importantes para su gran plan positivista y que podían ser sacrificados. Como lo demuestra la experiencia positivista, el desarrollo dirigido significa el subdesarrollo integral.

A remolque del positivismo vino la bonanza exportadora de comienzos del siglo XX. Otra vez, América latina pareció la tierra prometida. Los europeos y los estadounidenses querían invertir en el continente del futuro, y comerciar con él. Durante siglos, América latina había exportado metales preciosos. Hasta la era de la navegación a vapor y los ferrocarriles, el único otro bien de exportación fue el azúcar, que se producía en las islas del Caribe y en el nordeste brasileño. En las décadas finales del siglo XIX, el guano y el nitrato pasaron a ser las joyas de la exportación peruana; Chile, tras derrotar al Perú y a Bolivia en una guerra, tomó luego el control del nitrato. El Brasil empezó a exportar café, la Argentina experimentó un gran salto hacia adelante con su oferta de carne y cereales, los países caribeños se concentraron en la fruta tropical. Unas décadas después, el petróleo disparó la oferta exportadora de México y Venezuela en los mercados internacionales[268].

---

[268] La bonanza petrolera venezolana empezó en la década de 1930, en un ambiente de estabilidad monetaria, cuando la moneda todavía estaba atada a un gramo de oro y era emitida por la banca comercial. El país experimentó su edad de oro petrolera en la década de 1950.

Tal como sucedería a fines del siglo XX, la inversión extranjera se abalanzó sobre América latina, ávida de participar en la economía exportadora, en la naciente industria del transporte y en la banca. Luego, el Perú diversificó su base exportadora con el algodón, el azúcar y el cobre, Colombia empezó a exportar abundante café y Bolivia vendió estaño al por mayor. Hacia fines de la década de 1920, las exportaciones primarias y los recursos naturales en general conferían a América latina una participación de casi 10% en el comercio mundial. Este modelo "abierto", como hemos visto en capítulos anteriores, duró hasta 1930, cuando el nacionalismo económico, que había hecho sus primeros avances en los tiempos de la Primera Guerra Mundial, se apoderó del alma latinoamericana.

Un examen más atento revela que, durante la era del "libre comercio" y la bonanza exportadora, el Estado y la clase dirigente parasitaria jugaron el papel depredador de costumbre. Se decretó una alta dosis de protección contra las importaciones, cuyo resultado equivalió a un lastre impositivo para la economía exportadora. Las políticas agraria y laboral confirieron dádivas arbitrarias a sus allegados, a expensas de los pobres, y restringieron la movilidad social. Muchas áreas de la economía fueron sacrificadas, bajo la mentalidad de la suma cero, para subvencionar el transporte y la educación. Excepto Colombia, donde florecieron pequeñas y medianas empresas, el poder del Estado se esforzó en desincentivar la difusión de la propiedad y la empresa entre los desposeídos. Numerosos reglamentos orientados a "administrar" la oferta de productos de exportación para sostener los precios limitaron la libertad de los productores. En Cuba, por ejemplo, donde había prosperado el azúcar gracias a miles de contratos privados que reflejaban minuciosamente las costumbres y usos de los individuos, y que permitían mínimos costos de transacción, el Estado impuso cuotas y restricciones a la producción, lo que a la larga afectó la participación del país en los mercados internacionales.

La era de la bonanza exportadora demostró que poseer abundantes recursos naturales puede suponer una bendición a medias, y a veces una maldición. Las economías dependían de los volátiles precios de sus materias primas, pues la tendencia general era la ausencia de diversificación. La llamada "enfermedad holandesa" se abatió sobre las diversas repúblicas: el dinero que ingresaba gracias a las exportaciones elevaba los precios de los bienes locales no transables y provocaba un vuelco del tipo de cambio, lo que perjudicaba a la industria, cuya capacidad de adaptación era pobre debido a sus altos costos, derivados del intervencionismo estatal. Y, lo que es mucho más significativo, la bonanza exportadora inyectó vida a las tradicionales relaciones Estado-individuo. En lugar de traer prosperidad a amplias capas de la población —con la excepción de la Argentina, donde el capitalismo liberal penetró más hondo y provocó un alto grado de desarrollo—, la era exportadora consolidó las instituciones depredadoras y el abismo entre la oligarquía y el pueblo. Puede que la expansión de ciertos cultivos e industrias aportara muchas caras nuevas a la oligarquía y que los intereses comerciales ensanchasen el perímetro de una casta privilegiada previamente monopolizada por los terratenientes, pero la piedra de toque del sistema perseveró: el éxito o fracaso económico estuvo más atado que nunca al tejido político.

El capitalismo y las botas

Las reformas de la década de 1990 tienen un precedente más: las dictaduras militares de los años '60 y '70. Esos ejercicios de opresión política no fueron de ningún modo excepcionales en la historia del continente. Pero el fracaso del nacionalismo económico les dio, por contraste, tal prestigio, que muchos conservadores y liberales han señalado a esos regímenes como ejemplos de reforma de libre mercado y han excusado la ausencia de reformas políticas por ser un precio necesario para liberar el comercio, imantar la inversión, vender empresas estatales, mantener los salarios bajo firme pulso y animar a la empresa privada. Es cierto que estos experimentos dictatoriales trataron de revertir algunos aspectos del nacionalismo económico, que era entonces, todavía, el rasgo predominante de la economía política en la región. Pero esta filosofía permeaba a tal punto el orden imperante, que incluso los regímenes militares "capitalistas" fueron incapaces de sacudirse muchos de sus atavismos. En todo caso, los gobiernos que sucedieron a las dictaduras militares con fama de capitalistas adoptaron muchas de las viejas políticas.

Las dictaduras —en el Brasil, en la Argentina, en el Uruguay— que petendieron combinar autoritarismo político y mercados libres remitían a una larga tradición de autoengaño: representaban la línea que América latina ya había seguido en los siglos XIX y XX antes del despunte del nacionalismo económico. Los resultados fueron, como siempre, llamativos por afuera, en algunos casos con altas tasas de crecimiento por las inversiones dirigidas y el aumento del comercio, pero por adentro frustrantes, ya que no tuvo lugar una radical modificación de la forma en que estaba organizada la sociedad, ni de la manera en que los incentivos afectaban las opciones individuales y las instituciones encaraban la iniciativa privada. El pecado original condicionó esas reformas, como lo había hecho con anteriores ensayos capitalistas; el resultado fue una mayor concentración de la riqueza.

El ejército brasileño tomó el poder en la década de 1960 y decidió que el país debía lograr la grandeza a partir de la acción del gobierno. El esfuerzo estuvo dirigido hacia la inversión en infraestructura —presas, carreteras, plantas hidroeléctricas—, y hacia la industria ligera y pesada, con el propósito de reemplazar la oferta internacional del Brasil, compuesta de materias primas tradicionales, por bienes manufacturados. La inversión pública fue utilizada de manera directa para promover a ciertos sectores —por ejemplo, los materiales para el transporte— y hubo activas alianzas entre las autoridades políticas y ciertos intereses empresariales y laborales[269]. Al mismo tiempo, tres ministros de Hacienda sucesivos —Roberto Campos, Delfim Nieto y Mario Henrique Simonsen— levantaron no pocas barreras comerciales y estimu-

---

[269] Victor Bulmer-Thomas, "Economic Performance and the State in Latin America", en *Liberalization and its Consequences: A Comparative Perspective on Latin America and Eastern Europe*, editado por Werner Baer y Joseph L. Love, Northampton, Mas., Edward Edgar, 2000, p. 32.

laron los flujos de capital foráneo, mientras que el régimen reprimió a los poderosos sindicatos y mantuvo a raya a los empleados públicos. El "milagro" brasileño exhibió muy altas tasas de crecimiento entre mediados de los años '60 y 1980. Hacia mediados de los años '70, los bienes industriales constituían casi una tercera parte de todas las exportaciones, lo que no está mal para un país conocido, hasta entonces, por su azúcar, su café y sus plátanos. La tendencia continuó en la década de 1980, ya en democracia, de modo que para los primeros años de la década del '90 la industria representaba el 38% del PBI del Brasil[270].

La Argentina también experimentó las llamadas dictaduras de "libre mercado" entre 1966 y 1973. Fueron eliminadas algunas barreras comerciales, hubo recorte de gastos en el sector público, se puso un techo firme a los salarios y fueron vendidas algunas empresas públicas, mientras se libraba una guerra sin cuartel contra la insurrección izquierdista. El Uruguay, por su parte, experimentó un autoritarismo rampante en la década de 1960, y hacia 1973, abandonando toda pretensión de gobierno civil, los militares tomaron el poder. Se realizó un programa de reformas similar al que tuvo lugar en la Argentina.

Una serie de elementos ilustran la debilidad de esos "milagros". Los flujos de capital extranjero fortalecieron las monedas locales, abaratando las importaciones y encareciendo las exportaciones. Una vez que esto ocurrió y que tanto las mayores importaciones como los pagos del servicio de la deuda supusieron una importante salida de divisas, los gobiernos, en lugar de dejar que las monedas se depreciaran de acuerdo con las fuerzas del mercado para que reflejaran y por tanto corrigieran los desequilibrios, mantuvieron tipos de cambio altos. El consumo superó por mucho a la inversión. Sin reformas estructurales, y con impuestos que crecían para mantener los altos gastos fiscales, las industrias locales tuvieron dificultades para competir con las importaciones. Financiar los déficit creados por el Estado, sos-

---

[270] Werner Baer, *The Brazilian Economy: Growh and Development*, Westport, Ct., Praeger, 1995, p. 3.

tener elevados niveles de consumo y ser poco competitivos no supuso un gran problema mientras el capital extranjero siguió derramando su entusiasmo sobre aquellos países. Pero una vez que se detuvo —y los capitales de corto plazo emprendieron la retirada—, sobrevino la recesión y la economía real quedó expuesta (la historia, con similar secuencia, se repetiría a fines de los años '90). Quedó en evidencia que los ganadores habían sido aquellos negocios hacia los cuales el Estado había dirigido el capital disponible. Casi todos los demás ciudadanos, es decir los consumidores y los muchos productores que no habían formado parte del gran esquema de las bendiciones oficiales, quedaron en el aire. También se hizo más notorio que el Estado, aun cuando había reducido su tamaño en algunas áreas, en verdad había crecido[271]. Nada revela mejor la naturaleza ilusoria de la dictadura "capitalista" que el hecho de que, aun creyendo en la empresa privada, ella percibiera el progreso como un programa estatal. Múltiples acciones gubernamentales, incluidas las barreras comerciales supérstites y las licencias de importación, habían perpetuado viejos hábitos rentistas[272].

El crecimiento estadístico —vieja maldición latinoamericana— fue significativo en el caso del Brasil. Pero tres cuartas partes del aumento de los ingresos fueron absorbidos por el diez por ciento más rico de la población brasileña: la realidad que se agazapaba detrás del crecimiento estadístico era la concentración, no la dispersión, de la riqueza. Hacia comienzos de los años '90, el ingreso per cápita de muchos estados del Nordeste brasileño representaba la mitad del promedio nacional —2.900 dólares—,

---

[271] Entre la década de 1950 y la de 1980, las dictaduras latinoamericanas elevaron el gasto público un 13% cada año, dos veces más que las democracias. Las cifras pueden consultarse en el *Monthly Financial Statistics 1954-85*, International Monetary Fund, Washington D.C.

[272] El término *rent-seeking* (literalmente "búsqueda de rentas"), que describe la competencia entre intereses privados por "rentas" originadas en las decisiones del Estado que benefician a algunos a expensas de otros, fue usado por primera vez por Anne Krueger en su ensayo "The Political Economy of Rent-Seeking", *The American Economic Review*, vol. 64, 1974, pp. 291-300.

mientras que en las regiones más avanzadas alcanzaba tres veces ese promedio[273].

Como había acontecido en la etapa final del siglo XIX y a comienzos del siglo XX, bajo las botas militares de los años '60 y '70 lo que tuvo lugar no fue el capitalismo liberal. Estirando un poco los conceptos, podría decirse que las reformas pseudocapitalistas consolidaron, en lugar de atenuar, el corporativismo, el mercantilismo de Estado, el privilegio, la transferencia de riqueza y la ley política. Cuando las cosas van mal pero parecen ir bien, pueden ser peores que cuando están mal y además lo parecen.

---

[273] Werner Baer, *The Brazilian Economy: Growth and Development*, Westport, Ct., Praeger, 1995, pp. 3-4.

VII. Fiebre de cambio

Una reforma tiene lugar cuando los intereses creados que respaldan el statu quo sufren el ataque de otros intereses que pretenden sobrevivir a sus expensas una vez que el Estado, por razones de desbarajuste fiscal o ilegitimidad política, ya no está en condiciones de garantizar a ninguna de las partes las recompensas parasitarias[274] de ese mismo statu quo. La revolución es este mismo proceso llevado un paso más allá, cuando no existen mecanismos políticos capaces de resolver pacíficamente el conflicto. Las apariencias no necesariamente delatan el descarnado juego de poder. Puede ocurrir que los reformistas no sean del todo hipócritas con respecto a los ideales que dicen profesar, y puede ocurrir que los sectores populares que los respaldan —o que respaldan a las vanguardias revolucionarias cuando se trata de una revolución—, así como aquellos que abrazan el cambio sin estar orgánicamente asociados a los grupos dirigentes, quieran una transformación por cuestión de principios. Pero cualquier cambio institucional que, por medio de la reforma o de la revolución, hace transitar a una sociedad de una forma de expolio a

---

[274] Este término fue utilizado por Stanislav Andreski para describir la naturaleza depredadora del sistema político y económico de América latina. Véase *Parasitism and Subversion: The Case of Latin America*, Nueva York, Shocken Books, 1969. El autor tomó en parte el concepto de parasitismo presente en la obra del sociólogo francés Charles Comte. Véase *Traité de Législation, ou Exposition des Lois Générales Suivant Lesquelles les Peuples Prospèrent, Dépérissent, ou Restent Stationnaires*, París, Chamerot, 1835.

otra, aun si las nuevas reglas benefician a un número más amplio de gente y eliminan muchos de los males de las reglas precedentes, se traduce, a la postre, en el intento exitoso de ciertos grupos de interés por reemplazar a los anteriores (o, adaptándose a los nuevos tiempos, por seguir concentrando en sus manos las oportunidades y ganancias). También es posible el escenario alternativo, aquel en que la reforma o la revolución propician impulsos decisivos hacia el Estado de Derecho y el poder es diseminado entre numerosos grupos cuya prosperidad no está asegurada de antemano. En ese caso, el conflicto de poder entre los grupos de interés produce un resultado feliz y paradójico: se realizan las esperanzas de la opinión pública principista y de sus mejores dirigentes. Como hemos visto, las reformas emprendidas en América latina en distintos momentos de la vida republicana pertenecen cabalmente a la primera categoría. Arrojaron mayormente recomposiciones, a veces traumáticas, del poder político y económico. ¿Fueron las reformas de la década de 1990 distintas?

Antes de dar respuesta, en el próximo capítulo, a esta pregunta, debemos describir en éste lo que se hizo.

El motín de las elites

El desplome fiscal, el caos monetario y el estancamiento productivo provocados por el nacionalismo económico, en el contexto de una pérdida de legitimidad del Estado, y en una época en que la ayuda y el crédito ya no estaban disponibles, abrieron las puertas a la reforma latinoamericana. Las diversas coaliciones que tenían un interés creado en el nacionalismo económico entraron en conflicto. En el Chile de los años '70, el México de los '80, y la Argentina y el Perú de los '90, quienes dependían directamente del dinero público para su supervivencia chocaron con aquellos cuya participación en el sistema, aunque también constituía una forma de transferencia de riqueza, estaba relacionada con otros tipos de acción gubernamental, especialmente el proteccionismo, en lugar de dádivas fiscales.

La calamidad financiera provocada por el socialismo, el populismo y lo que el venezolano Carlos Rangel llamó "el tercermundismo"[275] minó gravemente a quienes dependían del gasto estatal. Un déficit abultado, un acceso restringido al crédito externo y una inflación alta son una combinación letal para quien vive directamente del Estado. La lógica del sistema estatista, una vez que la posición financiera del Estado se ve erosionada y se deprecia la moneda, dicta una mayor intervención. Es decir: estatizaciones. Desde Salvador Allende, en Chile, hasta Alan García, en el Perú, y desde López Portillo, en México, hasta Raúl Alfonsín, en la Argentina, para citar cuatro ejemplos flagrantes pero no únicos, los gobiernos que antecedieron a la reforma se vieron forzados por el desplome fiscal y monetario a prestar oídos a los grupos radicales que presionaban al Estado para que expropiase cada vez más riqueza de manos de la economía privada. Los grados de intervencionismo variaron —el de Allende fue el más radical, el de Alfonsín el más moderado— pero la tendencia fue inequívoca. No sorprende que otras facciones del sistema, en este caso coaliciones privadas, reaccionaran. Dichos grupos industriales y financieros tenían intereses en el sistema mercantilista y dependían de la protección estatal, pero cualquier amago estatizador por parte del Estado era en verdad una amenaza contra ellos: constituían los únicos intereses privados exitosos en países donde "empresa privada" significaba poco más que un puñado de grupos privilegiados que debían sus altas tasas de retorno al favoritismo del Estado. En muchos casos, la reacción no fue contra una estatización potencial sino contra la real: los gobiernos de Chile, México y el Perú estatizaron sectores clave, incluida la banca.

La reacción ya no fue una defensa puramente conservadora del statu quo. No podía serlo: la posición de las partes amenazadas o afectadas también se había visto seriamente erosionada por el caos fiscal y monetario, y, en todo caso, la toma de iniciativa

[275] Carlos Rangel, *El Tercermundismo*, Caracas, Monte Ávila Editores, 1982.

por parte de los estatistas radicales hacía inevitable una pugna de poder y alguna forma de cambio. Ese escenario garantizaba una recomposición del mapa político y económico; también, y paradójicamente, una reducción de las rentas a ambos lados. Al chocar entre sí, en un contexto de asalto intelectual contra el nacionalismo económico y de agitación popular, las facciones de la clase dirigente abrieron las puertas a la reforma.

Durante unos años, la confrontación tomó la forma de una revisión ideológica sin precedentes desde el surgimiento del nacionalismo económico. Abarcó acontecimientos políticos tan diversos como el golpe militar de Augusto Pinochet en Chile, la victoria sorpresiva del candidato Alberto Fujimori en el Perú, la mutación del Partido Justicialista de Carlos Menem (el viejo partido de Perón) en la Argentina, la escisión de la dictadura del PRI en una facción conservadora y otra reformista en México, o la reinvención de Fernando Henrique Cardoso, luminaria de la "teoría de la dependencia" en los años '70, que alcanzó la presidencia del Brasil en los '90 y lanzó por la borda todas las ideas económicas que había defendido antes con tanto prestigio.

Estados Unidos apoyó desde el comienzo la reacción reformista contra el estatismo sin preocuparse mucho por la naturaleza ética, el origen o los métodos de los nuevos regímenes. Lo que no era socialista, debía ser capitalista. Los nuevos gobiernos parecían verdaderamente capitalistas, de modo que eran "de los nuestros". América latina se volvió uno de los principales laboratorios de lo que dio en llamarse el "consenso de Washington", un conjunto de políticas respaldadas por los organismos multilaterales, institutos de investigación y los gobiernos de los Estados Unidos y otros países, cuyos ejes pasaban por la disciplina fiscal, la liberalización económica y la privatización de empresas estatales. No sólo Estados Unidos sino la comunidad internacional en su conjunto se enamoró de América latina, que pasó a ser el lugar ideal donde invertir y con el que comerciar, socio político de moda, epítome y vitrina de los "mercados emergentes". Los rostros de sus líderes adornaron las lujosas revistas especializadas de los Estados Unidos, Europa y el Asia, se los aplaudió con entusiasmo en Wall Street, la City londinense y el distrito financiero de Hong Kong, y dieron la vuelta al mundo para participar en espléndidos *road shows* para exhibir sus logros.

¿Cuál era la razón de tantos aspavientos?

El bandazo

El contexto político en el que se dieron las reformas varía considerablemente de país a país. En México, por ejemplo, la reforma económica vino de la mano con una gradual apertura política bajo la dictadura mexicana del PRI, desde la victoria fraudulenta de Carlos Salinas de Gortari en 1988, que marcó un antes y un después en la dinámica gobierno-oposición, hasta el impecable traspaso de poderes, en el año 2000, de Ernesto Zedillo a Vicente Fox, un presidente perteneciente, por primera vez en muchas décadas, a un partido distinto del PRI. En el Perú, la reforma se dio bajo una dictadura dirigida por un presidente civil que había ganado limpiamente las elecciones pero que, usando como pretexto la campaña terrorista de Sendero Luminoso, había organizado un golpe de Estado desde el propio poder. En Chile, aunque el grueso de la reforma se dio bajo los "Chicago boys" del régimen de Pinochet, la Concertación Democrática, coalición de socialistas y demócrata-cristianos, preservó el grueso de la herencia tras la recuperación de la democracia en 1989, y en algunos temas la amplió. En el caso de El Salvador, la reforma coincidió con el fin de la guerra civil, gracias a una negociación posterior al desplome de la Unión Soviética, que había apoyado e inspirado la insurgencia izquierdista.

Las diferencias no se limitaban a los diversos contextos políticos: la intensidad y profundidad de la reforma no fue la misma en todos los países. En general, puede decirse que la reforma fue más profunda en los países que habían tenido un peor rendimiento en el período 1950-1980, y menos profunda en aquellos en que el rendimiento precedente no parecía exigir con urgencia una transformación radical. Los mayores reformistas fueron Chile, la Argentina y el Perú, en Sudamérica, y El Salvador y la República Dominicana en Centroamérica y el Caribe. En América del Norte, México desplegó una audacia comparable en muchas áreas, pero fue más conformista en otras, como ocurrió con Bolivia y el Uruguay en América del Sur. El Brasil tardó mucho en animarse a emprender la reforma y nunca fue más allá de transformaciones moderadas, aunque el tamaño mismo del país, y por tanto de su economía, tiende a destacar a sus lentos cambios con un perfil más visible. Colombia, que había experimentado un crecimiento económico consistente hasta que el terrorismo cobró proporciones de ejército regular, fue discreto en sus reformas. Más tímidos aun fueron Venezuela, donde los abundantes ingresos petroleros más bien desalentaron el entusiasmo por cualquier cosa que fuese radical, y el Ecuador, donde el petróleo y un rendimiento macroeconómico no catastrófico en años anteriores también sirvieron de anestésico. El Paraguay no pareció, en su perpetuo caos político, disponer de mucho tiempo para pensar en reformas. Los vecinos de El Salvador en América Central se sumaron a la fiesta con menos apetito, acaso porque el peso de su nacionalismo económico era algo menos opresivo. Entre los centroamericanos que arrastraron los pies, los mayores reformistas fueron Costa Rica y Guatemala.

Las reformas de la década de 1990 se dieron en dos etapas, no siempre nítidamente diferenciadas. "Estabilización fiscal y monetaria" es la frase utilizada por los burócratas internacionales y los académicos para referirse al conjunto de medidas orientadas a derrotar la inflación y restaurar un manejo ordenado de la hacienda pública. A la segunda etapa se la conoce como la de la reforma "estructural" o "de segunda generación": abarca los impuestos, el comercio, las finanzas, la inversión y el régimen laboral, así como la privatización y el tránsito de un sistema previsional de reparto a un sistema de pensiones privadas mediante la capitalización individual.

Reducir drásticamente la inflación —primera etapa de la reforma— significó bajar la economía a la tierra. Las economías latinoamericanas habían vivido una ilusión: en el reino monetario y fiscal de su imaginación, no había existido conexión entre el volumen del dinero impreso y el volumen de los bienes y servicios producidos, ni entre el gasto del Estado y los impuestos recaudados. Al margen de cualquier otra consideración, restaurar la proporcionalidad entre la masa monetaria y la producción nacional, y reducir las cuentas del erario para disminuir la presión sobre el Banco Central, fue un acto de honestidad económica o, más exactamente, equivalió a admitir un engaño. Desde la década de 1930, cuando la mayoría de países renunciaron al patrón oro, la política monetaria había estado a merced de la ficción política, dedicada a producir abundante dinero de curso forzoso como si constituyese riqueza real. Sin necesidad de regresar al patrón oro, esos gobiernos decidieron amarrar sus políticas monetarias a la realidad. En 1991, la Argentina amarró, más bien, su moneda a otro "patrón', en ese caso el dólar, al establecer una "convertibilidad" que condicionaba el volumen de los pesos locales al monto de las reservas internacionales; pero otros países, como el Brasil a mediados de los '90, prefirieron simplemente optar por la moderación monetaria. El Salvador y el Ecuador (este último tras un levantamiento que acabó en un golpe de Estado en el año 2000) optaron por sustituir su signo monetario por el dólar.

Todos los gobiernos atacaron las dos fuentes primordiales de déficit fiscal: los subsidios tanto para los productores como para los consumidores, y las empresas estatales que empleaban a miles de trabajadores y cuyas cuentas estaban, en la mayor parte de los casos, en rojo. Durante mucho tiempo, América latina había vivido de espaldas al sentido común, desconociendo el vínculo entre los recursos utilizados por el Estado para emplear personas y subvencionar la economía, y los bolsillos de los ciudadanos comunes. En el Brasil, el 70% de los ingresos del Estado se destinaban a cubrir la nómina federal y el 90% del presupuesto de los 26 estados (sin contar el distrito federal) se destinaba al mismo propósito. La situación no era muy distinta en otras partes. Los ciudadanos de países desarrollados, aun los que mantienen enormes Estados de Bienestar, son conscientes de que el gasto público se paga con la riqueza producida por su esfuerzo. En América latina, donde pocos pagan impuestos directos, los ciudadanos del común habían perdido de vista por mucho tiempo la relación de causalidad entre su riqueza y lo que consumía el

Estado. La reducción del gasto público en Chile, México, la Argentina, el Brasil, el Perú, Bolivia y otros países, que incluyó despidos y recortes o topes salariales, tuvo un aire a algo más que prudencia fiscal: pareció el despertar de la conciencia a propósito de la naturaleza rapaz del Estado.

La "terapia de *shock*" suprimió los controles, provocando un realineamiento traumático de los precios. En países como México y el Perú, dejar flotar libremente los precios del combustible y la comida provocó, por una y definitiva vez, espectaculares aumentos. Pero pronto llegaron los réditos. Tras el *shock* inicial, la reducción de la inflación (en Chile, Bolivia, el Perú y la Argentina se trató de *hiperinflaciones*) benefició tanto a consumidores como a productores. Hacia 1996, gracias a la moderación monetaria y a una prudencia fiscal que redujo los déficit de dos dígitos a un dígito, la región registró una inflación promedio de 17,7%[276]. En muchos países, como el Brasil y aquellos que habían padecido hiperinflaciones, el promedio se situó por debajo del 10%, en sintonía con los niveles internacionales.

La "estabilización" monetaria y fiscal —anestesiar al paciente en la mesa de operaciones— era sólo el comienzo. Luego vino el escalpelo. La reforma tributaria fue un natural primer paso en el cambio estructural. Se redujo el impuesto a la renta en todos los tramos. México y la Argentina redujeron sus tasas de impuestos marginales a 35 y 40%, respectivamente, Colombia a 35%, el Brasil a 28%[277]. Los ingresos a partir de los cuales se debía tributar fueron fijados de tal modo que gran parte de la población —70% de la fuerza laboral en el caso de Chile— quedó exenta de

---

[276] "Latin American Finance", *Financial Times*, Londres, 14 de marzo, 1997.

[277] James Gwartney y Robert Lawson, *Economic Freedom of the World: 2003 Annual Report*, Vancouver, Fraser Institute, 2003. Algunos países, como el Brasil, introdujeron pequeños ajustes en sus tasas de impuestos marginales después de recortarlas. Las cifras se refieren a 2001, un año después de detenidas las reformas en el continente. En los años previos, por tanto, en plenas reformas, algunos países tenían tasas de impuestos marginales aun menores (la del Brasil fue de 25% antes de subir a 27,5%), pp. 41, 53, 62, 111.

ese impuesto. El impuesto a la renta de las empresas quedó en un promedio regional de 35%. Algunos países, como el Perú, eliminaron por completo el impuesto a las ganancias de capital. Los sistemas tributarios fueron simplificados en países como Chile, por ejemplo, donde se aplicó tasas similares para un mismo tipo de rentas (lo que ayudó a reducir la evasión a niveles de país desarrollado). Sólo Bolivia se atrevió a adoptar un impuesto a la renta casi horizontal. La tendencia general estuvo en la disminución de la carga tributaria sobre la renta y su concentración en el consumo. La mayor parte de los países reemplazaron los múltiples impuestos a las ventas por un impuesto al valor agregado, siendo exonerados muchos productos.

La política comercial fue a contrapelo de muchas décadas de sustitución de importaciones. En la mayor parte de los países, modernas trompetas de Jericó tiraron abajo aranceles y otro tipo de barreras, eliminaron muchas cuotas y licencias de importación, limitaron o anularon las agencias comerciales del Estado y derogaron los impuestos a la exportación. El arancel máximo de la Argentina, que a mediados de los '80 había llegado a 55%, bajó a 22% en 1992, mientras que el del Brasil cayó de 105 a 65%, el de Chile de 20 a 11%, el de México de 100 a 20%, y el del Perú de 120 a 15%[278]. Aunque el arancel promedio en la región —15% en un principio, luego 13,7%— siguió siendo superior al promedio de 4% en los Estados Unidos (donde, sin embargo, muchos sectores son protegidos a capa y espada), la disminución arancelaria fue considerable[279]. Esta política se mantuvo aun cuando las

---

[278] Hernán Büchi y Juan A. Fontaine, "Agenda para América latina: afinando la estrategia", Santiago, Chile, Instituto Libertad y Desarrollo, noviembre, 1996, p. 50. (Las cifras se basan en estadísticas del Banco Mundial y de la Comisión Económica para América Latina y el Caribe). El promedio de Chile, bastante inferior, se situó en 8% en 2003, con la mayor parte de las partidas sujetas a una carga de 6%. Ha habido ligeras variaciones en otras partes. En los países andinos, el arancel exterior máximo es de 20%.

[279] Albert Fischlow, "The Western Hemisphere Relation: Quo Vadis?", en *The United States and the Americas: A Twenty-First Century View*, editado por Albert Fischlow y James Jones, Nueva York, Norton, 1997, p. 31.

tasas de cambio, que cesaron de ser instrumentos políticos para la promoción artificial de las exportaciones, alcanzaron un nivel alto y abarataron las importaciones. Se impuso la idea de que aliviar algunas de las cargas que gravitaban sobre la empresa privada —como los costos tributarios y laborales— era una mejor forma de promover las exportaciones que depreciar la moneda.

A diferencia de lo que sostenía el nacionalismo económico, en algunos países la apertura del comercio animó a la industria local como no lo había logrado la sustitución de importaciones. Hacia fines de la década de 1990, casi 85% de las exportaciones mexicanas consistían en manufacturas, dos veces la cifra de mediados de los años '80. A fines de los años '90, el petróleo y otras exportaciones minerales, que en la década de 1980 habían representado 50% de la oferta comercial de México al mundo, sólo abarcaban 11% de las exportaciones de ese país (el presupuesto seguía dependiendo mucho de los ingresos petroleros). Otros países con menos acceso al mercado estadounidense no tuvieron tanto éxito en el desarrollo de manufacturas locales y en su venta al exterior. Sin embargo, las reformas redujeron a 40% el peso de las materias primas en las exportaciones totales de América latina.

El comercio con el resto del mundo se expandió de forma vigorosa. El intercambio entre los países latinoamericanos, hasta entonces mínimo, vino a constituir casi la cuarta parte del comercio total de la región. El Brasil, por ejemplo, se convirtió en el principal mercado para los productos argentinos y una proporción sustancial de las ventas brasileñas al exterior tuvo como destino a los países del Mercosur, el mercado común sudamericano nacido en 1991, del que eran miembros Brasil, Argentina, Uruguay y Paraguay (Chile y Bolivia adquirieron luego la condición de "asociados", llevando el PBI combinado de los países del Mercosur a un billón de dólares[280]; las negociaciones para un acuerdo comercial con cinco países andinos empezaron a media-

---

[280] No confundir con *one billion* en inglés. Un billón es *one trillion* en inglés.

dos de 2003 al tiempo que uno de ellos, Perú, asumía también la condición de "asociado").

Las políticas de libre comercio galvanizaron, asimismo, el intercambio entre América latina y Europa, el Asia y, particularmente, los Estados Unidos. Hacia 1997, América latina era el destino de casi 20% de las exportaciones estadounidenses y los Estados Unidos exportaban más bienes al Brasil que a la China, más a la Argentina que a Rusia, más a Chile que a la India y dos veces más a América Central y el Caribe que a Europa Oriental[281]. A su turno, las exportaciones latinoamericanas destinadas a los Estados Unidos crecieron más del doble en la década de 1990, mientras que Asia y Europa vieron crecer sus exportaciones al mercado estadounidense no más de un 10%. Durante los años de las reformas, las exportaciones de las siete mayores economías de la región experimentaron un aumento de 80% y —vaya milagro— México, la Argentina, Chile, Colombia y los países de América Central fueron capaces de aumentar sus cuotas de mercado internacionales.

De los más de veinte acuerdos comerciales bilaterales y regionales firmados con ocasión de las reformas, la joya de la corona es el Tratado de Libre Comercio de América del Norte (NAFTA, según su acrónimo en inglés). No significó un libre comercio propiamente dicho porque las personas fueron excluidas de las libertades conferidas a los bienes y a los capitales[282], e incluso éstos fueron sometidos a límites y excepciones en un texto, no precisamente cargado de poesía, con un preámbulo y 22 capítulos que abarcan miles de páginas. El calendario que se fijó para la gradual entrada en vigor de las nuevas medidas fue lento; en algunos casos, extremadamente lento. Pero el NAFTA hizo del co-

---

[281] Abraham F. Lowenthal, "United States-Latin American Relations at the Century's Turn: Managing the 'Intermestic' Agenda", en *The United States and the Americas: A Twenty-First Century View*, editado por Albert Fischlow y James Jones, Nueva York, Norton, 1997, p. 115.

[282] Aun así, millones de mexicanos han podido cruzar la frontera que separa su país de los Estados Unidos.

mercio una actividad más "libre" que antes. Para el presidente mexicano Carlos Salinas, era, desde luego, una forma de echar candado a algunos de los cambios introducidos en la economía y de enviar señales positivas a los inversores. Antes del TLC de América del Norte, las importaciones mexicanas encaraban aranceles estadounidenses de 5% en promedio, pero las frutas, los vegetales, el azúcar, los textiles y las confecciones padecían elevadas barreras no arancelarias. Los aranceles mexicanos, por su parte, superaban el 10% y una serie de bienes estadounidenses, incluidos los automóviles y los repuestos, estaban sujetos a barreras no arancelarias insuperables (que por lo general son el peor tipo de barreras). A raíz del TLC de América del Norte, el comercio entre los dos países floreció. Hacia fines de la década de 1990, el comercio total entre Estados Unidos, Canadá y México, los tres socios del TLC de América del Norte, alcanzó los 490 mil millones de dólares, la mitad de su intercambio comercial con el mundo[283]. Hacia el 2003, la cifra llegaba a casi 600 mil millones de dólares[284].

El tratado, más contagioso que el cólera (¡que por esos años había rebrotado en parte de América latina!), sirvió de referencia y precedente para otros acuerdos comerciales, por ejemplo entre el Canadá y Chile, entre el Canadá y Costa Rica, y entre México y varias naciones latinoamericanas, incluido Chile. Otros acuerdos vieron la luz más tarde, entre países latinoamericanos —como México y Chile— y la Unión Europea. Hubo inclusive un acuerdo comercial entre Chile y Corea del Sur. Algunos países, aun cuando no sellaran acuerdos comerciales formales, adoptaron muchas reglas inspiradas en el TLC de Norteamérica para hacerse más atractivos a los ojos de la comunidad internacional.

---

[283] Gary C. Hufbauer, Jeffrey J. Scott y Barbara R. Kotschwar, "U.S. Interests in Free Trade in the Americas", en *The United States and the Americas: A Twenty-First Century View*, editado por Albert Fishlow y James Jones, Nueva York, Norton, 1997, p. 70.

[284] Interactive Tariff & Trade Data Web, U.S. International Trade Commission, Washington D.C., 2002. Véase http://dataweb.usitc.gov/

El Canadá y Chile, por ejemplo, desbordaron los parámetros del TLC de América del Norte: fijaron en 35%, en lugar de 60%, el mínimo de contenido local para el sector automotriz. El acuerdo comercial con Chile permitió al Canadá un mayor acceso del que tenía Estados Unidos, que todavía enfrentaba aranceles del 11%, a ese pequeño mercado austral. El Tratado de Libre Comercio entre los Estados Unidos y Chile anunciado a fines de 2003 —después de que la Casa Blanca obtuviera de manos de un Congreso renuente la autorización conocida como *fast track*— permite ahora compensar esa desventaja. En 2003, los Estados Unidos y América Central, el elefante y la hormiga, también realizaron negociaciones para un (muy condicionado) Tratado de Libre Comercio. En las postrimerías de ese año, se anunció que en 2004 Washington iniciaría negociaciones para sendos TLC con Colombia, Perú, Ecuador y Bolivia.

Las negociaciones para el Área de Libre Comercio de las Américas (ALCA) —que sumará 800 millones de personas y 3,4 billones de dólares[285] de intercambio comercial— tardaron mucho en despegar. No alzaron vuelo hasta 2002, pero para entonces el entusiasmo por el libre comercio había menguado en muchos países (y muchos temas quedaron fuera de la mesa). En 2003 el Brasil pasó a ser gobernado por un partido laborista muy reacio a seguir abriendo sus fronteras económicas ante la persistencia del proteccionismo estadounidense (el pretexto) y decidido a contrarrestar la hegemonía norteamericana (el designio secreto) con alguna forma de zona de libre comercio sudamericana articulada en torno al binomio Brasil-Argentina; ambos coquetearon con la idea de una unión monetaria, sin descartar la inclusión de otros países del Mercosur. Mientras esto ocurría, estaban en camino las negociaciones entre los Estados Unidos y América latina para formar una zona de libre comercio hemisférica, inspirada en el NAFTA y los muchos acuerdos de intercambio de la era reformista. Si se añaden a estas iniciativas las negociaciones comerciales de la Ronda de Doha de las que tam-

---

[285] 3,4 billones en castellano equivale a *3.4 trillion* en inglés.

bién formaban parte los países del hemisferio, lo que se percibe
es un laberíntico tejido de negociaciones gubernamentales —todas con sus respectivos organismos burocráticos y arreglos por
separado— en busca de un propósito que, en última instancia,
incumbe poco a los gobiernos: el libre intercambio de ideas, bienes y servicios entre los ciudadanos de distintas naciones. Pero
de una cosa no hay duda con respecto a la reforma comercial:
había en América latina un nuevo apetito de intercambio.

La liberalización financiera fue otro hito de la era reformista latinoamericana. Los distintos gobiernos redujeron el monto
de los encajes bancarios exigidos por ley y fijaron requisitos mínimos de capital (usando ciertas referencias internacionales como el Acuerdo de Basilea), aunque sobrevivieron una serie de
constreñimientos para el crédito minorista; fueron asimismo eliminadas las restricciones que afectaban las tasas de interés. Algunos países desreglamentaron sus finanzas con tanta audacia
que superaron a Chile, país-modelo para muchos de estos cambios pero resentido todavía de su crisis financiera de comienzos
de los años '80 y por tanto inclinado a mantener algunas normas
restrictivas (como la exigencia de una reserva en relación con los
flujos de capital de corto plazo y, luego, el derecho del gobierno
a imponer, hasta por un año, controles que no obstaculicen de
manera sustancial las transferencias financieras). México, Argentina y Perú abrieron sus mercados financieros de forma significativa y el capital pudo moverse con bastante libertad. Otros países siguieron el ejemplo.

Desde México hasta la Patagonia, fueron suprimidos los impedimentos a la inversión extranjera. Un país tan nacionalista
como México llegó a permitir, bajo el gobierno del PRI, que los
extranjeros poseyeran el 100% de la propiedad en áreas tales como los servicios financieros, las comunicaciones, la construcción, la agricultura y la ganadería, la prensa escrita, el transporte aéreo y otros rubros importantes de la economía. En parte
gracias al NAFTA y a la aceleración de las reformas a raíz de la
crisis del peso en 1994-1995, la inversión estadounidense directa ascendió a 3 mil millones de dólares por año en México, cifra
ligeramente por debajo de la mitad del flujo total de inversiones

extranjeras en ese país[286]. Muchas compañías estadounidenses que sentían la competencia de las importaciones asiáticas redujeron sus costos de producción instalando plantas y fábricas al otro lado de la frontera. Más de la mitad de las exportaciones mexicanas a los Estados Unidos provenían de estas inversiones multinacionales.

La respuesta de los inversores extranjeros fue exultante también en el resto del continente[287]. Hacia mediados de los '90, los flujos de capital destinados a América latina equivalían a 5% de su PBI[288], la mitad en inversiones directas y la mitad en carteras de inversión indirectas; en 1996, sólo la inversión extranjera directa neta ascendió a más de 35 mil millones de dólares[289] y hacia 1999 rozó los 80 mil millones de dólares, de los cuales más del 80% fue a parar a las tres economías principales. Entre 1993 y 1996, la inversión directa de las compañías estadounidenses en América latina creció 40%, arrojando un total acumulado de 144 mil millones de dólares, 18% de toda la inversión estadounidense en el exterior. Más de la mitad de la participación estadounidense en las economías latinoamericanas se concentró en las fi-

---

[286] Gary C. Hufbauer, Jeffrey J. Scott y Barbara R. Kotschwar, "U.S. Interests in Free Trade in the Americas", en *The United States and the Americas: A Twenty-First Century View*, editado por Albert Fischlow y James Jones, Nueva York, Norton, 1997, p. 71.

[287] Otra fuente de capital extranjero en América latina han sido las remesas de los familiares que viven en los Estados Unidos y otros países. Las remesas totales del 2002 llegaron a 32 mil millones de dólares; en años anteriores el monto total ha sido superior a 20 mil millones de dólares. Véase "Don't Shortchange Latin America's Largest Aid Program", *San Francisco Chronicle*, por Enrique Iglesias, 1 de mayo, 2003.

[288] Michael Gavin, Ricardo Hausmann y Ernesto Talvi, "Saving Behavior in Latin America: Overview and Policy Issues", Interamerican Development Bank, Office of the Chief Economist, Working paper 346, Washington D.C., 1997, p. 15.

[289] "The Americas in 1997: Making Cooperation Work", *A Report of the Sol M. Linowitz Forum*, Washington D.C., Inter-American Dialogue, mayo 1997, p. 13.

nanzas, y 28% en la industria, pero en el caso puntual del Brasil, donde la inversión estadounidense creció 55% entre 1993 y 1996, el porcentaje relacionado con la industria fue bastante mayor[290]. Los inversores no cabían en sí de optimismo por América latina. A lo largo de los '90, casi 400 mil millones de dólares de capital se precipitaron hacia una región de la cual el dinero, al igual que sus emigrantes, había escapado frenéticamente en años anteriores a bordo de cualquier artefacto flotante. En la activa segunda mitad de la década, Brasil, Argentina, México y Chile fueron los principales destinos de la inversión extranjera directa.

Las reformas también tocaron el régimen laboral, reduciendo los costos de contratación, facilitando el despido de trabajadores y limitando la negociación colectiva por ramas (en lugar de hacerlo por empresas) con miras a quebrar el control de los sindicatos marxistas sobre la producción. Las reformas laborales, sin embargo, registraron agudas diferencias de país a país y, hechas las sumas y las restas, no llegaron tan lejos como otro tipo de transformaciones. El Brasil, Colombia y Nicaragua se dieron a sí mismos los regímenes laborales más flexibles; México, Bolivia y El Salvador, los más rígidos. En el medio, el Perú tendió hacia el primer grupo, la Argentina hacia el segundo.

Las reformas en el campo monetario, fiscal, tributario, comercial y financiero, así como en el régimen de inversiones y la legislación laboral, hicieron crecer a unos países cuyas economías habían estado estancadas antes de que empezaran los cambios fundamentales. En general, aquellos países en que las reformas fueron más amplias y profundas, tanto en el esfuerzo por estrangular la inflación como en el sentido, más amplio, de la liberalización económica, fueron también los que crecieron a mayor ritmo en la última década del siglo xx. Porque estos países habían sido las víctimas privilegiadas del nacionalismo económico, es difícil juzgar exactamente cuánto de esa expansión produc-

---

[290] Gary C. Hufbauer, Jeffrey J. Scott y Barbara R. Kotschwar, "U.S. Interests in Free Trade in the Americas", en *The United States and the Americas: A Twenty-First Century View*, editado por Albert Fishlow y James Jones, Nueva York, Norton, 1997, p. 62

tiva se debió al aliento y la naturaleza de las reformas mismas, y cuánto al impulso inicial que todo cuerpo contenido por la fuerza recibe cuando se le da, de súbito, espacio para avanzar. Pero como el crecimiento de esos países se sostuvo durante buena parte de la década, está fuera de duda que las reformas fueron factor determinante en el ritmo de aumento de la producción.

Tratándose del país-modelo para muchas de las reformas, Chile debe ser incluido en ese grupo, pero trazar paralelos exactos entre esa nación y el resto de América latina tiende a conducir al error: sus reformas, no sólo porque empezaron mucho antes sino también porque han sido más sostenidas, sus niveles de ahorro e inversión (entre 25 y 27% del PBI), así como sus avances en materia de productividad debidos a esa consistencia, lo colocan claramente por delante de la región[291]. No ha cortado amarras con el subdesarrollo todavía, pero, siempre y cuando se den una serie de factores, entre ellos ciertas reformas pendientes, no es del todo imposible que pueda lograrlo en la próxima generación.

Chile, la Argentina, el Perú, Bolivia, la República Dominicana y El Salvador, todos los cuales realizaron reformas de mucha envergadura, exhiben estadísticas macroeconómicas significativas con respecto a la década de 1990, al menos en comparación con los años inmediatamente previos a la era reformista. El crecimiento anual del PBI alcanzó, durante esa década, un 6% en Chile, 5,2 en la República Dominicana, 4,7 en el Perú, 4,6 en la Argentina y 3,8 en Bolivia[292]. Los únicos países que igualan estas

---

[291] Cuando los precios del petróleo son elevados, los países que producen petróleo, como Venezuela y el Ecuador, también registran ahorros relativamente altos debido a la renta petrolera de la que goza el Estado. En el caso de Panamá, que tiene tasas de ahorro por encima del promedio regional, lo atractivo del país como centro financiero internacional explica esos resultados.

[292] Igor Paunovic, "Growth and Reforms in Latin America and the Caribbean in the 1990s", Santiago, Chile, United Nations Economic Commission for Latin America and the Caribbean (ECLAC), 2000. Este documento forma parte del proyecto "Growth, Employment and Equity: Latin America in the 1990s", financiado por el Estado holandés, p. 13.

tasas de crecimiento en el mismo período sin haber realizado reformas de gran alcance son aquellos —en América Central— en los que el peso del nacionalismo económico era menos sofocante. El Brasil, México, el Uruguay y Venezuela, donde las reformas no fueron tan profundas porque la crisis precedente no fue tan aguda como en los lugares más afectados, registraron un crecimiento menor. De los tres, México, el país que hizo más reformas, es también el que vio una expansión mayor de su economía, seguido del Uruguay. Por su parte, Colombia, donde el nacionalismo económico no había echado raíces de modo tan profundo como en otras partes y donde había existido un crecimiento económico cuando los países a su alrededor estaban estancados en los años '80, mantuvo un constante aunque moderado rendimiento en los '90.

Hubo un aumento de la tasa de formación de capital en todos estos países, incluidos los de menor rendimiento, pero sólo en el caso de Chile y Costa Rica fue relativamente superior al del período 1950-1980 (Bolivia y Colombia también vieron crecer sus tasas pero de modo menos sustancial). En cuanto al resto, el orden de prelación no siempre se hace eco de los aumentos relativos de producción porque ciertos países, como Colombia, han desarrollado a lo largo del tiempo sistemas mejor orientados hacia la acumulación de capital y obtienen por tanto mejores resultados en esta área que países como la Argentina o el Perú, en los que las circunstancias particulares, como el crítico punto de partida, explican unos índices de crecimiento superiores. Sin embargo, sigue dándose el hecho de que, en materia de formación de capital, en los años de muy fuerte rendimiento, por ejemplo entre 1995 y 1997, aquellos países donde las reformas fueron más audaces, como Chile, Perú y Bolivia, lucen variaciones más notables que los otros[293].

---

[293] André A. Hofman, "Economic Growth and Performance in Latin America", Santiago, Chile, United Nations Economic Commission for Latin America and the Caribbean (ECLAC), Santiago, Chile, 2000. Este documento forma parte del proyecto "Growth, Employment and Equity: Latin America in the 1990s", financiado por el Estado holandés, pp. 20-26.

La fiebre de la privatización

No debe subestimarse la magnitud de las tranformaciones ocurridas en América latina. Las reformas ayudaron a la región a transitar de una economía nacionalista a una economía de mirada tendida al exterior, de un patrón comercial basado en la sustitución de importaciones a otro orientado a las exportaciones, de un Estado que producía y consumía demasiado a otro que se inhibió de intervenir de forma directa en muchas zonas de la vida económica y social. Las reformas fueron significativas porque el punto de partida fue el Estado-mamut del siglo xx. Muchas de ellas consistieron en un regreso al tipo de ambiente que existía antes de que el nacionalismo económico vampirizara la vida productiva y comercial (salvando las distancias propias de los cambios ocurridos en el mundo a lo largo de cinco décadas). En tal virtud, las reformas no carecieron de precedentes, o, para ser más exacto, el punto de llegada de esas reformas no fue un puerto desconocido para América latina. Lo novedoso fue el hecho mismo de que debieran realizarse unas reformas de esta naturaleza, porque América latina no había tenido experiencia previa en el arte de revertir cincuenta años de economía y sociedad bajo propiedad del Estado.

La privatización representó, sin duda, la joya de la corona. Se erigió en símbolo de aquella era, por encima de las reformas realizadas en el campo monetario, fiscal, tributario, comercial y financiero, así como en el régimen de inversiones y la legislación laboral. Fue única por el hecho de que América latina, como el resto del mundo, no había tenido que enfrentar antes el reto de desmontar una mole hecha de propiedades y responsabilidades productivas estatales, aun cuando el resultado fue el regreso a una época, no tan lejana, en que el Estado no había sido dueño de tantas empresas, no había producido tantos bienes, no había comerciado con tantos productos ni había consumido tantos recursos. Como la privatización entrañaba, al igual que las otras reformas, una transición novedosa, muchas cosas podían, en el camino, terminar reforzando algunos de los errores propios del antiguo sistema de economía privada. El que estos peligros se hicieran realidad o no dependería de cómo se realizara la privatización de la

economía, de qué tipo de marco institucional presidiese la transición y de qué clase de sistema político se construyera durante
el proceso de cambios, así como después de completados los mismos (si llegaban a completarse de verdad). Al igual que con las
otras reformas, veamos en qué consistió la privatización, antes de
analizar su éxito o fracaso en el siguiente capítulo.

Chile privatizó empresas estatales ya desde los años '70, seguido de México en los '80, pero el fenómeno adquirió proporciones
hemisféricas en la década de 1990, cuando casi todos los otros,
empezando por la Argentina y el Perú, y acabando por el Brasil,
se sumaron a la fiesta. Podemos identificar tres fases u olas privatizadoras. La primera abarcó las empresas industriales y comerciales, muchas de las cuales habían sido fagocitadas por el Estado en algún momento de la era del nacionalismo económico,
mientras que otras habían sido creadas por el Estado desde cero.
La segunda fase tuvo que ver con el sector de los servicios, incluyendo servicios públicos básicos como la energía, el agua y las telecomunicaciones, así como las entidades financieras y los proyectos de infraestructura en el área del transporte. Despojándose
al Estado de las empresas insolventes, se allanó el camino para
que el capital privado, en especial el extranjero, pusiera al día la
tecnología y los equipos, expandiera el servicio y reordenara las
operaciones, haciéndolas más eficientes. Muchos de estos grandes proyectos, desde los ferrocarriles hasta los gasoductos y las
redes eléctricas, son internacionales más que nacionales.

La tercera fase, que no se realizó con la misma ambición y
audacia que las otras dos, transfirió los sistemas de previsión social (esos que en los países desarrollados son todavía las vacas
sagradas del Estado). Fueron privatizados los sistemas de jubilación, y los fondos privados de pensiones se volvieron fuentes
primordiales de ahorro e inversión local, mientras que se introdujo más competencia y un abanico de opciones para el público
en el campo de la salud y de la educación, pero sólo de forma tímida y parcial, y en muy pocos países (Chile, como de costumbre, llevó la voz cantante).

Las tres fases no se dieron necesariamene en secuencia, pero son distintas porque conciernen a diferentes "familias" de em presas públicas transferidas a dueños privados, cada una de acuerdo con sus propios procedimientos y con rasgos particulares. Es más preciso, en la mayor parte de América latina, hablar de dos en lugar de tres fases, ya que la tercera está lejos de haber sido completada y en la mayor parte de los casos sólo abarcó las pensiones. La mayoría de países en los que el Estado se desembarazó de los sistemas de previsión social no adoptaron esa política como parte de un esquema más amplio dirigido a devolver los servicios sociales básicos a los ciudadanos, sino como parte, en cierta forma, de la privatización de servicios financieros propios de la segunda fase.

Chile concretó un vasto programa de privatizaciones a mediados de los '70, mucho antes de que el Reino Unido lanzara, bajo Margaret Thatcher, su propio programa de desestatizaciones y su propia cruzada contra el socialismo. Una serie de factores hicieron esto posible, desde el calamitoso legado económico de Allende hasta el hecho de que la brutal dictadura de Augusto Pinochet dejara la economía en manos de un grupo de *Chicago Boys* acaso sin tener conciencia plena de la incidencia que tendrían sus decisiones en el resto de la región en los años siguientes. En 1973, el Estado chileno controlaba unas 620 empresas, muchas de las cuales, aunque no todas, habían sido estatizadas por Allende. La privatización arrancó en 1974 cuando el Estado devolvió las entidades que había expropiado: primero las compañías industriales y comerciales, luego las instituciones financieras. Continuó con la venta de empresas que habían estado en manos del Estado desde los años '60. La recesión de comienzos de los '80 interrumpió esa política, pero la privatización se reanudó en 1984, con la venta de empresas dedicadas a productos industriales, recursos naturales y materias primas. Pronto el número de negocios estatales quedó reducido a menos de 70[294].

---

[294] Arturo T. Fontaine, Harold Beyer y Eduardo Novoa, "Democracy and Dictatorship in Chile", en *Fighting the War of Ideas in Latin America*, editado por John Goodman y Ramona Morotz-Baden, Dallas, National Center for Policy Analysis, 1990, p. 107.

También fueron transferidas, hacia el final del gobierno de Pinochet, algunas de las grandes compañías de servicios, incluidas las eléctricas y las de telecomunicaciones. Al cierre de la década de 1980, unas tres cuartas partes de la participación empresarial del Estado en el PBI chileno habían sido eliminadas.

El otro país que se abocó a la privatización antes del frenesí de los años '90 fue México. A comienzos de los años '80, el Estado era dueño de poco más de 1.200 empresas. Fue Miguel de la Madrid quien, tras su llegada al poder en 1982, inició la venta de propiedades estatales. Para 1988, año en que Carlos Salinas tomó la posta y anunció nuevas reformas, habían sido transferidas unas 765 empresas. La cifra, sin embargo, es engañosa porque todas esas empresas combinadas no representaban más del 3% de la producción vinculada al Estado. Pero el simbolismo de las transferencias fue notable y México fijó, junto a Chile (ambos bajo gobiernos autoritarios), un modelo político para el resto de la región tras cinco décadas de nacionalismo económico. Una quinta parte de todas las privatizaciones que tuvieron lugar en el mundo durante los años '80 se dieron en México.

El patrón fue similar al de Chile: primero fueron vendidas las empresas industriales (alimentos, bebidas, tabaco) y comerciales (venta minorista), luego las compañías de servicios, empezando por las instituciones financieras, a las que sucedieron más tarde los hoteles y los negocios de telecomunicaciones de menor escala y algunas empresas relacionadas con la agricultura, como los ingenios azucareros. Las entidades de mayor peso, incluidas las telecomunicaciones, quedaron para los tramos finales, como había ocurrido en Chile y ocurriría con las privatizaciones en el resto del continente. Hacia 1991, a mitad del mandato de Salinas, casi 1.000 empresas habían sido transferidas por 38 mil millones de dólares[295].

Tras las experiencias de Chile y de México, en la década de

---

[295] Maura de Val, *La privatización en América latina*, Madrid, Editorial Popular, 2001, pp. 242-243.

1990 América latina se entregó con fervor a la privatización[296]. Había llegado la hora de desandar mucho de lo andado en las décadas anterores; la producción y el comercio debían estar en manos de la empresa privada. Mediante una combinación de ventas directas, subastas, ofertas en Bolsa y concesiones de largo plazo, y con la asesoría de los bancos de inversión para la fijación de precios mínimos, los gobiernos latinoamericanos obtendrían, desembarazándose de muchas de las entidades "estratégicas", fondos sustanciales de inversores locales y, en especial, extranjeros.

La Argentina y el Perú fueron las siguientes estrellas de la privatización, aunque el Brasil, relativamente más lento en sus reformas pero país mucho más gravitante en tanto que octava economía del mundo, vendió muchas empresas a precios astronómicos y, por tanto, en términos absolutos, pasó a encabezar el grupo.

Carlos Menem logró vender unas 400 empresas en la Argentina, en no más de tres años (la cifra incluye las unidades en que fueron divididas muchas de las corporaciones estatales, patrón recurrente en toda la región)[297]. A diferencia de otros países antes y después de ella, la Argentina no se concentró primero en la

---

[296] Laurence Whitehead ofrece un análisis comparativo de la privatización ocurrida en varios países latinoamericanos. Véase "Privatization and the Public Interest: Partial Theories, Lopsided Outcomes", por Laurence Whitehead, en *Liberalization and Its Consequences: A Comparative Perspective on Latin America and Eastern Europe*, editado por Werner Baer y Joseph L. Love, Northampton, Mas., Edward Edgar, 2000, pp. 262-292.

[297] Durante los años '90, el gobierno federal firmó 154 contratos de privatización (la cifra excluye las muchas transferencias hechas en forma de concesión, así como privatizaciones realizadas por gobiernos locales y provinciales). Los ingresos de las privatizaciones realizadas por el gobierno federal ascendieron a más de 19 mil millones de dólares. Véase "Water For Life: The Impact of the Privatization of Water Services on Child Mortality", por Sebastián Galiani, Paul Gertler y Ernesto Schargrodsky, Working paper, 7 de noviembre, 2002, p. 7. Véase http://www.nber.org/~confer/2002/urcw02/gertler.pdf

industria y el comercio, y luego en el sector de servicios. Todo lo que se quería vender fue puesto en venta lo antes posible. Ya en 1990 fueron despachadas dos empresas públicas emblemáticas, la aerolínea nacional y el monopolio de las telecomunicaciones. Hacia 1993, YPF (Yacimientos Petrolíferos Fiscales), conglomerado estatal del gas y el petróleo, fue subastada por 3 mil millones de dólares (luego fue comprado por la española Repsol por 13 mil millones de dólares). Las compañías dedicadas a industrias de exportación y las de bienes de consumo con amplias cuotas de mercado resultaron particularmente atractivas para los inversores, pero todo lo que podía venderse, incluyendo las grandes empresas de energía, que atrajeron capital chileno, y algunas empresas de agua y servicios sanitarios, pasó por el martillo (los servicios de agua son responsabilidad de los municipios; entre 1991 y 1998 sólo fueron privatizados un 30% de esos servicios).

El Perú empezó a privatizar empresas en 1991, pero el proceso no cobró aliento hasta mediados de los '90. En los primeros tres años, fueron vendidas unas treinta empresas por un total de 2,5 mil millones de dólares. En 1994, fueron transferidas 29 compañías por un monto equivalente a un tercio de la recaudación fiscal; 28 fueron negociadas el año siguiente y otras 28 en 1996, esta vez por un monto equivalente a la cuarta parte de la recaudación fiscal[298]. Después de 1997, las privatizaciones se desaceleraron debido a la recesión, pero para el año 2000 habían sido transferidas casi 200 empresas por un monto ligeramente superior a 9 mil millones de dólares. Los inversores comprometieron a futuro otros 9 mil millones de dólares, aunque esa cifra incluye proyectos que no implican, propiamente hablando, la venta de activos estatales, como la explotación de la reserva de gas natural de Camisea en los Andes, otorgada al consorcio Pluspetrol-Hunt-SK, formado por capitales argentinos, estadounidenses y coreanos, o la explotación de decenas de miles de kilómetros cuadrados de la zona forestal de Biabo-Cordillera Azul.

[298] Maura de Val, *La privatización en América latina*, Madrid, Editorial Popular, 2001, pp. 265-267.

Las ventas o concesiones más significativas de la década abarcaron las telecomunicaciones (Empresa Nacional de Telecomunicaciones y Compañía Peruana de Teléfonos), la generación y distribución de energía (Electroperú y Electrolima), los ferrocarriles (Empresa Nacional de Ferrocarriles), los puertos (Empresa Nacional de Puertos), el petróleo (Petroperú y Petromar), el acero (SiderPerú), la pesca (Pesca Perú), la minería (Centromín y Tintaya) y la banca (Banco Continental). Los grandes conglomerados estatales fueron divididos en distintas unidades y los activos vendidos por separado, quedando varios de ellos bajo control del Estado. Unos pocos puertos fueron dados en concesión.

El Brasil tuvo un comienzo muy lento en comparación con algunos de sus vecinos, pero compensó ese desfase en la segunda mitad de la década, en especial entre 1996 y 1998, cuando fueron vendidas, en decenas de miles de millones de dólares, las elefantiásicas compañías de telecomunicaciones, energía, ferrocarriles y finanzas. Hacia 2001, el Estado brasileño se había despredido de 119 empresas por un total de 67,9 mil millones de dólares en ingresos y 18,1 mil millones de dólares en deudas transferidas[299].

Cuando Cardoso ganó la presidencia en 1994, sólo habían sido privatizadas 31 empresas, aunque la lista incluía la Companhia Siderúrgica Nacional, símbolo del estatismo brasileño. Cardoso insufló nuevos bríos a la privatización: hacia 1996, había subastado otras 20 entidades, con lo que el número total de empresas vendidas a lo largo de la década subió a más de 50, por un total de casi 25 mil millones de dólares. En los años siguientes el Estado ingresó otros 40 mil millones a través de la venta de grandes entidades, empezando por la minera Vale do Rio Do-

---

[299] Francisco Anuatti-Neto, Milton Barossi-Filho, A. Gledson de Carvalho y Roberto Macedo, "Benefits and Costs of Privatization: Evidence from Brazil", enero, 2002, p. 1. El informe fue elaborado con el auspicio del Banco Interamericano de Desarrollo y el Foundation Institute of Economic Research. Véase http://www.econ.fea.usp.br/gledson/down/PRIVATIZA%C3%8 7%C3%830.pdf

ce, cuyo traspaso se convirtió en la mayor privatización de América latina luego de que la adquiriese una corporación brasileña al precio de 3,6 mil millones de dólares. Esa suma, sin embargo, quedó reducida a proporciones liliputienses en 1998 con la transferencia de Telecomunicações Brasileiras S.A. (Telebrás), por 18,96 mil millones de dólares, a diversos consorcios locales y extranjeros.

Telebrás era una empresa estatal descapitalizada y burocrática de 14 mil millones de dólares anuales, cuyas 28 filiales operativas empleaban a 90.000 personas y proveían un servicio paupérrimo (15 millones de personas estaban en lista de espera para obtener una línea fija y 5 millones para conseguir teléfonos celulares). Con no más de 20% de las acciones, el Estado ejercía el control empresarial. Entre 1995 y 1998, Telebrás fue preparada, con el cuidado con que se acicala a una novia, para su privatización, siendo dividida en doce unidades: tres compañías de telefonía fija regular, ocho compañías de telefonía celular y un operador de larga distancia. En 1998, las doce unidades fueron vendidas a corporaciones españolas, portuguesas, canadienses, estadounidenses, italianas y brasileñas por un total de casi 19 mil millones de dólares. Las presas más apetecibles —la entidad de telefonía fija de San Pablo y las de telefonía celular— cayeron en manos de la española Telefónica y la portuguesa Telecom. El operador de larga distancia, Embratel, fue vendido al conglomerado estadounidense MCI por 2,3 mil millones de dólares[300].

En la segunda parte de la década tuvieron lugar muchas otras privatizaciones significativas, a pesar de la crisis financiera que' afectó al Brasil a raíz del colapso financiero del Sudeste Asiático y la pérdida general de confianza en los llamados "mercados emergentes". El gobierno transfirió muchas empresas de energía, plantas petroquímicas, entidades de transporte, firmas mineras y compañías de telecomunicaciones. Hacia 2001, el sector eléctrico representaba 31% del volar total de las subastas, el sec-

---

[300] Jack Epstein, "Unbundling Telebrás", *Time International*, 10 de agosto, 1998, p. 37.

tor de las telecomunicaciones otro 31%, seguido del acero y la minería con 8% cada uno, y luego el petróleo y el gas con 7%[301].

Las autoridades dieron en concesión diversas entidades de servicios públicos por unos 10 mil millones de dólares. No se puso en venta Petróleo Brasileiro S.A. (Petrobrás), pero se quebró el monopolio estatal de la industria petrolera, cuyo valor ascendía a 30 mil millones en la Bolsa de Valores. Luego de cuatro décadas en que la empresa estatal había sido incapaz de satisfacer la demanda local (todavía se importaba un tercio del petróleo brasileño), era hora de dejar participar al capital privado, mayormente a través de proyectos de capital mixto y concesiones, en el negocio de producir e importar tanto petróleo como gas natural. En lo que constituyó otra decisión cargada de simbolismo bajo la presidencia de una antigua figura intelectual de la "teoría de la dependencia", el Brasil renunció formalmente al sueño de la autosuficiencia energética: su red eléctrica se vinculó a la argentina a través de una concesión otorgada a Exxon, mientras que un gasoducto de 2 mil millones de dólares, construido con ayuda financiera del Banco Mundial, unió a Bolivia con San Pablo.

Muchos otros países privatizaron gran parte de sus empresas públicas. El Estado boliviano decidió trasferir 175 empresas. El proceso arrancó en 1992 y, bajo el presidente Gonzalo Sánchez de Lozada, cobró ímpetu a mediados de los años '90, cuando fueron subastadas las compañías que sumaban un 90% del valor total de los activos estatales. En los años 1995 y 1996, las desestatizaciones generaron 1,7 mil millones de dólares, el equivalente a un 25% del PBI[302]. El súmmum de la privatización fue la trans-

---

[301] Francisco Anuatti-Neto, Milton Barossi-Filho, A. Gledson de Carvalho y Roberto Macedo, "Benefits and Costs of Privatization: Evidence from Brazil", 15 de enero, 2002, p. 2. El informe fue preparado con el auspicio del Banco Interamericano de Desarrollo y el Foundation Institute of Economic Research. Véase http://www.econ.fea.usp.br/gledson/down/PRIVATIZA%C3%87%C3%83O.pdf

[302] Igor Paunovic, "Growth and Reforms in Latin America and The Caribbean in the 1990s", Santiago, Chile, Comisión Económica para América Latina y el Caribe (CEPAL), 2000. Este documento forma parte del pro-

ferencia de seis monopolios que representaban 12,5% del PBI del país: Yacimientos Petrolíferos Fiscales de Bolivia, Empresa Nacional de Electricidad, Empresa Metalúrgica Vinto, Lloyd Aéreo Boliviano y Empresa Nacional de Ferrocarriles. En vista de la sensibilidad política que rodeaba a estos monopolios estatales, el gobierno diseñó para ellos un sistema de "capitalizaciones" mediante el cual se invitó a las corporaciones privadas a entablar *joint ventures* con las diferentes unidades en que fueron divididas las entidades. Para todo efecto práctico, la propiedad y el control estatales quedaron disueltos.

La gravitación del Estado-empresario había sido menos asfixiante en Colombia que en algunos de los países vecinos, de modo que allí la privatización no tuvo el mismo alcance que en otras partes. Empezó con el traspaso de pequeñas entidades industriales, continuó en 1992 con la transferencia de una parte del sector de las telecomunicaciones mediante mecanismos disimulados debido a la férrea oposición pública, y alcanzó su pico en 1996 y 1997 con la venta de los servicios básicos, en especial la electricidad, así como minas, bancos e instituciones aseguradoras. Los capitales provinieron de los Estados Unidos, España, Sudáfrica, Chile y Venezuela. De allí en adelante prevaleció el régimen de concesiones, tanto en el área del transporte aéreo, marítimo y fluvial como en el de los productos primarios. La energía eléctrica representó más de la mitad de todas las transferencias.

Venezuela vivió de zozobra en zozobra durante los años '90, con golpes militares, bandazos ideológicos y asonadas callejeras. Aun así, hubo privatizaciones de industrias y de servicios. El mayor traspaso fue, de lejos, el de la Compañía Nacional Telefónica Venezolana (CANTV), parcialmente vendida en 1991, mientras que el resto de las acciones del Estado fueron ofrecidas a través de las Bolsas de Valores de Caracas y de Nueva York en la segunda mitad de los '90.

---

yecto "Growth, Employment and Equity: Latin America in the 1990s", financiado por el Estado holandés, p. 27.

La moda también llegó a América Central y el Caribe. El Salvador y la República Dominicana pusieron especial énfasis en la transferencia de los servicios eléctricos, que les generaron los mayores ingresos, mientras que en Guatemala y en Panamá preponderaron las entidades de telecomunicaciones. Inclusive la dictadura de Cuba cortejó al capital extranjero, aun cuando no tuvo lugar una privatización real. La Habana invitó a compañías extranjeras de unos 40 países a establecer sociedades de capital mixto con las empresas del Estado. El capital español se concentró en el turismo, el canadiense en la minería, el mexicano en las telecomunicaciones, los textiles y el concreto, y el francés, el sueco y el británico en la energía.

Por supuesto, Chile, país pionero en la política de privatizaciones, y México, segundo país en emprender la desestatización empresarial, siguieron transfiriendo activos estatales durante los '90. El gobierno democrático de Chile privatizó poco a comienzos de los '90, pero en 1994, bajo Eduardo Frei, puso en marcha una nueva ola de transferencias. El gobierno invitó al capital extranjero a comprar acciones y administrar varias entidades de servicios sanitarios, vendió desde minas hasta aerolíneas y servicios eléctricos, y emprendió tímidos esfuerzos para abrir el petróleo y la minería a la participación privada. En México, el grueso de las privatizaciones tuvieron que ver con las instituciones financieras, mientras que los servicios eléctricos permanecieron en su mayor parte intocados. Fueron transferidos los ferrocarriles, se aplicó un régimen de concesiones en los servicios de agua y en los servicios sanitarios, y muchos puertos y terminales de carga pasaron a manos privadas.

Hubo escasas privatizaciones en otras partes. El gobierno ecuatoriano intentó privatizar sus empresas de telecomunicaciones y sus servicios básicos, pero su empeño abortó debido a una tenaz resistencia pública y al continuo caos institucional. Sólo se otorgó algunas concesiones a empresas extranjeras. El gobierno del Uruguay, por su parte, donde un referéndum derrotó la propuesta privatizadora, logró transferir algunas instituciones financieras, pero en líneas generales se desenmarcó de la tendencia continental, como lo hizo, en gran medida, Costa Rica (los dos países acreditados con la mayor estabilidad política y confiabilidad jurídica en la región). En el Paraguay, país atenazado por la violencia política, la brumosa línea divisoria entre la propiedad estatal y la privada, así como la corrupción institucionalizada, convirtieron la privatización en una noción ajena e inoportuna. Haití, desgarrado por una bárbara violencia, se aisló del mundo exterior.

La fiebre de las privatizaciones ayudó a América latina a captar un flujo masivo y diversificado de inversiones extranjeras. Hacia el final de la década, las corporaciones multinacionales tenían una participación de 38,7% en las ventas de las principales 500 empresas de la región. Las más numerosas eran las compañías estadounidenses, pero muchas corporaciones alemanas (10,6%), españolas (10%), francesas (9,2%), e italianas (5%) también eran de la partida[303]. Las inversiones europeas sumaban, en conjunto, más que las estadounidenses, mientras que a comienzos de los años '90 éstas superaban a aquéllas por una diferencia de 8 a 1[304]. La "conquista" española fue especialmente notable. La racha empezó con Telefónica e Iberia; Repsol, Endesa e Iberdrola, los gigantes de la energía, desembarcaron en América latina a mediados de la década y, a partir de 1996, el Banco Santander, el Banco Bilbao Vizcaya, el Banco Central Hispano y otros bancos españoles llegaron a controlar casi un tercio de los activos de todas las instituciones financieras de la región, porcentaje mayor del que estaba en manos de intereses estadounidenses.

El surgimiento de conglomerados latinoamericanos que invirtieron en América latina, resultado en no poca medida de las privatizaciones, ayudó a diversificar todavía más el origen del capital extranjero. Empresas mexicanas, brasileñas, argentinas,

---

[303] Maura de Val, *La privatización en América latina*, Madrid, Editorial Popular, 2001, p. 45.

[304] "La inversión directa europea en América latina: los réditos de la apertura y privatización", Sistema Económico Latinoamericano (SELA), Caracas, junio, 2000. Véase http://sela2.sela.org/WM2/WM10.aspx?menu=1&url=http://www.lanic.utexas.edu/~sela/AAO/ES/menu?finanin1.htm

chilenas y venezolanas, relacionadas con actividades tan diversas como la electricidad, las industrias alimenticias, las telecomunicaciones, el petróleo y el gas, la construcción, la tecnología de la información, la propiedad inmobiliaria, la banca, la agroindustria y la minería desplegaron alas por América latina, compitiendo con corporaciones estadounidenses, canadienses, europeas y asiáticas.

Los beneficios de la privatización fueron obvios de inmediato. Los flujos de capital elevaron las tasas de inversión; las compañías acostumbradas a perder dinero se hicieron más eficientes y productivas, y por tanto rentables. En todos los países —con excepción de Colombia, Chile y, en menor medida, el Brasil—, las empresas estatales habían sido grandes fuentes de déficit fiscal antes de los '90. La rentabilidad de las empresas privatizadas creció 51% en la Argentina, 61% en el Perú, 41% en México, 8% en Chile y el Brasil, 10% en Colombia y 5% en Bolivia[305]. La producción de esas empresas aumentó entre 25 y 50%, según el país en cuestión, y la productividad, medida en función de las ventas por trabajador, se disparó entre 25 y 112%: Chile, México y el Perú registraron mejoras de más de 80%. Menos de la mitad, y a veces ni siquiera la cuarta parte, de esos resultados se explican por los despidos y la reducción de personal, según estudios hechos en México y la Argentina. La mejora en la calidad del servicio fue notable en el área de las telecomunicaciones, con una reducción del tiempo de espera de al menos 50% y un crecimiento de la cobertura de entre 5 y 14%, incluidas las zonas rurales[306]. También

---

[305] "The Privatization Paradox", *Latin American Economic Policies*, segundo trimestre, vol. 18, Washington D.C., Departamento de Investigaciones del Banco Interamericano de Desarrollo, 2002 (a partir de investigaciones realizadas por Alberto Chong, Virgilio Galdo y Eduardo Lora), p. 1. Véase http://www.iadb.org/res/publications/pubfiles/pubN-18-2002.pdf

[306] "The Privatization Paradox", *Latin American Economic Policies*, segundo trimestre, vol. 18, Washington D.C., Departamento de Investigaciones del Banco Interamericano de Desarrollo, 2002 (a partir de investigaciones realizadas por Alberto Chong, Virgilio Galdo y Eduardo Lora), p. 6. Véase http://www.iadb.org/res/publications/pubfiles/pubN-18-2002.pdf

otros servicios básicos experimentaron una mejora. Antes de iniciarse la privatización del servicio del agua en 1995, la tasa de mortalidad infantil declinaba más o menos a un ritmo parejo en todos los municipios de la Argentina. Los estudios indican que después de 1995 la caída del indicador de la mortalidad se aceleró entre 4,5 y 10% en los municipios en los que el agua había sido privatizada[307].

Hacia el año 2000, la política de transferencias perdió oxígeno, con una caída de casi 60% en la privatización de activos estatales. Quedaban todavía una serie de "intocables", en especial en Venezuela, México, Brasil y Ecuador, donde la venta de los entes del petróleo y el gas es un tema tabú, aun si se permite al capital privado participar en el negocio de forma parcial y establecer sociedades de capital mixto con el Estado. La electricidad es todavía una vaca sagrada en México; el Estado peruano, dueño aún de algo menos de 40 entidades, también mantiene una participación importante en la generación y transmisión de energía, así como la propiedad de la empresa que abastece de agua a la capital (en las provincias, el suministro de agua y los servicios sanitarios están en manos de los gobiernos locales). El Estado chileno, a pesar de su liderazgo en materia de privatizaciones, se ha reservado 40% de la minería, en especial a través de Corporación Nacional de Cobre (Codelco), su joya cuprífera, que continúa, por mandato constitucional, suministrando una renta al estamento militar. Las concesiones forestales, asunto muy controvertido, siguen limitadas en los diversos países en que se dan.

Descontando estas considerables excepciones y otras más, es indiscutible que en la década pasada ninguna otra región del mundo, ni siquiera Europa Central, sucumbió a la fiebre de la privatización como lo hizo América latina.

---

[307] Sebastián Galiani, Paul Gertler y Ernesto Schargrodsky, "Water For Life: The Impact of the Privatization of Water Services on Child Mortality", *Working paper*, 7 de noviembre, 2002, p. 25. Véase http://www.nber.org/~confer/2002/urcw02/gertler.pdf

Una segunda juventud

Por último, después de haber pasado revista a las reformas monetaria, fiscal, tributaria, comercial y financiera, a los cambios en el régimen de inversiones y en la legislación laboral, y a los traspasos de activos estatales, llegamos a la reforma de las jubilaciones, un tipo de privatización impensable hace algunas décadas.

Chile fue el país pionero en esta materia, procediendo, en 1980, a modificar su sistema de modo radical. La ley permitió a los trabajadores salirse del programa financiado por el Estado y colocar en una cuenta de jubilación privada el dinero que de otro modo hubiera sido capturado por el impuesto sobre las nóminas. Se requirió que aquellos que optaran por salirse del sistema de reparto estatal (una inmensa mayoría acabó haciéndolo) depositaran 10% de su salario en cuentas personales administradas por fondos privados de pensiones de su libre elección. Aquellos que ya recibían pensiones estatales seguirían recibiéndolas, y aquellos que ya habían hecho aportes al sistema de reparto pero preferían emigrar al sistema de cuentas personales recibirían un "bono de reconocimiento" con intereses. Algunas normas establecían que los de mayor edad debían escoger fondos de pensiones cuyas carteras de inversiones reposaran mayormente en títulos de interés fijo, mientras que las generaciones más jóvenes podían usar fondos de pensiones que invirtieran una mayor porción del capital en acciones.

La reforma, que fue extendida al programa estatal para los discapacitados, dio poder a los trabajadores convirtiéndolos en propietarios, elevó las tasas de ahorro e inversión gracias a una acumulación de activos que ahora asciende a más de 40 mil millones de dólares o 50% del PBI del país, modernizó los mercados de capitales y el mercado laboral, y contribuyó a dar a Chile un crecimiento anual de 7% en promedio durante la mayor parte de la década de 1990[308]. El sistema quebrado que obligaba a

---

[308] José Piñera, "Liberating Workers: The World Pension Revolution", Washington D.C., Cato Institute, 2001, p. 2.

cada generación nueva, en un mundo de tasas de fertilidad declinantes y creciente expectativa de vida, a mantener a sus mayores, y que transfería riqueza de los menos acomodados a los más acomodados (ya que éstos empiezan a trabajar más tarde y viven más años), cedió el lugar a un sistema que hizo de la jubilación una forma de empresa y de acumulación de capital en beneficio de las futuras generaciones.

El modelo chileno obtuvo reconocimiento mundial y fue imitado, con variantes, en muchos países latinoamericanos y centroamericanos. La cerrada hostilidad que despierta todo esfuerzo por desmantelar el Estado de Bienestar, en el caso de Europa Occidental, y el sistema de la Seguridad Social, en el caso de los Estados Unidos, no ha permitido a los muchos admiradores del modelo en las naciones desarrolladas hacerlo suyo.

En América latina, siete países sí lo adoptaron. El Brasil, la mayor nación latinoamericana, cuyo sistema previsional de reparto está en bancarrota, dio la espalda a la reforma de las pensiones. Con la excepción de El Salvador, que adoptó el modelo chileno en 1998, todos los países que abrazaron el cambio introdujeron algunas variantes. Bolivia fue más lejos que Chile, al eliminar por completo el viejo sistema estatal de pensiones en 1997, pero el resto decidió mantenerse unos pasos por detrás. El Perú hizo suyo el esquema en 1993, permitiendo a los nuevos trabajadores optar por el sistema estatal de reparto. La Argentina hizo su propia reforma en 1994, manteniendo un sistema estatal básico para todos. Ese mismo año Colombia dejó la puerta abierta para que los trabajadores que habían optado por el sistema de cuentas privadas volvieran al viejo sistema. El Uruguay, cuna del llamado Estado de Bienestar latinoamericano, emprendió una reforma modesta en 1996, preservando el viejo sistema estatal para todos pero permitiendo que los trabajadores desviaran parte de su salario hacia cuentas privadas. En 1997, México estableció un sistema dual mediante el cual los trabajadores de empresas privadas podían optar por una pensión privada —recibiendo un aporte del Estado si ya habían contribuido al viejo sistema—, mientras los empleados estatales debían permanecer en el programa estatal.

En todos los casos, la reforma ha atraído a millones de personas al sistema privado: 16 millones en México, 8 millones en Argentina, 4 millones en Colombia, 2,5 millones en Perú, un millón en El Salvador, medio millón en Uruguay, medio millón en Bolivia[309].

Los fondos de pensiones privados han acumulado una masa cuantiosa de capital: 20 mil millones de dólares en la Argentina, 13 mil millones de dólares en México, 3 mil millones de dólares en Colombia, 2,5 mil millones de dólares en el Perú, 651 millones de dólares en el Uruguay, 575 millones de dólares en Bolivia y 213 millones de dólares en El Salvador[310]. Ningún explotador capitalista ha succionado tanta sangre proletaria como la que estos proletarios han extraído de sus propias venas.

El resto de América latina tuvo mucho menos interés en seguir los pasos de Chile en materia de privatización del seguro médico, la reforma que permite a los trabajadores salir del esquema estatal siempre y cuando destinen un mínimo de 7% de su salario a aseguradoras privadas. Después de todo, la fiebre de la privatización tenía ciertos límites.

[309] José Piñera, "Liberating Workers: The World Pension Revolution", Washington D.C., Cato Institute, 2001, pp. 5-7. Éstas son las cifras del año 2001. Desde el año 2001, las cifras han crecido. El Perú, por ejemplo, cuenta con casi 3 millones de jubilados por empresas privadas.

[310] Estas cifras han crecido desde el año 2001, excepto en la Argentina, debido al colapso financiero que se produjo en ese país.

VIII. El espejismo capitalista

Tras el abandono del nacionalismo económico, América latina ha experimentado cambios que marcan época. A la hora de juzgarlos, uno debe hacerse esta pregunta: las reformas ocurridas en el campo monetario, fiscal, tributario, comercial y financiero, en el régimen de inversiones y en la legislación laboral, así como la privatización de empresas estatales y de las pensiones, ¿desmontaron el corporativismo, el mercantilismo de Estado, el privilegio, la transferencia de riqueza y la ley política? Es decir: ¿revirtieron los principios de la opresión que asedian a los latinoamericanos desde los tiempos precolombinos, ese subsuelo que frustró todos los intentos anteriores de edificar repúblicas viables? ¿Alteraron esas reformas la relación entre las instituciones del poder y el individuo, o constituyeron un reacomodo de la clase dirigente, las ideologías y los modelos económicos, a partir de esa matriz fatal que moldeó todos los anteriores ensayos de liberación? Hemos visto que es posible tener democracia sin libertad política y economía privada sin libertad económica o, como ha escrito Pascal Salin, que "una economía de mercado puede existir aun en sociedades colectivistas", mientras que la verdadera libertad exige "derechos de propiedad y la libertad de contrato"[311]. En definitiva, ¿se trató de una revolución o de un espejismo liberal?

Los defensores de la privatización, y de la economía de libre

---

[311] Pascal Salin, *Libéralisme*, París, Odile Jacob, 2000, p. 10. *(T. del A.)*

mercado en general, perdieron de vista la diferencia entre la *crea-ción* de una sociedad abierta y la *transición* hacia una sociedad abierta. Al abrazar la reforma, inconscientemente asumieron que el capitalismo liberal sería dibujado, como un diseño arquitectó-nico, sobre planos en blanco, partiendo de cero. Al descubrir are-nas movedizas bajo los pies de la transición —es decir, al descubrir que el espacio no estaba vacío ni era virgen, y que los elementos ya existentes socavaban o se devoraban a los nuevos— América lati-na se dio de bruces con esta lección: casi tan importante como una sociedad libre es la ruta por la cual se llega a ella. La transición —el proceso mediante el cual el Estado debe ceder espacio a lo indivi-duos renunciando al corporativismo, el mercantilismo de Estado, el privilegio, la transferencia de riqueza y la ley política— puede dar pie, fácilmente, a un tipo de interferencia más sutil pero casi igualmente dañina por parte de las autoridades. A pesar del apa-rente retiro o encogimiento del Estado, el poder político aliado con los intereses creados puede seguir imponiendo numerosos cons-treñimientos a la sociedad. El hecho de que la transición hacia la economía privada cree nuevas oportunidades para el expolio es una perversa ironía del Estado: las injusticias que nacen de la tran-sición no serían posibles sin la presencia original del estatismo.

Roger Douglas, uno de los héroes de la transición neocelan-desa, ha sostenido dos ideas que eludieron a los reformistas la-tinoamericanos. En primer término, la esencia de la reforma es-tructural es la abolición de los privilegios, algo muy difícil de conseguir, pues "a menudo los costos pueden verse porque están concentrados, mientras que los beneficios suelen estar amplia-mente dispersos"[312]. Por tanto, la presión de los grupos de inte-

---

[312] Roger Douglas, "Turning Pain Into Gain: Lessons from the New Zea-land Experience", conferencia dada en el Atlantic Institute for Market Stu-dies, en Halifax, Canadá, en enero de 1995. Véase *http://www.aims.ca/commentary/pain.htm (T. del A.)* Hay un análisis detallado de los desafíos de la reforma liberal en su libro *Unfinished Business*, Auckland, Nueva Zelan-da, Random House, 1993 (en especial el capítulo 10, titulado "The Politics of Reform: The Act of the Possible").

rés, locales o extranjeros, que intentan evitar la abolición de sus privilegios, u obtener nuevas prebendas, tiende a superar la presión de la sociedad, beneficiaria, en conjunto, de las reformas. Si consideramos el hecho de que en un país subdesarrollado la mayoría de la gente se dedica primordialmente a la supervivencia y a la subsistencia, advertimos que la ventaja de la que gozan los grupos de interés es mayor que en los ambientes prósperos. George Reisman ha sostenido algo similar, apuntando que, por ser mayor la ventaja de un subsidio para el beneficiario que el costo de ese subsidio para el contribuyente, aquéllos ejercen mucha más presión que el resto de la sociedad[313]. Esta observación es sólo a medias pertinente al caso latinoamericano porque pocas personas pagan impuestos directos, pero en un país subdesarrollado hay muchas otras formas en que los mecanismos de transferencia de riqueza gozan de la ventaja del costo disperso entre numerosas víctimas.

La segunda observación de Douglas acerca de la transición concierne a la simultaneidad de las diversas reformas, a su juicio condición esencial para el éxito: "No hay que tratar de avanzar paso a paso... hay que dar un gran salto"[314]. La economía consiste en una red de interconexiones; no tiene sentido eliminar los subsidios a las exportaciones si las tarifas políticas y los reglamentos del transporte no son eliminados, y no se privatizan los puertos y servicios portuarios. ¿De qué sirve obtener ingresos fiscales como resultado de las privatizaciones si, en lugar de reducir los impuestos o la deuda pública, el Estado dedica esos ingresos a gastos exorbitantes que crean un compromiso fiscal permanente? ¿Para qué aliviar la carga que representan los empleados estatales si una legislación laboral anticapitalista impide que el

---

[313] George Reisman, *Capitalism: A Treatise on Economics*, Ottawa, Ill., Jameson Books, 1996, p. 975.

[314] Roger Douglas, "Turning Pain Into Gain: Lessons from the New Zealand Experience", conferencia dada en el Atlantic Institute for Market Studies, en Halifax, Canadá, en enero de 1995. Véase *http://www.aims.ca/commentary/pain.htm (T. del A.)*

mercado reabsorba a esos trabajadores? ¿Cuál beneficio trae a largo plazo abrir las puertas a los inversores extranjeros mientras se impide que el Estado de Derecho eche raíz y por tanto se limita la capacidad de millones de individuos, en especial de los pobres, para formar y acumular capital durante un período de tiempo sostenido, incluidas esas ocasiones en que los inversores extranjeros se retiran del país? ¿Para qué garantizar los derechos de propiedad a un puñado de corporaciones privadas colosales si los negocios pequeños y medianos, que en todos los países capitalistas y liberales son los principales creadores de puestos de trabajo, no obtienen garantías similares del sistema legal?

Si la reforma no consiste en un asalto sistemático e integral a la multitud de mecanismos mediante los cuales el poder asigna oportunidades e inviste a determinados individuos y grupos de derechos que excluyen al resto de la sociedad, la transición puede acabar reemplazando una forma de corporativismo, mercantilismo de Estado, privilegio, transferencia de riqueza y ley política por otra. En ese caso, lo que se da es una transición de la propiedad estatal a la propiedad privada, pero no del subdesarrollo al capitalismo liberal. El efecto equivale a amarrar todas las patas del cangrejo de Florida, excepto ese par que crece a expensas del resto del cuerpo.

Hemos visto que el desplome económico y la crisis de legitimidad del Estado abrieron las puertas a la reforma latinoamericana. La calamidad fiscal —causa histórica de transformaciones políticas y económicas en muchas partes del mundo— fue un factor determinante. En este caso, el factor fiscal limitó la visión del Estado acerca del tema central del subdesarrollo, que no era el asunto de quién poseía los activos, ni de cuál política tributaria era la adecuada o de cuánto debían caer los aranceles. Éstos pueden ser ajustes esenciales en países donde los fundamentos del capitalismo liberal, de la sociedad libre, ya están dados y donde el intervencionismo ha ido introduciendo el hocico —las patas, las orejas— a través de los años. América latina carecía de los fundamentos institucionales del desarrollo, asunto más profundo que tal o cual política pública. Pero los gobiernos estaban desesperados por atacar el problema de su insolvencia, de modo que la transición a una economía libre era un objetivo mucho menos importante para ellos que el obtener recursos y sacudirse algunos costos. Esta preocupación prioritaria también indicaba que los Estados tendrían un interés en la nueva estructura del poder económico porque las viejas elites que ya no eran capaces de sostener el nacionalismo económico debían ser reemplazadas por nuevas elites —llamadas "capitalistas" o "neoliberales"— capaces de restaurar la salud fiscal del Estado.

De monopolio en monopolio

La privatización ilustra bien la falla fundamental de las reformas latinoamericanas. Preocupaba a los gobiernos la urgencia de obtener ingresos provenientes de las ventas de sus empresas o la reducción de obligaciones a través de intercambios de deuda por inversión. Por tanto, actuaron como si los activos estatales fuesen activos pertenecientes al Estado como tal y no a esos trabajadores que habían mezclado con ellos su trabajo —si adoptamos el principio del *homesteading*— o, de forma más amplia, a todos aquellos miembros de la sociedad que de una u otra forma habían sido forzados a mantener su existencia. Si los gobiernos hubiesen sido conscientes de esta cuestión filosófica esencial relacionada con la propiedad, hubieran transferido los activos a los trabajadores y, en los casos en que no hubiera sido posible, a todos los ciudadanos, dejando que ellos a su vez, en tanto que dueños de las acciones, decidieran a quién venderlas mediante una transacción libre de interferencia gubernamental (lo que equivale a decir: sin que el Estado escogiera los beneficiarios e intercambiara con ellos derechos de propiedad exclusivos a cambio de dinero)[315]. Muchos inversores habrían de todas

---

[315] En un ensayo sobre las reformas poscomunistas ("A One Day Plan for the Soviet Union"), Yuri N. Maltsev recomendó aplicar el principio del *homesteading* y, en los casos en que no fuera posible, la distribución de las acciones a lo largo y ancho de la sociedad, usando un esquema propuesto por el reformista checo Vaclav Klaus mediante el cual, para evitar el caos

formas apostado por esos entes, con el correspondiente y obvio
beneficio para los trabajadores convertidos en capitalistas así como para el público en su conjunto, y sin las implicancias tan negativas que tuvieron lugar por la forma en que se procedió. Algunos de los trabajadores hubieran decidido, tal vez, no vender
los activos y, más bien, intentar administrar con éxito ellos mismos sus empresas, en un ambiente competitivo. Algunas empresas hubieran tenido que ser liquidadas, sin duda, pero la alterna-
tiva —la transferencia del costo de su existencia artificial a la
sociedad— era mucho peor. Recientemente, ocho millones de españoles se volvieron propietarios gracias a las privatizaciones en
ese país. Nada de eso ocurrió en América latina.

La Argentina justificó la concesión de su servicio postal (que
años despues fue anulada) con el argumento de que era la única
manera de equilibrar el presupuesto; Colombia explicó hacia finales de la década que la venta de siete empresas de servicios básicos era la única forma de equilibrar la balanza de pagos; Venezuela anunció que la privatización era indispensable para pagar
la deuda del Estado y decretó, mediante su legislación, que ése
sería el destino de los ingresos de las subastas; México y Perú pre-
sentaron la privatización como la única vía disponible a fin de
producir el dinero necesario para la asistencia social.

Estos objetivos errados ni siquiera se cumplieron: los déficit
crecieron, como en el caso de la Argentina, donde el pesidente Menem dejó el poder con un desbalance presupuestario de 10 mil millones de dólares; la deuda latinoamericana en su conjunto aumentó a un nivel sin precedentes: 600 mil millones de dólares (la deuda
estatal brasileña ascendió en 2002 a cuatro veces sus ingresos derivados de las exportaciones); asimismo, los más de 2 mil millones de dólares destinados al alivio de la pobreza en el Perú y los
250.000 comités en que fueron organizados los pobres en México

---

que resultaría del exceso de acciones, cada ciudadano recibiría un certifi-
cado que podría ser intercambiado por un determinado número o variedad
de acciones. El ensayo se cita en "How and How Not to Desocialize", por
Murray N. Rothbard, *The Review of Austrian Economics*, vol. 6, n°1, 1992,
pp. 72-74.

bajo el Programa Nacional de Solidaridad sirvieron, mayoritaria-
mente, al propósito de establecer eficientes maquinarias de clientelismo político, fortaleciendo las burocracias estatales de los pueblos
y localidades que administraban sus propias obras públicas. El resultado fue esta paradoja: tras desembarazarse de muchas empresas que perdían dinero, ¡el Estado latinoamericano siguió absor-
biendo un porcentaje similar o mayor de la riqueza del pueblo!

Pero la impugnación central que debe hacerse no es que los
objetivos de la privatización no fueron realizados. El problema
estriba en los objetivos mismos: ellos explican en gran parte por
qué la privatización de la economía no fue una transición hacia
un mercado libre. Si la preocupación primordial de los gobiernos en relación con las empresas estatales era la carga fiscal que
representaban, y si vender activos constituía la gran oportunidad
de obtener nuevos recursos, la privatización estaba, por definición, viciada de estatismo. Actuando en tanto que grupo de interés que además fijaba las reglas y tomaba las decisiones, el Estado buscaba, mediante la privatización, sus propios beneficios.
El hecho de que algunos de esos ingresos (por naturaleza temporales: no se puede privatizar dos veces los activos estatales)
fueran luego redistribuidos a los pobres, como ocurrió en el Perú
con parte del dinero de las ventas, agrandó el problema: surgió
una nueva dependencia y, una vez detenidos los ingresos relacionados con las privatizaciones, aquellos que habían "adquirido"
el derecho a disponer de ellos salieron a las calles. Por eso, los
gobiernos acabaron elevando los impuestos. En 2003, el Impuesto General a las Ventas fue elevado a 19% en Perú y el gobierno
creó un impuesto a las transacciones bancarias.

A lo largo de la historia, todos los Estados que se propusieron obtener recursos se aliaron con intereses privados capaces
de producir —es decir, de garantizarles— su tajada: el mercantilismo hecho esencia. Ningún Estado cuya principal preocupación es su propia subsistencia opera bajo el principio de que la
sociedad, en la medida en que crea riqueza, producirá los impuestos necesarios para la preservación de la estructura política
que la cobija. Lo que tiende a ocurrir, y fue ciertamente el caso
en América latina, es que el Estado se alía con intereses privados

capaces de suministrarle a corto plazo los ingresos que ansía. Porque la alianza entre el Estado y los intereses privados giró sobre el gozne de la transferencia de activos estatales a empresarios privados, es decir de la privatización, se ha cometido la equivocación de entender el proceso como reforma "liberal".

La privatización se volvió un instrumento mediante el cual las elites estatistas del nacionalismo económico, cuya capacidad para crear riqueza se había agotado, fueron reemplazadas por nuevas elites, hechas de intereses locales y foráneos atados a la economía exportadora y a los círculos financieros: versión expandida y muy actualizada de las viejas elites "capitalistas" anteriores al despunte del nacionalismo económico en América latina. En todos los países, el Estado, mediante la concesión de monopolios, la promulgación de reglamentos discriminatorios o el uso de subsidios, facilitó la creación de nuevos grupos que pasaron a dominar amplios espacios de la economía. En algunos casos los grupos estatistas hacieron su "reingeniería" de acuerdo con los nuevos tiempos, y en otros los nuevos grupos desplazaron a las elites del nacionalismo económico, pero en todos los países se impuso alguna forma de contubernio mercantilista (lo que en inglés se denomina *crony capitalism*).

Es cierto: puede señalarse muchos casos de industrias que desaparecieron porque ya no se les ofrecía protección y de compañías ineficientes que fueron barridas por sus competidores; también es cierto que la intensidad del contubernio mercantilista varía de país a país. Pero, en las economías de todos los países, los intereses más poderosos fueron, de una u otra forma, prebendarios del Estado. Tuvo lugar lo que hace muchas décadas, al describir el sistema de creación de riqueza latinoamericano, Andreski llamó "una involución parasitaria del capitalismo", definida como una "tendencia a buscar utilidades y alterar las condiciones del mercado por medios políticos, en el sentido más amplio del término"[316]. ¿No había sido ésta, precisamente,

---

[316] Stanislav Andreski, *Parasitism and Subversion: The Case of Latin America*, Nueva York, Schocken Books, 1969, p. 77.

una causa primordial de la ilegitimidad de la vieja república decimonónica?

La transición del nacionalismo económico al mal llamado "neoliberalismo" fue una transición en la posesión de activos pero no en el trato dado a los derechos de propiedad. Cambiaron de manos las posesiones, pero los derechos de propiedad siguieron siendo prerrogativa estatal. Es más: el propio rol del gobierno como entidad que vendía empresas estatales a oferentes privados reforzó la idea de que los derechos de propiedad son concesiones del Estado, premios que confiere el poder político a cambio de algo, como ocurría, en los viejos tiempos, cuando las autoridades otorgaban tierras en los territorios recién conquistados a personas escogidas por los servicios especiales brindados a la Corona o por su capacidad para pagar impuestos. La privatización —una transición de la posesión estatal a la privada— entronizó la noción de que la propiedad es una concesión política, no una ley universal que coloca los derechos en la esfera de cada individuo, más allá del poder del Estado, de modo que pueda ser objeto de libre contrato e intercambio.

El hecho de que los abanderados del libre mercado y del capitalismo en el mundo entero saludaran la privatización latinoamericana como si fuese el heraldo de una nueva sociedad, facilitó mucho la confusión. Murray Rothbard presentía a los falsos liberales cuando, hace un cuarto de siglo, criticó a los "utilitaristas" del libre mercado, que deberían en principio ser escépticos respecto de las virtudes de la intervención estatal, porque "están tan contentos de dejar el sostén fundamental del proceso del mercado —la definición de los derechos de propiedad y la asignación de títulos de propiedad— totalmente en las manos del Estado"[317]. La privatización fue una saludable renuncia a la participación del Estado en la producción y el comercio (con muchas excepciones), no una abjuración de la idea del Estado como la fuente, el supremo dispensador, de los derechos de propiedad pa-

---

[317] Murray N. Rothbard, "Justice and Property Rights", en *Egalitarianism as a Revolt Against Nature and Other Essays*, Auburn, Al., Ludwig von Mises Institute, 2000, p. 92.

ra servir sus propios fines. Ejercicio de investidura de determinados grupos mediante la concesión privilegiada de derechos y títulos de propiedad, la privatización rediseñó el perfil del poder económico en la sociedad de acuerdo con el criterio del Estado, es decir, de acuerdo con sus propias necesidades y ambiciones. En lugar de una dispersión del poder a lo largo y ancho de la sociedad en desmedro de la autoridad política, ocurrió una rotación del poder alrededor del eje del Estado. Es cierto que cualquier privatización, en la medida en que transfiere empresas estatales a determinados solicitantes, es una forma arbitraria de asignar derechos de propiedad. Pero las cosas empeoran cuando la transferencia de propiedades estatales se realiza de un modo deliberadamente concebido para fortalecer el papel del Estado como asignador autoritario e intervencionista de derechos de propiedad, sin el complemento de otras reformas que fortalezcan al individuo frente a la autoridad política. Aquí es cuando entra a tallar la transferencia de monopolios.

La privatización puso en evidencia que los monopolios son creaciones del Estado, desmintiendo la noción, muy extendida en América latina, de que se trata de males "capitalistas". Para elevar el precio de los activos y atraer la participación de poderosas corporaciones con acceso al crédito, la mayor parte de las transferencias en el campo de las telecomunicaciones y de los servicios básicos cobró la forma de una prebenda monopolística. También la subasta de otro tipo de empresas pasó por la cesión de derechos exclusivos. En el área de las telecomunicaciones, se confirió diversos tipos de monopolio al grupo CARSO en México, a Telefónica en el Perú, y en la Argentina, donde el mercado fue segmentado en diferentes áreas geográficas, a la propia Telefónica y a una alianza de France Télécom y Stet; en Venezuela, el Estado y la compañía estatal CANTV renegociaron su contrato como paso previo a la privatización para garantizar el monopolio en varios servicios[318]. En el campo de la electricidad, se

---

[318] Natan Zaidman, "Venezuela", en *Telecommunications in Latin America*, editado por Eli M. Noam, Nueva York, Oxford University Press, 1998, p. 122.

concedió monopolios en el Perú, Venezuela, Bolivia, la República Dominicana y hasta en Chile (donde la transmisión y distribución fueron objeto de derechos exclusivos y donde la generación se volvió una actividad duopólica con extensa integración vertical: Enersis acabó controlando los activos de la generación, transmisión y distribución de energía[319]). Se otorgó monopolios regionales para el gas en la Argentina. Los bancos de México pasaron a ser un oligopolio protegido por barreras contra la competencia que incluyen límites rigurosos a la participación extranjera, así como por un Estado que garantiza los depósitos y ejerce de prestamista de última instancia. El sistema ferroviario fue vendido en calidad de monopolio en Bolivia y, en Buenos Aires, cada una de las rutas del sistema privado de transporte pasó a ser explotada por una compañía (por no mencionar los monopolios regionales para el transporte de carga que siguieron existiendo en muchos países, apoyados por sindicatos poderosos); la línea de bandera peruana, Aeroperú, fue vendida a Aeroméxico con rutas internacionales exclusivas. Y un largo etcétera.

En muchos casos, los monopolios fueron fijados con límite de tiempo —entre cinco y diez años— pero ya sea mediante prórrogas directas o nuevos y sutiles reglamentos, los derechos exclusivos se han mantenido por mucho más tiempo. ¡Como si las redes de infraestructura de que gozan las empresas privatizadas de servicios básicos no fueran suficiente ventaja frente a potenciales competidores (es cierto que la tecnología ha encontrado nuevas maneras de eludir esas redes de infraestructura, erróneamente llamadas "monopolios naturales", tanto en el campo de las telecomunicaciones como en el de la electricidad, pero la condición previa para que esa tecnología se traduzca en competencia es libertad de acceso al mercado)! No sorprende que el resultado fueran grandes utilidades (en México, Telmex recuperó su

---

[319] Andrew Powell, "On Restructuring, Regulation and Competition in Utility Industries: The Experience in the United Kingdom and Implications for Latin America", Banco Interamericano de Desarrollo, Washington D.C., abril 1995, p. 30.

inversión inicial en dos años), precios astronómicos (en el Perú, las tarifas telefónicas se cuadruplicaron en los primeros años, mientras que las de la Argentina experimentaron un alza anual importante) y unos servicios que, siendo muy superiores a los existentes antes de la privatización, suscitaron encono y protesta en toda la región. Como cabía esperar, los escándalos de corrupción relacionados con estas privatizaciones convertidas en contubernios mercantilistas sacudieron al hemisferio desde México hasta la Argentina (Chile y el Brasil son los dos países en que las ventas de activos estatales resultaron menos corruptas). Y lo que es más importante: se formaron nuevos bolsones de poder económico, mediante alianzas entre intereses locales y extranjeros. Las leyes del gobierno fueron instrumento de un reacomodo de derechos de propiedad en la cúspide social.

Además de las transferencias directas de monopolios, hubo otras formas en que las autoridades gestionaron la formación de nuevos grupos de poder a través de las privatizaciones. Ellas van desde el crédito estatal hasta exenciones tributarias o férreas garantías políticas. En Chile, la compañía de electricidad Enersis, cuyo origen fue la empresa privatizada Chilectra, obtuvo ayuda estatal desde el comienzo: el Banco del Estado prestó dinero a los administradores de Chilectra, que habían sido nombrados por las autoridades, para que pudieran adquirir una participación del 20% en la empresa estatal. Unos años después, la principal compañía distribuidora de Chile se había transformado en un conglomerado privado, valorado en 5 mil millones de dólares (la adquirió luego Endesa, el gigante energético español). El funcionario que había nombrado originariamente a los administradores de la empresa estatal y facilitado la adquisición de la compañía desde su administración como fórmula de traspaso a la propiedad privada fue, años después, contratado por Enersis. Otros grupos de interés chilenos que surgieron de la privatización de empresas del Estado recibieron beneficios tributarios o subsidios indirectos, y, lo que es más importante, buena parte de su capacidad para adquirir propiedades estatales se debió al acceso al crédito facilitado por el Estado. La nueva clase empresarial fue hasta cierto punto facilitada por el Estado, aun cuando

Chile ha avanzado más que sus vecinos en la creación de una economía de mercado competitiva.

El Brasil regaló exenciones tributarias a las empresas privatizadas, especialmente en el campo de las telecomunicaciones. El Perú exoneró del impuesto a la renta por diez años a las grandes empresas de energía. México garantizó los depósitos del oligopolio que pasó a controlar la banca privatizada, lo que costó a los contribuyentes 68 mil millones de dólares cuando la irresponsabilidad financiera de unos administradores que se sentían protegidos por esa garantía oficial derivó en espectaculares quiebras bancarias (en toda América latina la expansión del crédito fue instrumento clave del Estado para favorecer a los intereses privados vinculados a las privatizaciones, elevando los pasivos del sistema bancario y dando pie a zozobras no muy distintas de las que en la segunda mitad de los años '90 provocaron los créditos politizados en el Asia; el caso de FOBAPROA, en México, fue el más notorio[320]). También se dio garantías por miles de millones de dólares a los adjudicatarios de las concesiones de carreteras.

En un hecho tristemente célebre, consciente de su propio rol como pionero de los nuevos grupos de la clase dirigente en su país (y de la expansión de algunos antiguos), el presidente Salinas se reunió con los hombres de negocios más prominentes de México durante la campaña de 1994 a fin de solicitar cientos de millones de dólares para la reelección del PRI. En la Argentina, 10 grupos de interés controlan la mayor parte del poder económico. Muchos de ellos —Techint, Pérez Companc, Macri o Citicorp Equity Investment— se hicieron fuertes aliándose con intereses foráneos, que les garantizaron capital fresco a través de los mercados de valores y de bonos, ofreciéndoles a su vez el acceso privilegiado, de naturaleza política, a las entidades privatizadas, así como a las concesiones y contratos de obras públicas. En general, los sectores más atractivos de la economía privatizada, co-

---

[320] Sólo algo menos de la tercera parte de los créditos relacionados con ese caso estaban garantizados con bienes de los prestatarios.

mo la banca, la energía y las telecomunicaciones, han tendido a
ser dominados por intereses extranjeros aliados con intereses locales más pequeños, con la ayuda del gobierno en forma de derechos monopolísticos (o de integración vertical en el negocio de
energía), exenciones fiscales, reglamentación discriminatoria y
expansión crediticia.

La privatización no sólo sirvió como herramienta para la recomposición de la clase dirigente, y para propiciar mayor eficiencia, generar una mejor calidad y desembarazar al Estado de una
carga fiscal. La entraña anticompetitiva del proceso aumentó
también las oportunidades para el reglamentarismo y la inestabilidad jurídica. Como muchas de las empresas de servicios básicos afectan la vida diaria de millones de personas, una vez que
fueron transferidas por el Estado, los ciudadanos adquirieron
mayor conciencia de la interferencia estatal. Paradójicamente, al
tiempo que los Estados dispensaron privilegios a los dueños privados de las antiguas empresas estatales, también percibieron la
necesidad política de una reglamentación que asegurase que los
precios y tarifas de los productos y servicios en cuestión no su-
bieran demasiado. Ésta es la razón por la cual el Estado chileno,
como otros, regula periódicamente las tarifas de electricidad e
introduce de tanto en tanto nuevos constreñimientos, y por la
cual el Estado peruano, en lo que constituye un patrón regional,
usa "entes reguladores" (la sola expresión hiela los dientes) especialmente creados para interferir los mercados de la telefonía, la
electricidad, el transporte y la propiedad intelectual. Esos entes
reguladores constituyen en la práctica nuevas formas de empresa estatal: desenlace irónico de un proceso cuyo supuesto fin era
eliminar las entidades del Estado. El sistema que se ha usado
hasta hoy es la regulación de tarifas en base a precios tope, como en el Reino Unido, en lugar de la regulación en base a la tasa de retorno, como en los Estados Unidos. Pero hay diferencias
importantes con el Reino Unido: los entes reguladores latinoamericanos son instrumentos del gobierno y las normas relacionadas con las empresas de servicios básicos son muy específicas
y están detalladas en una jungla de documentos legales. Son la
nueva forma que ha encontrado el Estado para impedir que los

ciudadanos comunes —los consumidores— dicten a los grandes capitalistas qué, cuánto y a qué precio vender.

El origen del problema está, desde luego, en el hecho de que los Estados han creado monopolios privados en esas áreas. Es un error general: aun en el Reino Unido la privatización generó duopolios (en las telecomunicaciones y la generación de electricidad) y monopolios (en la distribución de electricidad, gas y agua), que crearon la necesidad de unos entes reguladores encargados de la tarea que la competencia podría haber realizado por sí sola fácilmente[321]. El resultado fue el continuo forcejeo legal y la insatisfacción de los consumidores. De no haber habido monopolios inducidos por el Estado (a la larga se permitió mayor competencia), no habría habido ninguna necesidad de regular las tarifas en el Reino Unido porque el proceso competitivo hubiera servido a los consumidores de manera mucho más efectiva[322]. Los contratos privados hubieran sido mucho mejores que los reguladores, quienes por definición no están en condiciones de calcular los costos de las compañías interesadas y los precios que deben cobrar por sus servicios.

América latina desaprovechó por completo las lecciones de la experiencia británica. Tratando de limitar los efectos devastadores de sus propias políticas en los consumidores al impedir, de forma abierta o hipócrita, el acceso al mercado de nuevos participantes, los Estados latinoamericanos han fijado precios máximos para los servicios. Naturalmente, no han logrado bajar los precios y las tarifas tanto como hubiera sido posible de haber

---

[321] Andrew Powell, "On Restructuring, Regulation and Competition in Utility Industries: The Experience in the United Kingdom and Implications for Latin America", Banco Interamericano de Desarrollo, Washington D.C., abril 1995, pp. 9-11.

[322] Por "proceso competitivo" entiendo una competencia en tanto que actividad empresarial: a decir de Israel Kirzner, un proceso continuo de descubrimiento que beneficia a todos los participantes, no una ley del más fuerte en la que aquellos que ejercen más poder sacan a otros productores del mercado y dictan las condiciones. Véase *Competition and Entrepreneurship*, Chicago, The University of Chicago Press, 1973, pp. 88-134.

existido una mayor competencia, de modo que el beneficio político de su intervención es mínimo.

Los monopolios privados gozaron de un poder suficiente para influir parcialmente en la regulación de las tarifas, y la interdependencia suscitada entre ellos y los respectivos Estados fue tal, que ambos desarrollaron un interés en lograr acuerdos. Como ha observado Arthur Seldon, "la regulación invariablemente acaba favoreciendo a las industrias reguladas" y "los regulados capturan a los reguladores"[323], lo que al final crea condiciones para el pedido de mayor intervención política (en los Estados Unidos, donde una abundante reglamentación que cuesta a las empresas hasta 1 billón de dólares anuales[324] ha interferido cada vez más en la vida de la gente en las últimas décadas, hay una conciencia creciente acerca del peligro de que la economía pierda competitividad en el futuro. Como los políticos estadounidenses van constatando, una vez que un reglamento es promulgado, derogarlo es una tarea hercúlea). El costo político de tener a los consumidores insatisfechos hizo finalmente inevitable una regulación muy intervencionista dado el tipo de mercados formados por las transferencias monopolísticas. La regulación de tarifas acabó disuadiendo a las compañías de hacer mayores inversiones de capital y de ofrecer aun mejores servicios o de expandir sus actividades (excepto a través de nuevos privilegios otorgados por el Estado).

Muchos otros reglamentos —en todo tipo de áreas: desde la vivienda hasta el mercado laboral— perjudicaron a los productores durante los años de las reformas, afectando el volumen y/o la calidad de la oferta, y por tanto dañando en última instancia también a los consumidores, esos millones de ciudadanos laboriosos y desamparados a quienes se les niega información básica cuando su flujo es interrumpido por los burócratas. Las enti-

---

[323] Arthur Seldon, *Capitalism*, Cambridge, Mas., Basil Blackwell, 1990, p. 164.

[324] Un billón equivale a *one trillion* en inglés. "Business Regulations in America: Gaming the Rules", *The Economist*, 26 de julio, 2003, p. 12.

258 ÁLVARO VARGAS LLOSA

dades dedicadas a la defensa de los consumidores desperdicia-
ron recursos tratando de suministrar un servicio que sólo la competencia podía ofrecer.

Más adelante, las empresas de servicios básicos se enfrasca-
ron en agrias disputas legales con las autoridades, usando su
considerable poder de influencias para defender su causa. Un
ejemplo de la cadena de efectos negativos derivados de la concesión de monopolios y la consiguiente intervención de entes
reguladores es el de la República Dominicana, donde la firma española Unión Fenosa, parcialmente dueña de la empresa de electricidad, pasó de ganar mucho dinero a pedir que el Estado sub-
vencionara a las distribuidoras Edenorte y Edesur porque ya no
producían utilidades. En respuesta, el gobierno escandalizó al
país declarando que había habido corrupción en la transferencia de las acciones privatizadas en beneficio de Unión Fenosa,
aprobada por el gobierno anterior. Finalmente, el Estado tomó
su control. Lo que empezó como la transferencia de un monopolio y fue agravado con la interferencia reguladora suscitada por
ese vicio de origen, se volvió, pues, fuente de inestabilidad, lo
mismo política que jurídica. Similares conflictos han ocurrido
en el Perú, donde las empresas de energía eléctrica y la compañía telefónica dominante han sido objeto de denuncias —tanto
por tarifas "excesivas" como por asuntos éticos— por parte de
políticos y periodistas que no asocian el origen del problema con
el tipo de transferencias realizadas por las autoridades, cuyas acciones han fortalecido por tanto a los entes reguladores. Consecuencia de la privatización monopolística, al verse incapaces de
controlar los precios de un modo eficaz, los entes reguladores
son también objeto de vituperación. Bajo presión pública, tienden a penalizar a las compañías privadas en lugar de beneficiar
a los consumidores abriendo la competencia[325].

---

[325] Laurence Whitehead ha escrito acerca de lo difícil que es introducir
competencia y obtener resultados óptimos en el mercado a través de la regulación de tarifas en el contexto de los monopolios y privilegios otorgados
por el Estado. Véase "Privatization and Public Interest: Partial Theories,

Los entes reguladores no han ayudado a los latinoamericanos comunes porque los males del problema original —el privilegio— son mayores que las bondades de los precios máximos y porque, por medio de los desincentivos, esos precios regulados y los otros reglamentos fuerzan a los dueños de las empresas privatizadas a transferir los costos a sus clientes. Ello crea, a su vez, tensiones políticas y jurídicas entre la empresa privada y el Estado. Las tensiones no dislocan el nuevo patrón que forma la clase dirigente: el resultado siempre deja a las empresas dominantes en posición envidiable. El proceso, sin embargo, perpetúa una vieja tradición de fragilidad institucional, refuerza el poder político como fuente de derechos y fija el foco de la creación de riqueza en la relación entre el Estado y los intereses creados. Ello no implica, desde luego, que cuando la supervisión de una actividad particular es transferida de las agencias administrativas del Estado a los tribunales de justicia, como pasó en Chile con los derechos del agua en 1981, las cosas mejoran de inmediato en todos los frentes (Chile, por otra parte, tiene ahora una cobertura casi universal en materia de agua y servicios sanitarios[326]). Las normas políticas que proveen el marco legal, la influencia de ciertos intereses en la judicatura y la falta de una tradición de libre comercio pueden seguir conspirando contra la salud de un mercado. Pero los entes reguladores sólo añaden problemas nuevos a los antiguos. Un funcionamiento adecuado de los tribunales de justicia, no una mayor burocracia, es la forma de atacar estos antiguos problemas.

Lopsided Outcomes", por Laurence Whitehead, en *Liberalization and its Consequences: A Comparative Perspective on Latin America and Eastern Europe*, editado por Werner Baer y Joseph L. Love, Northampton, Mas., Edward Edgar, 2000, pp. 264-271. El asunto también es abordado con referencia especial a los monopolios de las telecomunicaciones en *Telecommunications in Latin America*, editado por Eli M. Noam, Nueva York, Oxford University Press, 1998.

[326] En Chile, los usuarios pagan por el agua, pero se da a los pobres un subsidio directo para que puedan afrontar el costo.

Porque los Estados y las empresas privadas tienen intereses comunes, estas disputas acaban por producir transacciones y entendimientos. Eso mismo ocurrió, por ejemplo, cuando hubo un intento de eliminar la exención de impuestos que el Estado había otorgado por diez años a las empresas de electricidad en el Perú y, tras mucha confrontación, las autoridades permitieron que el mecanismo del arbitraje favoreciera a las compañías privadas para evitar males mayores (o cuando, en 2003, la presión política forzó a Telefónica a reducir su tarifa básica en 31%, algo que podía haberse hecho de manera mucho más fluida y sana por vía de la competencia). Pero la consecuencia, a la larga, es el retorno, bajo presión pública, del estatismo. En la Argentina, el caos creado por la privatización desembocó, en 2004, en la decisión del presidente Néstor Kirchner de ¡crear otra nueva empresa del Estado para garantizar el suministro de energía!

Los efectos del monopolio en un mundo competitivo salieron a relucir en el nuevo milenio, cuando México enfrentó una pérdida de inversiones y por tanto de empleos a raíz del traslado de unas 300 plantas industriales a la China entre 2001 y 2003[327]. Bajo el monopolio estatal, el costo de la energía es 20% mayor que el de los países competidores; bajo el régimen que ha protegido a Telmex, los costos de las comunicaciones son mayores también, y lo restringido del mercado del transporte se traduce en que la proximidad de México a los Estados Unidos no entraña una ventaja decisiva sobre el Asia[328].

No sorprende que las privatizaciones en América latina dejaran pasar la oportunidad de difundir las acciones entre la población. A pesar de sus errores, la política de privatizaciones del Reino Unido abrió las puertas a millones de personas para que participaran en las acciones de las empresas, dándoles poder

---

[327] Hacia 2003, la inversión extranjera en la China ya equivalía a la inversión extranjera en 33 países de las Américas.

[328] "Mexico's Economy: The Sucking Sound From the East", *The Economist*, 26 de julio, 2003, pp. 35-36.

por la vía del acceso a la propiedad y haciendo posible que, a través del capital, desarrollaran un interés en la riqueza generada por las compañías privatizadas. Algunos de los países centroeuropeos, como la República Checa, también reconocieron el derecho de sus ciudadanos a adquirir acciones en las firmas privatizadas (los bancos luego compraron al público una gran cantidad de ellas, sin embargo, y, como ocurre en Alemania y el Japón, se volvieron socios importantes de las grandes corporaciones). En América latina, ningún gobierno hizo un esfuerzo remotamente comparable por aprovechar la desestatización para difundir la propiedad entre ciudadanos que eran, en sentido estricto, los verdaderos dueños de los activos estatales, porque habían mezclado su trabajo con ellos o porque, a través de los impuestos o de la pérdida de capital ocasionados por la existencia misma de las compañías, habían sido obligados a sostenerlas. Chile sí se las ingenió para hacer posible que unas 100.000 personas adquiriesen acciones y para vender unas 400.000 viviendas a los menos favorecidos, lo que no es un logro insignificante. Bolivia reservó un porcentaje de sus seis principales entidades estatales para el público, transfiriendo sus nuevas acciones al sistema privado de pensiones. Hubo una muy pequeña participación de los trabajadores en la transferencia de empresas estatales en la Argentina, en el campo de las telecomunicaciones, el petróleo y el servicio postal, mientras que el Perú estableció un fondo de jubilación formado por acciones de pensionistas del Estado y de trabajadores despedidos de las empresas privatizadas —Fondo Nacional de Ahorro Público (FONAHPU)—, con un valor original de 1,3 mil millones de dólares, pero que sirvió en su mayor parte para cubrir el déficit fiscal. Estos y otros casos particulares no ofrecieron acceso a la propiedad plena a vastos sectores de la región. Con excepción de Chile, los trabajadores o los jubilados dueños de las acciones no eran libres de venderlas.

La difusión del poder, el investir de capital a millones de personas dándoles, simplemente, libertad para adquirir acciones, no fue un objetivo de la privatización latinoamericana. El capitalismo popular no era compatible con la necesidad de maximizar los ingresos inmediatos del Estado en forma de recaudación fiscal y de crédito por parte de grandes corporaciones, bancos y fondos privados de pensiones que compraron bonos del Estado. Investir de capital a ciertos ciudadanos, a partir de un ejercicio político de arriba hacia abajo, es una forma de intervención estatal por muchos que sean los beneficiarios y, como tal, injusta en relación con los que quedan de lado. El problema se origina en la necesidad de transferir activos estatales. Dado que acabarán, de una u otra forma, en manos privadas, abrir las puertas a la participación de los trabajadores que afrontan posibles despidos y a un público más amplio con poca experiencia práctica acerca de los beneficios del verdadero capitalismo liberal es una manera de limitar los efectos de la intervención estatal inherente al acto mismo de privatizar una empresa. A ello se añade el hecho de que tanto trabajadores como contribuyentes en general han adquirido un cierto derecho sobre empresas estatales que, después de todo, se han sostenido gracias a ellos. En todo caso, los trabajadores y ciudadanos comunes son quienes escogen participar o no, mientras que la función del Estado es permitirles acceso a la posesión de acciones si lo desean.

El único esfuerzo que se hizo para permitir a las masas acceso al capital fue la privatización de las jubilaciones. Pero aun cuando muchos ciudadanos recuperaron el derecho a gozar de los frutos de su trabajo, se mantuvo el régimen de pensiones estatales en la mayor parte de los países, a un costo de ningún modo circunscrito a quienes pagan los impuestos sobre la nómina. Por lo demás, la reforma de las pensiones no fue inocente de contubernios mercantilistas: en muchos países, los fondos de pensiones fueron obligados a invertir de forma masiva en bonos del Estado. Así, se siguió esa muy antigua tradición por la cual el Estado intercambia concesiones —derechos de propiedad limitados— por financiamiento. En México, la ley estipuló que al menos 64% de las carteras de los fondos de pensiones debían invertirse en bonos del Estado. Hacia 2003, a pesar de que fue eliminado el requisito, los distintos reglamentos se encargaron de que casi 90% del dinero de los jubilados estuviera invertido en dichos instrumentos[329]. En la Argentina, los fondos de pensiones estaban en buena parte invertidos en bonos del Estado cuando el Estado decretó la suspensión de pagos sobre la mayor parte de su deuda externa, que ascendía en total a 141 mil millones de dólares, a fines de 2001. Tras suspender también el pago de su deuda interna para "reestructurarla" y devaluar su moneda, acabó expropiando los ahorros de los jubilados. En 2003, el gobierno volvió a agredirlos, decretando que sólo honraría ¡un pequeño porcentaje del valor nominal de los bonos!

Una objeción final a la política de privatizaciones: los Estados restringieron o impidieron la propiedad privada en áreas como el medio ambiente. Las autoridades políticas todavía no han comprendido que la mejor protección al medio ambiente son unos derechos de propiedad claramente definidos que susciten una responsabilidad individual en lugar de general. Esto es, precisamente, lo que entraña una privatización competitiva, ya que sólo el individuo que debe asumir las consecuencias de sus acciones, sus yerros y sus éxitos, es responsable de un activo. Concesiones como las que se han otorgado en las selvas de la Amazonia son formas limitadas de propiedad que generan incentivos para la explotación inmediata en lugar de la preservación a largo plazo, lo que perjudica en particular a las comunidades indígenas. En aquellas partes de la Amazonia brasileña (cuya extensión total es de cinco millones de kilómetros cuadrados) donde han ido estableciéndose asentamientos a lo largo de los años, el Estado retiene el derecho a redistribuir la tierra si las grandes propiedades no están dedicadas a producir, situación ambigua, desde el punto de vista de los derechos de propiedad, que a menudo abre resquicios para la expropiación o la legitimización de invasiones violentas. Del mismo modo, las pequeñas propiedades con títulos dudosos son ellas mismas víctimas de las acciones depredadoras de las grandes compañías. La inversión, por tanto, es limitada[330].

[329] "Safety First: Mexican Pension Funds", *The Economist*, 26 de abril, 2003, p. 66.

[330] Anthony Hall ha escrito acerca de la política del Estado brasileño consistente, desde los años '60, en incentivar a grandes grupos, mediante el uso

Sólo Chile obtiene la mayor parte de su madera de plantaciones forestales recientes. Otros —desde el Brasil y la Argentina hasta el Uruguay, el Perú y Costa Rica— han tomado iniciativas tardías y parciales en esa dirección pero, aun cuando rindan frutos, a fines de esta década la mayor parte de la madera seguirá siendo extraída de bosques originales. Los impedimentos a la iniciativa privada continúan socavando los ecosistemas.

Gracias al *crony capitalism*, las reformas de América latina preservaron los fundamentos del subdesarrollo de la región: el corporativismo, el mercantilismo de Estado, el privilegio, la transferencia de riqueza y la ley política. Los intereses favorecidos fueron los nuevos socios corporativos del Estado. Por medio de diversos mecanismos mercantilistas, el Estado asignó el capital a negocios privados. Las oportunidades económicas fueron reservadas para los sectores escogidos de la clase dirigente. Como siempre, el sistema produjo rentas, es decir utilidades depre-

---

de subsidios, para que se establezcan en la Amazonia, lo que ha derivado en la gradual usurpación de tierras pertenecientes a los pequeños agricultures y a los indígenas, provocando graves consecuencias sociales. Desde 1971, el Estado ha mantenido el poder legal de otorgar tierras a los colonos casi en cualquier parte. Primero, fueron atendidos los reclamos de pequeños colonos, pero de forma gradual los intereses mucho más grandes, incluyendo los ganaderos, resultaron los principales beneficiarios. Un grupo particularmente afectado ha sido el de los caucheros (*seringueiros*) que se ganan la vida en base a la extracción y la agricultura de subsistencia en el noroeste. Las zonas del caucho, vastas reservas de tierra y madera, han sido tomadas por estos grandes intereses beneficiarios de la intervención del Estado. La reacción por parte de los pequeños agricultores (y de los campesinos sin tierra) ha sido violenta, y los conflictos se han extendido a otras zonas. Los movimientos populares han obligado al Estado a hacer algunas concesiones, pero la naturaleza misma del conflicto ha fortalecido el papel de las autoridades políticas en la región amazónica. Véase "Privatizing the Commons: Liberalization, Land and Livelihoods", por Anthony Hall, en *Liberalization and its Consequences: A Comparative Perspective on Latin America and Eastern Europe*, editado por Werner Baer y Joseph L. Love, Northampton, Mas., Edward Edgar, 2000, pp. 235-238, 241-243.

dadoras que resultaron de la intervención estatal, no de la habilidad de los productores para satisfacer al público en general; la riqueza fue por tanto redistribuida de abajo hacia arriba. Y, finalmente, en el trance de desmontar el estatismo, los gobiernos de América latina entronizaron el mal estatista por excelencia: la subordinación de la ley al imperio del poder político. La ley política fue el mecanismo a través del cual se gestaron las nuevas formas de corporativismo, mercantilismo de Estado, privilegio y transferencia de riqueza.

De privilegio en privilegio

La privatización no fue el único vehículo mediante el cual la transición reforzó el sistema tradicional que —se suponía— debía desmontar. Todas las otras reformas —en los campos monetario, fiscal, tributario, comercial y financiero, así como en el régimen de inversiones y la legislación laboral— llevaron implícitas las reglas de juego propias del contubernio mercantilista: el Estado, a medida que emprendía su retirada aparente, dotaba de poderes, de modo sutil o no tan sutil, a ciertos intereses, a expensas de los menos afortunados.

La reforma monetaria y fiscal redujo la inflación y trajo estabilidad. Pero el poder discrecional de las autoridades monetarias (que administran por definición un monopolio peligroso, en este caso la impresión de dinero) se usó —y se usa— de múltiples formas, por ejemplo para atraer inversores extranjeros con una tasa de cambio que transfiere los costos a otros productores y unas altas tasas de interés que aumentan la carga sobre los prestatarios. Los niveles de la reserva fraccionaria obligatoria (encaje bancario) son elevados o reducidos según el gobierno quiera aumentar o disminuir el dinero en circulación, y, aun cuando fueron eliminadas las restricciones que pesaban sobre las tasas de interés, las autoridades influyen todavía en el precio del dinero manipulando las tasas de sus propias instituciones monetarias o simplemente endeudándose. Aun bajo la política de la "convertibilidad", el Banco Central argentino usó sus activos y reservas para neutralizar o compensar, según fuera el caso, las divisas que entraban o que salían[331].

El gasto fiscal siguió siendo alto en todas partes. En realidad, aumentó: hacia fines de la década, toda la región tenía déficit significativos, que hoy subsisten, además de que determinados sectores reciben subsidios que otros deben pagar. Los déficit fueron en ciertos casos menores que en la década de 1980 sólo porque creció la recaudación fiscal, no porque el Estado haya entendido su propia naturaleza depredadora, el impuesto automático que su mera existencia descarga sobre la capacidad productiva de la sociedad. La descentralización de poderes desde el gobierno federal hacia los gobiernos de los Estados provinciales ha hecho crecer de forma obscena el gasto total en el Brasil y en la Argentina. Las transferencias del gobierno federal argentino a las provincias aumentaron en 33% entre 1994 y 2000[332]. El desbarajuste provocado en las cuentas del Estado por el elevado gasto (incluidos los costos de la deuda por el aumento de las tasas de interés estadounidenses) a la larga desembocó en la suspensión de pagos, el fin de la "convertibilidad" —el nombre dado al *currency board*, que no fue nunca ortodoxo— y el caos político que tumbó tres gobiernos seguidos. El gasto fiscal del Brasil (sumando el del gobierno federal y el de los Estados) todavía equivale a más de un tercio del tamaño de su economía. El gasto fiscal latinoamericano, que asciende, en líneas generales, a un valor estimado entre un cuarto y un tercio del PBI —y en algunos casos a más, debido al servicio de deudas particularmente onerosas—, es mucho mayor del que existía en las naciones actualmente

---

[331] Steve Hanke, *Argentina: Caveat Lector*, texto preparado con ocasión de la Vigésima Conferencia Monetaria Anual del Cato Institute, Nueva York, 17 de octubre, 2002, p. 2.

[332] Hacia fines de la década de 1990, 56% de todos los recursos recibidos por las provincias provinieron de la bolsa común de los impuestos recaudados por el gobierno federal. Véase "Fiscal Federalism in Argentina: Fiscal Policies, Politics and Institutional Reforms", por Mariano Tommasi, Sebastian Saiegh y Pablo Sanguinetti, *Economía* (*The Journal of the Latin American and Caribbean Economic Association*), primavera 2001, p. 151.

prósperas cuando ellas andaban en un nivel comparable de desarrollo (por no mencionar que el tamaño del Estado no sólo se mide por el volumen del gasto público sino por una serie de factores adicionales que atentan contra la capacidad productiva de los ciudadanos)[333].

La política tributaria fue diseñada en teoría para reducir el peso de los impuestos, así como para simplificar y homologar el sistema. Pero la enorme diferencia en el trato dado a las grandes corporaciones y a los pequeños negocios, a los empleados y los trabajadores por cuenta propia, a las diversas industrias y a la agricultura, y, en un plano más general, al ahorro, la producción y el consumo, hizo que la asignación de recursos estuviera gobernada por el poder político y que ciertos grupos obtuvieron rentas a expensas de otros.

Las exenciones de impuestos de que han gozado las maquiladoras en México, así como las zonas francas, son ejemplos obvios de cómo la política tributaria del Estado ha sido usada para dirigir recursos hacia determinadas actividades. Igual ocurrió con el IVA selectivo en la Argentina, que en su día exoneró de pago al cable, al seguro médico y a la industria publicitaria, y permitió a ciertos negocios pagar la mitad del altísimo monto general: 21%. En el Perú, mientras tanto, cuando se suponía que debía bajar la carga tributaria, todo tipo de impuestos se colaron de vuelta. Un "impuesto extraordinario de solidaridad", por ejemplo, vino a golpear, en plena recesión, a los pocos negocios que pagan impuestos. Desmintiendo la naturaleza transitoria expre-

---

[333] Victor Bulmer-Thomas señala, con acierto, que en la década de 1990, al retirarse el Estado de áreas en las que antes estaba activo, el epicentro de las políticas de inversión se desplazó hacia el sector privado, que depende del crédito (de las emisiones de bonos) y de la venta de títulos en el extranjero para obtener capitales para sus inversiones. Por tanto, la percepción de riesgo que la irresponsabilidad de los gobiernos genera en el exterior daña a la economía. Véase "Economic Performance and the State in Latin America", por Victor Bulmer-Thomas, en *Liberalization and its Consequences: A Comparative Perspective on Latin America and Eastern Europe*, editado por Werner Baer y Joseph L. Love, Northampton, Mas., Edward Edgar, 2000, p. 28.

sada en su pomposo título, el impuesto sigue existiendo. Un "impuesto selectivo al consumo" que aumenta notablemente el precio del combustible transfiere, además, a los conductores de automóviles y dueños de plantas industriales el costo del déficit fiscal. Aunque se apuntó al consumo en todos los países, el grueso de los impuestos que se cobran en América latina, desde el gravamen sobre la renta hasta el IVA y otros más, ha seguido penalizando al capital y creando incentivos para el consumo inmediato.

Hubo una reducción de las barreras comerciales y el comercio fue objeto de una cierta desreglamentación, pero en casi todas partes los aranceles y otros tipos de obstáculos distinguieron considerablemente entre los bienes de capital, los productos manufacturados, los productos agrícolas y los productos ganaderos: tejido laberíntico que redistribuye la riqueza. América latina perdió de vista la premisa de que el objetivo real del intercambio es el consumo y las exportaciones son un medio para obtener los recursos con los cuales se pagan las importaciones. En un mundo ideal, un país obtendría todas sus importaciones sin tener que vender nada para conseguir las divisas con que comprarlas. Como el mundo no es un lugar ideal, los países necesitan exportar para importar, o atraer suficiente capital para poder pagar sus importaciones si sus exportaciones no bastan para cubrir el costo. Hay una anomalía de partida en el hecho de que los gobiernos negocien acuerdos comerciales. En las últimas dos décadas, pero especialmente en los últimos años, un abrumador número de acuerdos han originado organismos burocráticos y arreglos por separado dependiendo de cuál es el socio. No son, sin embargo, los gobiernos sino los ciudadanos los que comercian, y lo que informa el comercio no son discursos y cláusulas —el alma de las negociaciones comerciales— sino bienes y servicios. La multitud de negociaciones y acuerdos comerciales que han tenido lugar en el hemisferio occidental sólo puede ser indicadora de que ningún gobierno ve el comercio como una actividad espontánea de personas que quieren obtener beneficios unas de otras. Lo entienden como un ejercicio militar cuyo objetivo es capturar cuanto territorio sea posible y conceder tan poco como sea posible. Uno se pregunta qué efecto hubiera tenido esta visión del comercio en Richard Cobden, que trajo prosperidad al Reino Unido al forzar, a mediados de siglo XIX, la derogación de las Leyes del Maíz: pensaba que la política y el comercio no debían mezclarse.

Muchos países se encontraron en la absurda situación de seguir negociando entre sí, y por partida múltiple, aun después de haber sellado acuerdos bilaterales. Ése fue el caso de los Estados Unidos y Chile, que, tras firmar su propio acuerdo, se volvieron a encontrar en las conversaciones relacionadas con el ALCA, o del Perú, que, tras asumir la condición de "asociado" al Mercosur, debió volver a negociar con sus propios socios, esta vez como miembro de la Comunidad Andina de Naciones, que pretendía relaciones formales con aquel club. Todos estos países discutían, al mismo tiempo, el ALCA y, por supuesto, participaban en las conversaciones de la Ronda Doha de la Organización Mundial del Comercio. ¡Todo ello en nombre de ciudadanos que desean comerciar entre ellos de forma espontánea y libre!

Los aranceles dirigidos, en Guatemala, contra la importación de productos avícolas de la empresa estadounidense Tyson y los impuestos contra la importación de concreto en México beneficiaron a poderosos grupos de presión locales. Lo mismo ocurrió con las barreras mexicanas contra el calzado chino y las manzanas Starkin, o con la protección que otorgó el gobierno peruano a los productos lácteos y los productos en base a harina. En la Argentina, la alta protección arancelaria otorgada a la industria automovilística desvió mucho capital local hacia la fabricación de autos: al iniciarse el nuevo milenio, el número de fabricantes se había duplicado. ¡Ese mismo país debió elevar 71 de un total de 97 grupos de aranceles para adecuarse a los reglamentos del Mercosur! En Chile, la agricultura goza de un escudo mayor que otras actividades y las plantaciones forestales vinculadas a la exportación han recibido subsidios. En Colombia, los cafetaleros han tenido participación directa en el Ejecutivo. A pesar de todo el favoritismo desplegado en beneficio de la economía de exportación, sólo México, América Central y la Argentina han mejorado sus cuotas de mercado en el exterior. La participación de la región latinoamericana en el comercio mundial se sitúa en un todavía modesto 6,1%[334].

El uso selectivo de aranceles perjudicó a muchos consumidores en favor de unos pocos productores y el uso de subsidios para ciertas exportaciones hizo de las exportaciones —es decir, de la venta de productos— en lugar de las importaciones —es decir, la adquisición de bienes y servicios— el objetivo del intercambio. Esta visión distorsiona la naturaleza misma de una actividad que nació, en los comienzos de la civilización, con el fin de expandir el consumo de los individuos, al descubrirse que, especializándose en ciertos productos y vendiéndolos, las personas podían adquirir bienes que otros producían y ellas deseaban. Lo que invita a mayor perplejidad es que un país como Estados Unidos se haya obstinado en reforzar en lugar de socavar el proteccionismo latinoamericano. Como condición para el Tratado de Libre Comercio con América Central, en las conversaciones ocurridas a lo largo de 2003, Estados Unidos exigió a los países centroamericanos fijar, antes, su propio mercado común. ¿Consecuencia? Los países más abiertos se deberán adaptar a sus vecinos más cerrados, aceptar una batería de reglamentos estadounidenses y excluir ciertos temas del acuerdo en marcha[335].

La desreglamentación financiera, por su parte, vino de la mano con las garantías del Estado orientadas a promover el crédito privado para que los beneficiarios de las privatizaciones y concesiones pudieran expandir sus actividades. El costo recayó finalmente sobre los contribuyentes, que, por ejemplo en México, pagaron un paquete de rescate bancario de 68 mil millones de dólares, y sobre los ahorristas, productores y acreedores del Perú cuando una crisis de liquidez interrumpió por largo tiempo la cadena de pagos (también se empleó algo menos de mil millones de dólares del dinero de los contribuyentes peruanos en

---

[334] "Panorama de la inserción internacional de América latina y el Caribe, 2000-2001", Santiago, Chile, CEPAL, marzo, 2002.

[335] Manuel F. Ayau, "An Unfree Trade Agreement for Central America", *The Wall Street Journal*, 8 de agosto, 2003, p. A9.

los rescates bancarios por las irresponsables políticas crediticias a que dieron pie las garantías estatales). Cuando están respaldados por una "póliza de seguro" implícita o explícita, los bancos no tienen alicientes para mantener suficiente liquidez. Lo opuesto ocurrió en Venezuela: para ayudar a los bancos inundados por el exceso de liquidez en moneda local tras el aumento de los ingresos petroleros provocado por una devaluación monetaria, el Estado les vendió bonos especiales. El hecho de que los gobiernos latinoamericanos extendieran garantías a los depósitos y créditos no fue obstáculo, por cierto, para que además impusieran diversos niveles de encaje o reserva fraccionaria.

La legislación laboral, área en que la reforma fue más tímida, también administró premios y castigos. Las leyes laborales, que datan de la era de Perón, contrajeron la productividad en la Argentina e hicieron de la reforma, a ojos del país, sinónimo de un desempleo de dos dígitos. Como ha ocurrido en otras zonas de la economía en virtud de la intervención favoritista del Estado, el sistema que eleva el costo de emplear personas ha tenido beneficiarios específicos, en este caso una oligarquía sindical sostenida con el dinero de los contribuyentes y que, como en muchos otros países, reúne un gran poder en base a la negociación colectiva por rama y no por empresa (la negociación colectiva por empresa es también, por cierto, una limitación de la libertad de negociación entre empleadores y empleados). Esto implica que todos los trabajadores metalúgicos dedicados a construir submarinos están sujetos a las mismas reglas de negociación colectiva —incluida la personería gremial— que quienes producen clavos. El Ministerio de Trabajo supervisa los salarios y las condiciones del empleo establecidas en las negociaciones entre corporaciones empresariales y sindicales: sistema que despoja al individuo de la libertad de contrato. Es común a lo largo de la región —el Perú es un buen ejemplo— encontrar todo tipo de consejos y asambleas fomentadas por el Estado con la pretensión de reunir a empleadores, trabajadores y burócratas en nombre del interés del pueblo. Ellos fortifican, en lugar de disipar, los obstáculos con los que tropiezan los que no tienen un empleo. En el caso del Brasil, los altos e inflexibles

costos laborales fijados en la Constitución de 1988 han perma-
necido en su mayor parte intactos debido a intereses creados,
federales y estatales. Otro tanto puede decirse de la legislación
laboral de la mayor parte de los países. Se calcula que en México las leyes laborales casi han duplicado el costo del empleo por
hora[336].

Estos bolsones institucionales de privilegio explican en buena parte por qué, a pesar de tanta cortesía oficial para con la empresa privada, la mitad de los países latinoamericanos tienen
más desempleo formal que a comienzos de los años '90. Es irónico que, en los países latinoamericans más ricos, los inmigrantes ilegales de países vecinos más pobres encuentren mayor posibilidad de empleo que la gente del propio lugar. La economía
negra, a pesar de sus muchos rigores, abre a los ricos y a los poderosos una oportunidad mucho menor de conspirar contra el
simple entendimiento entre gente que busca trabajo y gente que
quiere brindarlo.

En otras áreas en que la reforma fue superficial, se perpetuó,
sin más, la atávica injusticia de los pocos contra los muchos. Las
profesiones liberales, por ejemplo, continuaron operando con
reglas altamente restrictivas, negándose el acceso a los gremios
con licencia legal y exclusiva a las personas incapaces de cumplir con normas diseñadas para marginarlos, sólo superables con
la ayuda de "compinches" o de la corrupción. Bajo estas restricciones contra la competencia, los clientes de los médicos, abo-
gados y otras profesiones han gozado de mucha menor protección contra la negligencia profesional y el fraude de la que se
hubiera dado si las reglas de juego no hubiesen estado preñadas
de privilegio.

---

[336] La empresa de asesoría NAFTA Ventures calcula que los reglamentos
laborales elevan el costo del empleo por hora de 3 a 5,70 dólares. Esta referencia se cita en "México's Economy: The Sucking Sound From the East",
The Economist, 26 de julio, 2003, p. 36.

Las reglas de juego

La naturaleza expoliadora de las reformas ejecutadas en todas las áreas mencionadas ha reposado sobre el sistema legal, que en ningún país latinoamericano ha sido objeto de cambio significativo. Los sistemas legales de la región, basados en una tradición cuyos orígenes se remontan al derecho romano codificado por Justiniano pero en especial al derecho positivo de Napoleón, confieren poderes a las autoridades para que hagan valer su criterio en todo clase de asuntos, desde los constitucionales hasta los económicos o los familiares. Esta interferencia hace de la ley una herramienta de los políticos, que la usan, bajo el disfraz de las políticas públicas, para asignar favores y costos. Con semejante ordenamiento, no hay judicatura independiente. A todo nivel, aun el menos significativo, las decisiones se compran, en abierto cohecho, y los ciudadanos son tratados de forma inicua a menos que tengan influencia política. Sin un patrón superior, la ley es un mecanismo mercantilista de transferencias jurídicas de aquellos que están en desventaja a los mercantilistas honrados por el sistema. Es la fuente original de discriminación y explotación contra el desamparado.

Así como las reformas no estuvieron presididas por la noción de que existen unos derechos de propiedad individuales, también brilló por su ausencia la noción de la ley como fuente de moralidad superior al poder de decisión del Estado, lo que dejó al individuo desamparado ante el poder político. En lugar de derogar las leyes malas, los Estados, presumiendo que las sociedades libres pueden ser diseñadas y construidas desde arriba como lo había sido el nacionalismo económico, derramaron muchas nuevas leyes sobre el público. Inevitablemente, las reformas consolidaron la ley positiva —la legislación— como instrumento perverso de derechos fragmentarios y temporales. No sorprende que el fantasma de la ilegitimidad visitara a las repúblicas latinoamericanas una vez más a comienzos del siglo XXI: las calles de muchos países reventaron de manifestantes que se llamaban a sí mismos la "sociedad civil", tumbando gobiernos en el Ecuador, la Argentina y el Perú, enfrascándose en una lucha angustiosa con el régimen autoritario de Venezuela y amenazando con reemplazar

presidentes en otros lugares. En una región que después de tantas reformas es todavía incapaz de empezar a rescatar a 211 millones de ciudadanos[337], más de la mitad de la población, de la
trampa de la pobreza, y liberar de la miseria a 25% de sus pueblos, muchos sienten que no tienen nada que perder. En cambio,
el Asia oriental, a pesar de duros reveses, redujo de 26 a 15% el
porcentaje de la población que vive con menos de un dólar al
día[338] (en Chile, caso excepcional, un millón de personas han
abandonado la pobreza desde el retorno de la democracia y el ingreso per cápita se ha duplicado desde mediados de los años '70).

Hay, en la naturaleza torcida de las reformas latinoamericanas,
lecciones para cualquier país subdesarrollado que ansíe transfor-
marse y abrir las esclusas del capitalismo liberal para que discurra
la creatividad humana. La más importante de todas es que los síntomas no deben ser confundidos con las causas. Los gobiernos
pensaron que la causa del desarrollo es la inversión privada, y no
el Estado de Derecho. No lo es. La inversión privada y el crecimiento son uno de los muchos síntomas de la sociedad capitalista liberal que sólo el Estado de Derecho hace posibles. Reformando el régimen de inversiones, manteniendo la tasa de cambio nominal,
traspasando los activos y promoviendo una expansión del crédito
a través de la banca privada, los gobiernos atrajeron mucha inversión extranjera, y alguna local. Pero también había habido inversión y crecimiento acumulado en tiempos del nacionalismo económico y, anteriormente, con los distintos experimentos basados
en la propiedad privada. Inclusive algunos países africanos, como
Sudáfrica, Nigeria, Angola, Ghana y Mozambique —una zona del
mundo que América latina mira con superioridad—, captaron mucho capital extranjero durante la última década. Lo que los Esta-

---

[337] Elizabeth McQuerry analiza el fracaso de la reforma económica en el
propósito de reducir la pobreza de un modo significativo: "In Search of Better
Reform in Latin America", Atlanta, *Econ South*, vol. 4, n° 2, 2002, pp. 14-19.

[338] En los últimos 30 años, el ingreso per cápita del Asia oriental ha crecido cuatro veces y media más que el de América latina. Véase Hernán Büchi y Juan A. Fontaine, "Agenda para América latina: afinando la estrategia", Santiago, Chile, Instituto Libertad y Desarrollo, 1996, p. 29.

dos no supieron es renunciar a ser fuentes del derecho para que unas reglas claras, abstractas y previsibles aplicadas a todos por igual permitieran florecer a la sociedad de contratos: forma de asegurar, a largo plazo, una inversión y un crecimiento mucho más justos, sostenidos y exitosos. Sería un craso error subestimar los efectos de las políticas antes descritas sólo porque algunas de ellas también se dan en los Estados Unidos, Europa Occidental o el Japón hoy. Lo que trajo prosperidad a esas naciones fue la ausencia de esas políticas en el pasado y, aun bajo Estados desproporcionadamente grandes, la mayoría de sus ciudadanos siguen gozando de ciertos derechos individuales y protecciones institucionales sin punto de comparación con América latina.

No es extraño que en aquellas circunstancias la tasa promedio de inversión en América latina no pasara de 21% del PBI[339], mientras que la del Asia oriental fue dos veces superior[340] (desde 2000, la tasa de inversión latinoamericana ha sido mucho más baja: en muchos casos alrededor de 15%). El corporativismo, el mercantilismo de Estado, el privilegio, la transferencia de riqueza y la ley política conspiraron contra una gran acumulación de capital. Por tanto, la acumulación de capital registró durante los años '90 (excepto en Chile y Costa Rica) una tasa de crecimiento menor que entre 1950 y 1980, la era del nacionalismo económico: el Brasil, México, la Argentina y el Perú no alcanzaron siquiera una tasa anual de 3%[341]. En tales condiciones y sobre la base de una

---

[339] En 1999, el último año antes del largo estancamiento que empezó en el 2000, la inversión nacional ascendió a 21,5% del PBI. Véase "Estudio económico de América latina y el Caribe, 1999-2000", Santiago, Chile, CEPAL, agosto, 2000, p. 82.

[340] Sebastian Edwards, "The Disturbing Underperformance of the Latin American Economies", preparado por el Sol M. Linowitz Forum, Décima Sesión Plenaria del Diálogo Interamericano, enero 1997, p. 3.

[341] André Hofman, "Economic Growth and Performance in Latin America", Santiago, Chile, United Nations Economic Commission for Latin America and the Caribbean (ECLAC), 2000. Este documento forma parte del proyecto "Growth, Employment and Equity: Latin America in the 1990s", financiado por el Estado holandés, p. 21.

productividad mediocre, a pesar de la propaganda que rodeó a la inversión extranjera y de unos pocos años exitosos, el PBI latinoamericano creció, a lo largo de toda la década, a una tasa promedio anual de 3.4%, resultado muy modesto si se considera el aumento de población[342]. Hacia el año 2000, el crecimiento se detuvo; las economías de la región siguieron estancadas en los años siguientes. El milagro capitalista mudó en espejismo capitalista.

Lo que hicieron los gobiernos latinoamericanos es lo que habían hecho muchas veces antes: usar la ley para adquirir un compromiso creíble ante sectores escogidos, garantizando *sus* derechos de propiedad. Muchos de los regímenes que ofrecieron estas garantías parecieron durante un tiempo lo bastante fuertes como para sostenerlas. Algunos eran dictatoriales, como el del PRI en México y de Fujimori en el Perú, mientras que en países como la Argentina y el Brasil la democracia no impidió que los presidentes que estaban en el poder cambiaran la Constitución para obtener su reelección. Pero el tipo de arreglo bajo el cual el Estado y los inversores privados intercambian derechos de propiedad por ingresos fiscales y crédito es siempre una fuente de inestabilidad. El compromiso puede ser roto por futuros gobiernos cuando es el Estado y no el Derecho el que garantiza la propiedad. Ésta es la razón por la que el *crony capitalism* se alimenta del corporativismo, el mercantilismo de Estado, el privilegio, la transferencia de riqueza y la ley política. Sin el compromiso a largo plazo del Estado de Derecho, los intereses privados se dedican a maximizar sus utilidades inmediatas, así como el Estado necesita maximizar los flujos de capital y en última instancia los ingresos que provienen de las altas tasas de retorno de sus allegados.

[342] Igor Paunovic, "Growth and Reforms in Latin America and the Caribbean in the 1990s", Santiago, Chile, United Nations Economic Commission for Latin America and the Caribbean (ECLA), 2000. Este documento forma parte del proyecto "Growth, Employment and Equity: Latin America in the 1990s", financiado por el Estado holandés, p. 10.

En estas circunstancias, los grupos privados tienen interés en hacer que las reglas y los políticos tengan, a su vez, interés en las utilidades. Esta forma de integración, la dilución de la frontera que separa la esfera pública de la privada aun cuando el estatismo parece estarse batiendo en retirada, sirve como garantía del compromiso mutuo entre el Estado y la empresa privada. La corrupción, por tanto, ya sea en forma desembozada, como ocurrió en casi todos los países durante los años de las reformas, o bajo el atuendo de las transferencias de riqueza, es tan connatural al *crony capitalism* como la depredación.

Si el Estado de Derecho es el ambiente en el que amaina drásticamente el riesgo porque el Estado deja de ser una fuente tan grave de peligro, el *crony capitalism* es el compromiso por el que los Estados que no están dispuestos a ver limitado su poder se aseguran su propia subsistencia, y los intereses privados que de otro modo no invertirían debido al alto riesgo aceptan hacerlo. Históricamente, el "gobierno limitado" ha existido en muy pocos lugares. Todas las otras sociedades son variantes del sistema de derechos limitados. A veces, aun en tiempos tan remotos como la Roma antigua, esas variantes entrañan un alto grado de autonomía con respecto a la injerencia estatal en asuntos como el derecho civil y el comercio. Pero en todas las sociedades donde es el Estado de Derecho el que se limita, el Estado y los intereses privados se asocian para intercambiar derechos y libertades por apoyo político y/o financiero.

Lo que resulta de ese intercambio no es la sociedad libre. Por mucho que las cosas luzcan mejor que en tiempos del nacionalismo económico, las reformas latinoamericanas constituyen un capítulo de la larga historia del *crony capitalism*. Este sistema hace prosperar a determinados sectores por un período limitado de tiempo, no a naciones enteras. Aun tomando en cuenta factores internacionales, no es extraño que hacia el año 2000 aun esos sectores dejaran de crecer en una región que, sumida una vez más en el caos financiero y la depresión económica, empezaba a preguntarse qué había fallado. Sorprende aun menos que ningún país experimentara una bonanza de pequeñas y medianas empresas, las únicas que crean muchos empleos en países de libre mer-

cado. Es más: la falta de oportunidades empresariales más allá
de un apretado club de afortunados explica en buena parte que
la mayoría de quienes perdieron su empleo a raíz de la privatización tuvieran que subsistir en la economía informal (la privatización tuvo un impacto negativo en el empleo formal de 40% en la
Argentina, 55% en el Perú, 36% en México, 23% en Colombia y
10% en el Brasil[343]). La naturaleza fragmentaria de los derechos
de propiedad hace de los empresarios informales clientes demasiado riesgosos para Bancos que prefieren prestar dinero a los negocios vinculados a ellos mismos y a sus socios. La agricultura,
que en muchos países de América latina todavía ocupa a un 30%
de la población, está en estado calamitoso en parte porque sus
pequeñas entidades carecen de acceso a cualquier tipo de crédito y en parte porque —ocurre con la inmensa mayoría de negocios— el estatismo le impide generar su propio ahorro.

Los conocimientos, incluido el tecnológico, que la globalización contemporánea permite absorber en poco tiempo a los países subdesarrollados son muy superiores, aun en términos relativos, a los que ofrecía el intercambio internacional cuando las
naciones capitalistas de hoy empezaban su despegue hacia la
prosperidad en los siglos XVIII y XIX. Pero el flujo de conocimientos, y por tanto de oportunidades de intercambio con el extranjero, es sólo uno de los factores del desarrollo, suponiendo, claro, que las reglas de juego y las actitudes y costumbres que las
acompañan garanticen durante un largo período un gobierno
muy limitado, derechos de propiedad horizontales y una red de
instituciones que fluyan de la sociedad de contratos a la vez que
la reflejen, y un ordenamiento político respetuoso. Este concepto trasciende la rivalidad política entre la izquierda y la derecha,
ambas responsables del subdesarrollo latinoamericano.

---

[343] "The Paradox of Privatization", *Políticas económicas de América latina*, vol. 18, Washington D.C., Banco Interamericano de Desarrollo, 2002, p.
3. Este número de *Políticas económicas de América latina* estuvo basado en
investigaciones a cargo de Alberto Chong, Virgilio Galdo y Eduardo Lora.

La década del 2000

Como cabía esperar, el fracaso de la reformas sofistas emprendidas a lo largo de los '90 ha llevado, con el nuevo milenio, a la ausencia de cualquier clase de reforma en América latina. Los nuevos presidentes del Brasil —Luiz Inácio "Lula" da Silva— y la Argentina —Néstor Kirchner— se yerguen como símbolos de esta década. Surgen como respuesta directa al populismo de izquierda y al "neoliberalismo" de derecha. Su visión pretende superar las políticas del despilfarro fiscal y monetario que causaron la hiperinflación de los años '80, y las privatizaciones mercantilistas, así como las políticas de seudoliberalización, que causaron desempleo y endeudamiento en los años '90. Piensan que el Estado debe promover el crecimiento a través del gasto público sin generar inflación ni incurrir en nueva deuda, y proteger a la economía de la globalización usando el poder negociador de los bloques regionales en lugar de aranceles altos. El presidente Kirchner ha invocado el *New Deal* de F. D. Roosevelt como nuevo paradigma para América latina, lanzando un monumental programa de obras públicas. Tanto el Brasil como la Argentina han decidido revitalizar el Mercosur, el bloque de socios comerciales sudamericano, con miras a una integración constructivista, al estilo de la Unión Europea (han iniciado negociaciones para incorporar a los países andinos a través de un acuerdo comercial con la Comunidad Andina de Naciones).

En su intento por mantener un rumbo equidistante de los inflacionistas años '80 y los privatizadores años '90, pierden de vista que ambas experiencias fueron variantes de un mismo mal. En los '80, el Estado, productor de bienes y servicios, usó un laberinto de mecanismos de compulsión, incluida la manipulación monetaria, para obligar a los ciudadanos a sostener lo que Octavio Paz llamó hace muchos años el Ogro Filantrópico[344]; en los '90, el Estado, a la par que transfirió mucha de la tarea produc-

---

[344] Octavio Paz, *El ogro filantrópico historia y política 1971-1978*, Barcelona, Seix Barral, 1979.

tiva a la empresa privada, usó un sofocante laberinto de mecanismos de compulsión, excluida la inflación, para obligar a los ciudadanos a sostener un puñado de monopolios que, a cambio de derechos exclusivos, respaldaron al Ogro Filantrópico a través del crédito y algunos impuestos. A fines de los '80, el resultado fue la hiperinflación y el estancamiento. A fines de los '90, fue la suspensión de pagos (o casi) y el estancamiento.

Al comienzos de 2004, los latinoamericanos siguen sin entender los porqué del subdesarrollo. Atacan los síntomas, no las causas. El presidente "Lula" piensa que poniendo topes e impuestos a las pensiones mensuales, así como aumentando la edad de la jubilación para que la situación fiscal no se salga de quicio, y usando las agencias del Estado para combatir la pobreza, dará a su país un giro de ciento ochenta grados. En la Argentina, el excedente creado por la suspensión de pagos de la deuda en el 2002, y el crecimiento suscitado por las exportaciones gracias a la devaluación monetaria y al consumo de capital ocioso, han dado al presidente Kirchner confianza para emprender un programa de obras públicas de mil millones de dólares en una primera fase y, en principio, de 3 mil millones de dólares en el largo plazo. A través del Mercosur, ambos países apuntan a reproducir en el plano regional el Estado que prevalece en la esfera nacional. En todos los otros países, desde México hasta el Perú, las nuevas autoridades se han contentado con administrar el statu quo, bajo la ilusión de que el crecimiento moderado, tras una prolongada recesión, es señal de auténtico progreso. Bajo el imperio de la ley política, los súcubos del corporativismo, el mercantilismo de Estado, el privilegio y la transferencia de riqueza siguen vivos y coleando en América latina.

Por qué las reformas funcionaron en otros lugares

Ha habido muchas ocasiones en el pasado no tan remoto en que sociedades cuyas economías habían sido devastadas volvieron a ponerse de pie y a prosperar. Los casos de Europa y el Japón tras la Segunda Guerra Mundial, entre otros, difieren de la experiencia de las reformas latinoamericanas en que los fundamentos del capitalismo ya estaban en su lugar, aun si la economía y la sociedad yacían en ruinas. Las instituciones judiciales, inclusive los sistemas financieros, fueron rápidamente restaurados como parte del contexto dentro del cual tuvo lugar la reconstrucción. El resultado fue una distribución de los ingresos mucho más homogénea que la existente en América latina, donde la reforma, a pesar de algunos años de crecimiento notable, en realidad amplió la brecha entre la clase dirigente y el resto, obstaculizando la movilidad social y la emergencia de una sólida clase media. América latina tiene un coeficiente Gini —método internacional que mide la desigualdad en los ingresos— aproximadamente 15 puntos mayor al promedio del resto del mundo. En los años de las reformas, el 20% más rico de la población recibió, en promedio, 60% de la renta nacional en cada país, 16 veces más que el 20% más pobre: desproporción entre ricos y pobres dos veces mayor que la del Asia[345]. Inmediatamente después de la Segunda Guerra Mundial, en Francia, Alemania, el Reino Unido, los Estados Unidos y el Canadá, el 10% más rico de la población recibía, en promedio, 30% de la renta nacional, mientras que el 10% más rico absorbe casi la mitad de la renta brasileña hoy[346].

En 1948, cuando se creó, Israel no era lo que se llama un país desarrollado. Pero hervía, en la gente que migró a ese nuevo hogar, una cultura de la que fluyó una sociedad en la que la mayoría podía participar en la aventura de la creación de riqueza. Is-

[345] Nancy Birdsall, Nora Lustig y Lesley O'Connell, "The United States and the Social Challenge in Latin America: The New Agenda Needs New Instruments", en *The United States and the Americas: A Twentieh-First Century View*, editado por Albert Fishlow y James Jones, Nueva York, Norton, 1997, p. 83

[346] Nancy Birdsall, Nora Lustig y Lesley O'Connell, "The United States and the Social Challenge in Latin America: The New Agenda Needs New Instruments", en *The United States and the Americas: A Twentieh-First Century View*, editado por Albert Fishlow y James Jones, Nueva York, Norton, 1997, pp. 81, 107.

rael ha alcanzado, así, una relativa prosperidad aun bajo políticas socialistas (y transferencias de dinero estadounidenses). En
tal virtud, Israel nació con una clase media. En América latina,
mientras tanto, un ordenamiento institucional írrito al capitalismo liberal, con un sistema judicial de rodillas ante el gobierno y
ante una siempre mutante y oscura ley política que pretendía dictar la conducta de los individuos en todas las esferas —desde el
comercio hasta la vida familiar— mantuvo a millones de personas lejos de la promesa capitalista.

Existen casos contemporáneos de reformas exitosas, de países en los que se hizo el esfuerzo de avanzar a grandes zancadas
en la misión de abolir el privilegio. Nueva Zelanda es uno de esos
casos. La llegada al poder de un gobierno laborista en 1984 abrió
las puertas, de modo inesperado, al cambio. En la década de
1930, ese país era considerado uno de los pioneros del llamado
Estado de Bienestar, que asistía a las personas desde la cuna hasta la tumba. El peso asfixiante del Estado era tal que, entre 1950
y la década de 1980, la tasa de crecimiento económico fue la mitad que la tasa de los países miembros de la Organización para
la Cooperación Económica y el Desarrollo (OCED). La cultura
socialista era tan fuerte, que aun después de las reformas capitalistas, un periodista neocelandés definía a su tierra como un
país "reformado por hayekianos, gobernado por pragmáticos y
poblado por socialistas"[347]. Los cambios estuvieron presididos
por una serie de principios. Se hicieron con gran rapidez (según
uno de los líderes reformistas, Roger Douglas, los opositores tienen dificultad para disparar contra "un blanco que se mueve a
gran velocidad"); apuntaron simultáneamente a diversas zonas
de la economía política y, en lugar de intentar diseñar una sociedad capitalista con políticas constructivistas, se encargaron de
remover obstáculos al contrato privado y a la competencia, y de
eliminar o minimizar los bolsones de privilegio. Cuando el go-

---

[347] La cita está tomada de "New Zealand's Remarkable Reform", conferencia dictada por Donald T. Brash (*Fifth Annual Hayek Memorial Lecture*)
en Londres, en el Institute of Economic Affairs, en 1996, p. 17.

bierno laborista de izquierda dejó el poder, la misión reformista había calado tan hondo, que el gobierno del Partido Nacional que lo sucedió decidió profundizar los cambios.

¿En qué políticas se tradujo el ejercicio de abolición del privilegio? La reforma tributaria se tradujo en impuestos bajos y casi horizontales, por lo que los ingresos disponibles crecieron entre 6 y 8%; la reforma comercial disminuyó *todos* los aranceles al 5%; la reforma financiera acabó con la obligación que tenía la banca privada de mantener sus reservas en el Banco Central y eliminó los controles de todos los precios financieros; la reforma laboral anuló el derecho monopolístico de los sindicatos a la representación laboral y permitió que la ley de contratos desplazara a la negociación colectiva como eje de las relaciones entre administradores y trabajadores; la reforma industrial reconoció la libertad de acceso de "potenciales" competidores en vez de conferir explícitamente ese derecho a determinados grupos o de reglamentar el tipo de competencia que podía anticiparse; la reforma del régimen de inversiones eliminó la discriminación contra los inversores, lo que puso al capital foráneo en pie de igualdad con el capital local; la política agraria acabó con los subsidios y, a diferencia de lo ocurrido en América latina, el gasto del Estado no volvió a subir porque tanto los industriales como los agricultores pidieron que fuesen las sanas finanzas del Estado las encargadas de reducir la presión sobre las tasas de interés reales y la tasa de cambio real (el gasto estatal se redujo de 41% del PBI a comienzos de los '90, a 35% en 1996)[348]. Las reformas no están completas de modo alguno y ha habido retrocesos en tiempos recientes, pero fueron en su día mucho más coherentes y consistentes que las reformas latinoamericanas. Ellas reposaron sobre instituciones, tanto legales como políticas, que en buena medida dejaron de ser la fuente del éxito o fracaso de grupos e individuos escogidos. El énfasis estuvo en anular los obstáculos, no

---

[348] Donald T. Brash, Fifth Annual Hayek Memorial Lecture, "New Zealand's Remarkable Reforms", Londres, Institute of Economic Affairs, 1996, p. 16.

en legislar la libertad, y en reducir el Estado en tanto que fuente de desigualdad ante la ley entre el conjunto de ciudadanos. Los resultados se aprecian en el hecho de que millones de personas han gozado de un mayor acceso al capital en ese país.

Es justo recordar que Nueva Zelanda tiene una ventaja sobre América latina: no gravitan sobre su cultura tantos siglos de corporativismo, mercantilismo de Estado, privilegio, transferencia de riqueza y ley política. Pero las reformas latinoamericanas no fracasaron por la resistencia cultural al cambio. Fracasaron porque no desmontaron algunas de las razones que están en el origen de esa cultura.

Hay otros ejemplos de países en los que las reformas han significado beneficios reales para la población. Irlanda, una de las naciones más pobres de Europa, cuyo principal producto de exportación era hasta hace poco el capital humano —la incesante emigración—, fue capaz de duplicar el tamaño de su economía en los años '90, lo que trajo réditos espectaculares para millones de personas del conjunto. Hacia el nuevo milenio, ese país, convertido en la capital europea para inversiones en tecnología, había cesado de exportar emigrantes. Con una población cuatro veces menor que la de Chile, Irlanda fue capaz, en base a reformas más bien modestas y selectivas, de producir bienes y servicios por un monto casi 40% superior a la producción de ese país sudamericano. Los bajísimos impuestos y la escasa reglamentación sedujeron con fuerza de magneto a las empresas extranjeras, en un clima que, a diferencia de América latina, ofrecía férreas garantías jurídicas. Las reformas irlandesas fueron menos ambiciosas que las latinoamericanas, de lo que se desprende esta lección: no es la cantidad de reformas lo que cuenta, sino la calidad. Unas reformas modestas bajo condiciones de garantía política para el ejercicio de unos derechos de propiedad horizontales logran mucho más que grandes reformas bajo instituciones judiciales precarias y derechos de propiedad fragmentarios o verticales. Por ejemplo, el progreso de Estonia tras la audaz eliminación de sus aranceles, que cayeron a cero en los años '90, en el contexto de un marco legal sólido para la inversión, indica que la renuncia del Estado a operar como fuente de privilegio es un aliciente para el progreso general (aun con la ausencia de reformas igualmente audaces en otros campos).

En cambio, en el caso de lo que solía llamarse Europa oriental, a pesar de importantes logros en comparación con la era socialista anterior a 1989, las reformas obtuvieron resultados sólo levemente mejores a los ocurridos en América latina en los '90. Allí, las autoridades hicieron del realismo fiscal, la liberalización y la privatización objetivos en sí mismos, en lugar de que esas políticas respondieran a una visión nueva y radicalmente distinta en relación con el papel del Estado en la sociedad. El investigador polaco Grzegorz W. Kolodko señala la pérdida, entre 1990 y 1998, de un cuarto del PBI combinado de los antiguos países del COMECOM, atribuyendo el hecho a "una falta de desarrollo institucional [que] resultó ser el eslabón perdido de las políticas de transición basadas en el 'consenso de Washington' "[349].

La exclusión de la mayoría de los ciudadanos latinoamericanos del ámbito de los derechos conferidos a una oligarquía escogida explica por qué tanto porcentual de la inversión fue hijo de volátiles capitales extranjeros y no del ahorro interno, constantemente magro. El capital no pudo expandirse y acumularse de forma sostenida durante un largo período de tiempo. Las economías que no crecen a buen ritmo no generan grandes ahorros y por tanto una inversión continua. Un gran porcentaje del crédito bancario fue destinado al consumo en lugar del ahorro. Sólo Chile, que se ha acercado más que sus vecinos a la meta del desarrollo pero que de ningún modo la ha cruzado todavía, ha conseguido tasas de ahorro interno consistentes de 25% del PBI o más[350]. El patrón general fue la dependencia con respecto al ca-

---

[349] Grzegorz W. Kolodko, *Ten Years of Post-Socialist Transition: Lessons from Policy Reforms*, The World Bank: Policy Research Working Paper 2095, Washington D.C., abril 1999, p. 9. *(T. del A.)*

[350] Por las razones ya explicadas, los países productores de petróleo como Venezuela y el Ecuador tienden a ver crecer sus ahorros cuando suben los precios del petróleo, pero es el Estado quien controla y por tanto dirige esos mayores recursos para la inversión.

pital extranjero. La consecuencia de ser vulnerable a las fluctuaciones de la confianza foránea se hizo notar, de horrenda manera, con la crisis financiera de Chile en 1982, la devaluación del
peso mexicano en 1994/1995, la suspensión de pagos en la Argentina al despuntar 2002, la pérdida de 40% del valor del real
brasileño a comienzos de 2003 y el estancamiento hemisférico
que se inició hacia fines de los años '90 y ha continuado hasta
casi mediados de esta década (la alta tasa de ahorro protegió a
Chile de las turbulencias financieras más tarde). El posterior regreso de la estabilidad en esos países no desmiente su vulnerabi-
lidad financiera ante la ausencia de robustos ahorros internos.

Fueran estos acontecimientos debidos a la falta de transparencia y estabilidad interna, a un efecto dominó o a la desaceleración mundial, lo cierto es que pusieron al descubierto la fragilidad e inconsistencia de las reformas. La década de 1990
reprodujo en la Argentina, el Brasil, México y el Perú el patrón
que se había dado en algunos países en los años '70: una lluvia
de capitales extranjeros, una consiguiente tasa de cambio sobre-
valuada que acarreó la abundancia de importaciones baratas,
más tarde una pérdida de confianza, una salida igualmente masiva de capitales y finalmente una recesión. Y, a pesar de los ím-
petus modernizadores, con excepciones como México y el Brasil, la economía latinoamericana sigue exportando productos
primarios en forma preponderante (inclusive Chile depende mucho de ellos). El hecho de que una porción tan grande del capital foráneo cobre la forma de inversiones de corto plazo debe mucho a la ausencia de derechos de propiedad generales. No es
extraño que México recibiera tantos capitales de corto plazo
cuando, aun en tiempos de reforma, el artículo 25 de la Constitución siguió estipulando que el Estado es quien planifica, enca-
beza, dirige y administra la economía. Lo mismo puede decirse
de la introducción de la propiedad privada en el campo durante
el gobierno de Carlos Salinas, condicionada por un límite de
2.500 hectáreas en el caso de las empresas, así como por el artículo 27 de la Constitución, que declara al Estado dueño de la
tierra. A diferencia de los derechos individuales, los derechos di-
fusos no desembocan en el capitalismo liberal. A diferencia de la

reforma inspirada en el individuo, el constructivismo —para usar la famosa fórmula de Friedrich Hayek— es la vía más directa a esa máxima expresada por uno de los personajes de la novela de Lampedusa que se cita en la introducción de este libro: "Si queremos que todo siga como está, es preciso que todo cambie".

El subdesarrollo, pues, no es una condición fatal, resultado de conspiraciones internacionales o la consecuencia de un capital insuficiente. Es, antes que nada, un interés creado que cultiva malos hábitos mentales en aquellos que habitan bajo esas condiciones demasiado tiempo.

IX. Corrupción y nihilismo

La corrupción signó las reformas latinoamericanas. Un ejército de servidores públicos encontró en la transición del nacionalismo económico a la empresa privada oportunidades para el lucro, mientras que muchos hombres de negocios locales y extranjeros comprendieron que el camino del éxito no pasaba por seducir consumidores sino por seducir a quienes mandaban. En consecuencia, casi todos los países —Chile y el Brasil bastante menos que México, el Perú y la Argentina, para mencionar unos cuantos— rodaron por el abismo ético. Una vez que las reformas se mostraron incapaces de cumplir lo que habían ofrecido, la indignación moral alimentó la reacción contra el "capitalismo". La destitución de tres presidentes bajo cargos de corrupción en la última década del siglo XX no nos habla de cuánta corrupción hubo sino de qué pocos dirigentes políticos latinoamericanos pagaron el precio justo por aquello que hicieron y dejaron hacer. La palabra democracia rimó con cleptocracia.

En los últimos años ha sido común ver a las naciones latinoamericanas ocupar posiciones muy deshonrosas en los *rankings* organizados por instituciones como Transparencia Internacional, que comparan los niveles relativos de corrupción alrededor del mundo[351]. Libros como *Bordering On Chaos*, de Andrés Oppenheimer, han descrito las cimas (¿o simas?) alcanzadas por la

---

[351] "Global Corruption Report 2003", Berlín, *Transparency International*, 2003.

corrupción latinoamericana a medida que las oportunidades de inversión atraían a corporaciones multilaterales dispuestas a jugar bajo las reglas del sistema imperante, y a medida que los intereses locales pugnaban por asegurar sus posiciones en alianza con los políticos, burócratas y oficiales militares que codiciaban un trozo del pastel[352]. Con lenguage disimulado, algunos países europeos, entre ellos Alemania, llegaron a permitir que los sobornos que pagaban sus empresarios en el exterior fueran deducidos de sus impuestos. El clima de los años '90 en las propias democracias capitalistas de avanzada, con esa cultura de trampas contables cuya magnitud sólo saltó a la luz a raíz del desplome de gigantes como Enron, no contribuyó precisamente a disuadir a los inversores de practicar la corrupción en el exterior tanto como la practicaban los intereses locales en los países subdesarrollados donde invertían.

Los volúmenes inusualmente altos de corrupción que se dieron en la era de las reformas guardan relación directa con el aumento de las oportunidades gracias al crecimiento de la inversión y al tamaño de los activos privatizados por el Estado, cuya transferencia respondió al criterio de políticos y burócratas. Pero es un error entender la corrupción como causa del fracaso de las reformas o, más ampliamente, del subdesarrollo. La corrupción era un rasgo profundo de la vida latinoamericana antes de que tuvieran lugar las reformas y sigue siéndolo hoy, tiempo después de detenidas. No es el volumen sino la naturaleza permanente de la corrupción lo que debe abordarse, pues se trata de un síntoma del desplome de la ley y del orden moral en lugar de una conspiración maligna para perpetuar el subdesarrollo de la región.

---

[352] Un ejemplo gráfico de las conexiones mercantilistas que hubo entre el presidente de México y los principales hombres de negocios durante el gobierno de Carlos Salinas es el banquete en el que algunos de los grandes beneficiarios de las privatizaciones y concesiones del Estado comprometieron 750 millones de dólares para ayudar a reelegir al PRI. Véase *Bordering On Chaos: Guerrillas, Stockbrokers, Politicians and Mexico's Road To Prosperity*, Andrés Oppenheimer, Boston, Little, Brown, 1996, pp. 85-87.

La corrupción es mucho más que un medio para obtener beneficios en países donde el beneficio es una función del poder y no de la iniciativa y la libre empresa: es consecuencia de la pérdida de legitimidad de la ley y del Estado, y, en tanto que robo de lo ajeno, de los valores morales que hacen posible la coexisencia civilizada en cualquier sociedad. Como no hay separación entre gobierno y Estado, entre lo político y lo administrativo: el servicio público es un medio clientelista por el cual los políticos recompensan, a escala masiva, a quienes los respaldan, mientras que ellos, a su turno, asumen sus nombramientos como oportunidades para los negocios y el lucro. Quienes ocupan puestos administrativos explotan al resto hasta que un cambio de gobierno trae a nuevos beneficiarios a partir del mismo tipo de prácticas. La palabra *clientelismo* que designa a ese fenómeno entraña algo más que una práctica corrupta: ella resume la visión latinoamericana de lo que es un Estado y de la función que cumple. Pocas personas guardan respeto por los servicios que suministra el sector público; al mismo tiempo, la gente tiende la mirada con desesperación hacia el cargo público por ser casi la única fuente disponible de movilidad social y ganancia, idealmente a través del ejercicio directo de un puesto administrativo o, en su defecto, mediante alianzas con quienes ocupan los cargos, aun en los niveles más bajos del escalafón, y cuyos favores corruptos —formas de transferir riqueza— pueden aumentar las actividades privadas de unos a expensas de los otros. Todo lo que se diga acerca del corrosivo efecto ético que produce el desplazamiento de las oportunidades desde la esfera privada hacia la esfera pública es poco. Las observaciones de James M. Buchanan y Gordon Tullock acerca del Estado en tanto que espacio a través del cual los individuos buscan maximizar sus beneficios como lo hacen en el mercado encuentran en América latina una confirmación particularmente cruda[353]. En el ordenamiento institucio-

---

[353] Véase *The Calculus of Consent: Logical Foundations of Constitutional Democracy*, por James M. Buchanan y Gordon Tullock, Ann Arbor, Mich., University of Michigan Press, 1965.

nal existente, esta búsqueda del beneficio personal no suscita los resultados generales positivos que la teoría de la "elección pública" atribuye al interés propio en asuntos políticos cuando funcionan los incentivos adecuados. En un Estado parasitario, el interés propio del que ejerce el poder a cualquier nivel o de quien está próximo a él refuerza el mecanismo del Estado en tanto que instrumento de expolio contra individuos productivos. La corrupción se suma a las otras formas de redistribución como factor adicional de explotación. No es una ironía menor el que la corrupción entendida en este sentido, además de explotar a aquellos a quienes se cobra impuestos y de quienes se toma dinero prestado, saquea a los mismos pobres en cuyo nombre el Estado toma la riqueza de las personas productivas.

A medida que la privatización del Estado colmó de oportunidades a la burocracia, nuevos reglamentos que suponen imposibles barreras contra el acceso al mercado reemplazaron a los anteriores. Algunas investigaciones recientes tanto en países desarrollados como en países subdesarrollados han confirmado que una reglamentación más estricta no garantiza productos de mayor calidad, mayor rendimiento para las empresas, menos polución o mejores condiciones sanitarias. Lo que estimula es, más bien, el aumento de la corrupción[354]. Éste ha sido, ciertamente, el caso de América latina, donde el alto costo de hacer negocios —campo virtualmente intocado por las reformas— ha convertido a potenciales productores en candidatos a cargos públicos lucrativos o a mercados protegidos por el Estado. En México, cumplir con los requisitos legales para operar un negocio tarda 112 días laborables y exige 15 procedimientos diferentes, a un costo de casi 60% del PBI per cápita. En el Brasil, tarda 67 días laborables y exige 15 procedimientos, a un costo de casi 70% del PBI

---

[354] Simeon Djankov, Rafael La Porta, Florencio López de Silanes y Andrei Schleiffer, "The Regulation of Entry", *Harvard Institute of Economic Research, Discussion Paper Number 1904*, Cambridge, Mas., Harvard University, 2000, pp. 19, 20, 41. Véase http://post.economics.harvard.edu/hier/2000 papers/2000list.html

per cápita. En el Perú, tarda 171 días laborables y exige 14 procedimientos, a un costo de 21% del PBI per cápita[355]. La corrupción, aunque permite a ciertos excluidos comprar su acceso a las oportunidades, consolida la exclusión de quienes no están en condiciones de hacer lo mismo, aumenta el costo de hacer empresa y convierte la función pública en una fuente de desvío de recursos productivos[356].

La ilegitimidad de la ley y del Estado desencadenó una revolución al despuntar el siglo XX. A comienzos del siglo XXI, la nueva ilegitimidad ha precipitado a buena parte de las sociedades en el abismo ético y devaluado de las relaciones humanas. De este divorcio nace el irrespeto a la vida humana, como se comprueba con el apogeo del crimen y de la violencia tanto política como no política desde México hasta San Pablo, desde Lima hasta Buenos Aires; también la desconfianza en las entidades y las personas que conforman el Estado, como lo sugiere la actitud de los ciudadanos comunes frente al policía, el juez o símbolos menores del orden legal, como los semáforos, y la agresión contra la propiedad ajena aun entre pequeños empresarios de la economía informal que tanto han batallado contra el Estado para procurarse algo de propiedad. Como consecuencia de la ilegitimidad de la ley y del Estado, ha surgido una cultura cínica que desprecia aquello que no se obtiene de forma ilícita. Ella impregna hoy a todos los estamentos de la sociedad, ricos y pobres, lo estatal y lo privado.

No haber siquiera empezado a corregir esta fractura social es el mayor fracaso de las reformas latinoamericanas: fracaso que

---

[355] Simeon Djankov, Rafael La Porta, Florencio López de Silanes y Andrei Schleifer, "The Regulation of Entry", *Harvard Institute of Economic Research*, *Discussion Paper Number 1904*, Cambridge, Mass., Harvard University, 2000, pp. 36-37. Véase http://post.economics.harvard.edu/hier/2000 papers/2000list.html

[356] No existen en América latina esfuerzos equivalentes a los de la ciudad de Hyderabad, en el Estado indio de Andhra Pradesh, donde operan 28 centros "eSva" con funcionarios que, desde sus computadoras, completan, de forma rápida y *online*, 32 tipos de transacciones con el Estado. Véase "Government by Computer", *The Economist*, 22 de marzo, 2003, pp. 38-39.

no se percibe a primera vista ni se puede cuantificar. La corrupción es el síntoma de dicha fractura. Como veremos, ella no se explica sólo en razón de que las reformas multiplicaron las oportunidades para los funcionarios y sus compinches. También porque ellas obstaculizaron la evolución de la sociedad civil y porque dejaron casi intocado el sistema de justicia imperante.

La sociedad civil y los pobres

En las últimas décadas, a medida que los migrantes transformaron las ciudades en hirvientes centros urbanos, no tanto atraídos por la industrialización cuanto expulsados del campo por la desesperación, una nueva sociedad asomó la cabeza. En países con fuerte presencia indígena, como el Perú y México, esta sociedad emergente ha tenido una importante dimensión cultural, visible en la música, las ferias dominicales, el folklore y las asociaciones nacidas de ese crepitante nuevo mundo[357]. A lo largo y ancho de América latina, este fenómeno urbano fue impulsado por una multitud de arreglos voluntarios, por familias que, cooperando entre sí con sentido de mutualidad y mediante asociaciones cívicas, vecinales o comerciales, se dedicaron a suministrar los servicios que el Estado era incapaz de ofrecer. Los pobres encontraron en sus comunidades maneras pacíficas de dividir la propiedad de las tierras que invadían, organizar su seguridad, distribuir agua o electricidad de fuentes cercanas, pavimentar caminos, resolver disputas, negociar rutas de transporte, construir mercados en los que vender sus productos, mejorar el medio ambiente, compartir instalaciones deportivas, practicar la religión y hacer llegar comida a los más desamparados. Es decir, de sostener la vida. Miles de organizaciones, comités, asociaciones y congregaciones nacieron de la lucha por la supervivencia.

---

[357] José Matos Mar, *Desborde popular y crisis del Estado: El nuevo rostro del Perú en la década de 1980*, Lima, Instituto de Estudios Peruanos, 1984, pp. 48, 75-91.

Este orden espontáneo no ha acarreado prosperidad porque no han estado presentes las condiciones necesarias para el capitalismo liberal, pero la asistencia social y el cuidado del orden público que los políticos ofrecían y no cumplían a pesar de la presencia agobiante del Estado, vino, aunque fuera en dosis modestas, por la vía del esfuerzo privado. De no ser por la imaginación y eficiencia con que fueron montadas las organizaciones de base en todos estos años, la distribución de la asistencia estatal en los barrios marginales —alimentos, leche o presupuestos para obras públicas— no hubiera sido posible. Los "clubes de madres" y los "comités del vaso de leche" son apenas dos ejemplos de cómo las mujeres pobres son capaces de organizar grandes redes comunitarias. Los barrios marginales de muchos países latinoamericanos son en verdad sociedades civiles en gestación. La dimensión moral que anida en estas redes de asociaciones voluntarias y organizaciones cívicas es importante porque ellas están, por su naturaleza, muy ligadas a la idea de *derechos*. El ejercicio asociativo y espontáneo de ciertos derechos por parte de los pobres puede ser la simiente del desarrollo si las instituciones oficiales dejan de concentrar los derechos oficialmente sancionados en los satélites que giran alrededor del Estado. La compasión y la solidaridad no son en América latina una dádiva estatal: son esfuerzos privados, y a veces hasta primitivos, por sostener la vida.

El fenómeno no dista mucho del que tuvo lugar en el Reino Unido y los Estados Unidos durante el siglo XIX, cuando las asociaciones cívicas, las órdenes fraternales, las sociedades de amigos y las organizaciones dedicadas al desarrollo urbano prestaban servicios sociales que abarcaban la sanidad, la educación, el seguro de desempleo y hasta el cuidado del orden público, u ofrecían los (mal) llamados "bienes públicos", como carreteras y autopistas. En aquellos tiempos, la asistencia social no era un programa estatal sino un rasgo de la sociedad civil. Aun hoy, la migración de propietarios de viviendas a los "suburbios" creados por urbanizadores privados en los Estados Unidos es un poderoso ejemplo del instinto comunitario. Según el Instituto de Asociaciones Comunitarias, hay unas 250.000 Urbanizaciones de Interés Común (*Common Interest Developments*), en las que viven más de 40 millones de personas. Los contratos y arreglos privados sirven de base para organizar muchas clases de servicios en beneficio de quienes residen en esas comunidades[358].

La noción misma de sociedad civil en las naciones desarrolladas desmiente la caricatura según la cual el capitalismo liberal es una maquinaria explotadora obsesionada con el lucro que vacía el espíritu humano de toda solidaridad y compasión. La tradición filosófica occidental da forma consistente a la idea de sociedad civil en el siglo XVIII, pero en verdad sus raíces se remontan a los griegos y los romanos. La idea de un espacio llamado comunidad en el que las personas se ayudan unas a otras está presente en los escritos de John Locke[359], en la mutualidad social que observó David Hume[360], en los sentimientos morales que exploró Adam Smith[361], entre otras interpretaciones de la interacción cívica. Esos filósofos se hubieran asombrado ante las resonancias latinoamericanas contemporáneas de lo que, siglos atrás, describieron y valoraron en sus propios países.

Las elites latinoamericanas no fueron capaces de ver la importancia de lo que ocurría: no presintieron el potencial económico que encerraba la sociedad emergente ni vislumbraron que en ella anidaba, en potencia, el tipo de virtud social, de carácter moral, que amamanta a la civilización. No vieron una sociedad civil en gestación, sino hordas de violadores de la ley, de piel oscura, que no pagaban impuestos, que abrigaban resentimientos contra los ricos e instintos depredadores contra las propiedades

---

[358] El dato se cita en "Toward a Rebirth of Civil Society", por David T. Beito, Peter Gordon y Alexander Tabarrok, en *The Voluntary City: Choice, Community and Civil Society*, editado por David T. Beito, Peter Gordon y Alexander Tabarrock, Ann Arbor, Mich., The University of Michigan Press, 2002, p. 5.

[359] John Locke, *The Second Treatise of Government*, Upper Saddle River, N.J., Prentice Hall, 1997.

[360] David Hume, *A Treatise of Human Nature*, Buffalo, Nueva York, Prometheus Books, 1992.

[361] Adam Smith, *The Theory of Moral Sentiments*, Nueva York, Cambridge University Press, 2002.

de los más afortunados, migrantes sin educación que invadían las ciudades con su híbrida y poco refinada cultura mestiza (también vieron en ellos una montaña de votos y oportunidades para el clientelismo político). Es una ironía trágica el que, a fuerza de excluirla del apretado ámbito de la protección legal y los derechos de propiedad plenos con sus correspondientes beneficios, las elites latinoamericanas se hayan esforzado en convertir a esa promisoria sociedad civil en una proyección de sus temores y prejuicios. Así, el instinto empresarial y la ética comunitaria de gran parte de la población han coexistido con una actitud de profunda corrupción nacida de la frustración y el resentimiento tanto racial como social. La degradación es particularmente peligrosa en sociedades que no están integradas del todo y donde no hay una sólida clase media capaz de moderar las tensiones y las sospechas mutuas. Al recomponer los privilegios en lugar de eliminar los impedimentos a la participación y la movilidad social, las reformas elitistas han acelerado el descenso en el abismo moral.

A base de sofocar a la sociedad civil en la primera etapa republicana, la ley política y sus corolarios —el corporativismo, el mercantilismo de Estado, el privilegio y la transferencia de riqueza— produjeron, a fines del siglo XIX, una crisis de legitimidad del Estado y del orden legal. La respuesta fue la Revolución Mexicana. La sociedad civil se vio nuevamente sofocada a lo largo del siglo XX por un sistema que no abandonó el corporativismo, el mercantilismo de Estado, el privilegio, la transferencia de riqueza y la ley política. Esta vez, la respuesta popular no fue la Revolución Mexicana, sino una sociedad de migrantes que dieron la espalda a la ley, o, para ser más exacto, a la ley oficial, y crearon sus propias reglas. Pero hay un límite más allá del cual esta sociedad paralela no puede coexistir con la otra sin integración real (que no estén integradas no significa que no haya contacto: lo hay, y constante). Incapaz de reconciliar ambas realidades, de adaptar las instituciones políticas a una sociedad que desborda los arreglos íntimos de la elite, el Estado no ha entendido dónde está la solución a la crisis de legitimidad y ha provocado, por ello, como respuesta, una corrupción a escala mayor que la vez anterior. En países como el Perú, donde el fenómeno es muy agudo, el resentimiento social está a flor de piel, las relaciones humanas se han deteriorado más de lo que estaban, y la palabra —dicha o escrita— ha sido vaciada de valor. Adquiere una sombría confirmación una frase de Andreski que tiene ya muchas décadas: "Cuando la explotación parasitaria impregna a una sociedad, las opciones son esquilmar a otro, o que a uno lo esquilmen"[362]. Éste es el sentido profundo de la corrupción.

Los países como Costa Rica, Chile y el Uruguay, en los que ha existido, tradicionalmente, una sociedad civil más fuerte, son también los que han experimentado una menor corrupción. El siglo XIX chileno vio surgir una sociedad civil paralela a su poderoso Estado. La presencia de inmigrantes provenientes de Cataluña o el País Vasco, donde estaba enraizada la ética de la sociedad civil y de la cooperación voluntaria, ayudó a estimular un tipo de cultura cívica, de apego al Estado de Derecho, que perduraron aun cuando, mucho después, hubo inestabilidad y dictadura.

Las reformas latinoamericanas no han sido capaces de fortalecer a la sociedad civil porque han gravitado contra el sistema de derechos, popular y descentralizado, que había ido cobrando forma de manera espontánea en las últimas décadas a medida que la población se labraba una existencia pacífica en los márgenes de la ley. Muchos de los arreglos privados y contratos, a menudo familiares, con que la gente pobre subsiste y se defiende de la adversidad, entran en conflicto, a veces a raíz de una pugna violenta por la posesión de la tierra pero también de las guerras de pandillas vecinales o de la formación de ejércitos de matones al servicio de maquinarias políticas. Al no proveer un marco institucional homogéneo que garantice los arreglos espontáneos, los Estados latinoamericanos han contribuido a la corrupción del tejido social y a un estado de cinismo que corre en sentido contrario al espíritu de la vida civilizada.

[362] Stanislav Andreski, *Parasitism and Subversion: The Case of Latin America*, Nueva York, Schocken Books, 1969, p. 11.

Las organizaciones que funcionan como conductos para el subsidio estatal destinado a los pobres no han podido convertirse en corporaciones, recaudar fondos de otras fuentes y convertir sus redes de trabajadores sociales, descentralizadas y populares, en entidades más productivas capaces de cohesionar a la comunidad y mejorar la calidad de vida a su alrededor. En la mayor parte de los países, las asociaciones de padres de familia, que recaudan pequeñas sumas de dinero para comprar libros y lápices para sus hijos, y a veces hasta ladrillos para fortificar las aulas escolares, han tenido muy poca participación en el manejo de la educación. La miríada de organizaciones religiosas de corte evangélico —y protestante en general— que han brotado en los barrios pobres de la región en las últimas décadas no han conseguido un pie de igualdad frente a las instituciones católicas: discriminación que atenta contra el culto espiritual de millones de personas, pero también contra las potenciales implicaciones civilizadoras de estos grupos. El desincentivo del mecenazgo privado por la vía de la sobrecarga tributaria y de los óbices burocráticos ha impedido potenciales esfuerzos para enriquecer las asociaciones culturales, en especial las de artesanos, que juegan un papel notable entre los pobres. Lo mismo puede decirse de las actividades deportivas. El efecto práctico de este impedimento es mucho peor que el de un potencial no realizado. Es la proliferación del cinismo civil, el resentimiento social y un descrédito aun peor de la legalidad.

Ya no se trata de una rebelión contra el Estado en nombre del derecho a hacer negocios informales o de una lucha por la preservación de un espacio individual contra la intromisión del poder político: lo que se ha dado es una reacción visceral contra la idea misma de un orden legal y moral fundado en la valoración de la vida, una afirmación de la ilegalidad por la pura ilegalidad.

La justicia, Cenicienta de la reforma

Se dice con frecuencia que el sistema judicial es la Cenicienta del Estado latinoamericano por los magros presupuestos que se le asigna. La mayor parte de los países dedican entre 1 y 2%

de su presupuesto nacional a la judicatura, y casi todo ese dinero se gasta en salarios. Pero el monto que los políticos destinan a jueces y tribunales guarda escasa proporción con la importancia que les asignan en la práctica, ya que todos los gobiernos y sus paniaguados emplean mucho tiempo y demás recursos en controlarlos y corromperlos[363]. Tal vez los políticos temen que si aumentan los fondos aumentará también el poder del sistema judicial y por tanto su independencia...

En ningún país latinoamericano se ha dado una reforma judicial a fondo. Los países en que el sistema judicial es menos corrupto y más independiente de los políticos son aquellos en que las instituciones civiles han sido tradicionalmente más sólidas (el caso de Costa Rica salta a la vista), y donde han sido mayores la solvencia ética y la separación de poderes[364]. Los demás países siguen careciendo de sistema judicial fiable. Ellos se dividen entre quienes, a pesar de la financiación internacional y los repasos burocráticos, no han emprendido reforma alguna y quienes han realizado alguna que otra reforma de alcance mínimo, cuyo resultado ha sido el refuerzo de lo que se pretendía corregir.

---

[363] El gobierno del presidente Carlos Menem, por ejemplo, aumentó el número de jueces de la Corte Suprema de Justicia de 5 a 9, lo que le permitió el control de la institución. La corrupción marcó a su régimen, basado en gran medida en el gobierno por decreto; la sumisión de la Corte Suprema de Justicia impidió que la judicatura actuara como contrapeso de las prácticas poco éticas y de los excesos políticos.

[364] Laurence Whitehead se ha referido a las ventajas de Chile sobre otros países latinoamericanos en relación con las instituciones judiciales en tanto que sustitutos de las otras ramas del Estado en una economía privatizada. Afirma que la tendencia "neoliberal" puede ser revertida si el sistema legal no es lo bastante fuerte como para sostener las demandas de la economía de mercado. Véase "Privatization and the Public Interest: Partial Theories, Lopsided Outcomes", por Laurence Whitehead, en *Liberalization and its Consequences: A Comparative Perspective on Latin America and Eastern Europe*, editado por Werner Baer y Joseph L. Love, Northampton, Mas., Edward Edgar, 2000, pp. 266-267, 270-271.

Ello no significa que los líderes de opinión y los encargados de tomar las decisiones no se hayan entregado a discusiones interesantísimas —y a veces hasta actuaran en consecuencia— sobre asuntos como el cambio del sistema de selección de jueces, el aumento del presupuesto, la actualización tecnológica, la recomposición de la estructura de los tribunales, la mejora del entrenamiento y la descentralización de la red judicial. Pero en el nuevo milenio, los sondeos de opinión de América latina colocan de modo consistente al sistema judicial a la cabeza de la lista de instituciones corrompidas, ineficientes y poco fiables. Los perjuicios económicos que supone contar con instituciones judiciales inadecuadas son considerables. Según los cálculos conservadores de ciertos organismos multilaterales, ese factor tiene una incidencia de 15% en el crecimiento económico por la ausencia de confianza entre los inversores[365].

El problema no reside en la forma en que se selecciona a los jueces porque, sea cual fuere el mecanismo, el poder del gobierno es tal, que los magistrados se someten a quienes lo ejercen (o a los fiscales que actúan en su nombre). No importa mucho cuánto se eleve el presupuesto, cuántos nuevos tribunales surjan ni cómo se divida la carga procesal, cuántas computadores se adquieran, cuán sofisticado sea el nivel del entrenamiento o cuántos jueces cumplan funciones desde las provincias en lugar de hacerlo en la capital. El verdadero problema reside en la falta de independencia con respecto al gobierno y a la ley política, en el alto costo de acceso para los ciudadanos comunes y en la ineficiencia. Por no atacar todos estos factores, o por hacerlo de modo parcial, los ensayos de reforma judicial han sido inútiles. La nueva Constitución del Brasil de 1988 abrazó lo que parecía una ambiciosa reforma judicial, ejercida en los años siguientes con entusiasmo. ¿A qué llevó el mayor acceso de los ciudadanos a los tribunales? A que el número de casos pendientes de solu-

---

[365] William Prillaman, *The Judiciary and Democratic Decay in Latin America: Declining Confidence in the Rule of Law*, Westport, Ct., Praeger, 2000, p. 3.

ción se multiplicara por diez en la década siguiente[366]. En el caso del Ecuador, el número total de casos paralizados supera el medio millón; los procesos duran en promedio poco menos de dos años[367].

Las decisiones siguen tomándose con arreglo, no a lo que es justo —al derecho— sino a la legislación controlada por los políticos y a cuánto poder relativo administran las partes comprometidas aun en el peldaño más bajo de la escala. En última instancia, el sistema judicial latinoamericano, como el resto del sector público pero con consecuencias más graves, depende de los incentivos que tengan los jueces para ser justos o injustos. Se da comúnmente el caso de que esos incentivos operan en sentido contrario a la justicia porque los tribunales son subproductos del poder ejercido como instrumento de discriminación. Como los beneficios de la reforma judicial se inscriben en el largo plazo y son intangibles, el incentivo para que quienes tomen las decisiones reviertan este estado de cosas es nulo. No importa que el grueso de los ciudadanos rechace el sistema del que son víctimas: la debilidad de la sociedad civil —ella misma vinculada de forma estrecha a la mediocridad de la judicatura— implica que la eventualidad de una reforma profunda está sujeta a los incentivos o desincentivos de la clase dirigente. Las elites hicieron posible la transición del nacionalismo económico a la empresa privada porque el costo de no actuar se había vuelto insoportable. No ha habido ni hay presión equivalente —al menos, no por el

---

[366] Eduardo Buscaglia, Maria Dakolias y William Ratliff, *Judicial Reform in Latin America: A Framework for National Development*, Stanford, Hoover Institution Press, 1995, p. 23. Eduardo Buscaglia y William Ratliff también indican que entre 1973 y 1985 el atraso promedio de los tribunales brasileños de primera instancia experimentó una variación de 4%, mientras que entre 1986 y 1997 el atraso promedio experimentó una variación de 38,1%. Véase *Law and Economics in Developing Countries*, por Eduardo Buscaglia y William Ratliff, Stanford, Hoover Institution Press, 2000, p. 57.

[367] Eduardo Buscaglia, Maria Dakolias y William Ratliff, *Judicial Reform in Latin America: A Framework for National Development*, Stanford, Hoover Institution Press, 1995, p. 9.

momento— para revolucionar el sistema judicial. El continuo sometimiento de los jueces a los poderosos es, más bien, una de las
razones por las cuales las elites se las arreglaron, en los años '80
y '90, para que las reformas produjeran una recomposición en la
cúspide en lugar de la abolición del corporativismo, el mercantilismo de Estado, el privilegio, la transferencia de riqueza y la
ley política.

La ausencia de una verdadera reforma judicial en el contexto de una reforma económica, agudizó el problema. Aunque limitada, poco profunda y hasta mentirosa, la reforma económica ha expandido el radio de las transacciones de mercado,
creando una mayor demanda para la solución de disputas, tendencia que ya se daba con la expansión de las sociedades nacidas de la migración a las ciudades. Mientras más complejas las
interacciones entre individuos y grupos, más necesario es solucionar disputas y ejecutar contratos. Los arreglos informales o
privados —y los jueces de paz, que cumplen en países como el
Perú funciones de arbitraje— han ayudado a limitar los devastadores efectos de los tribunales corruptos, ineficientes y no fiables, pero el precio ha sido la brecha creciente entre el país en el
que la mayoría de la gente vive y hace negocios, y el país en el
que una minoría monopoliza la ley.

Las elites sólo han saneado un poco los sistemas legales y judiciales cuando han tenido interés en promover una puesta al día
legal y judicial para adaptar las instituciones a sus cambiantes
actividades económicas, a fin de no distanciarse de los patrones
internacionales. Fue el caso de la Argentina, por ejemplo, donde
las leyes y los tribunales trataron de adoptar las reglas estadounidenses y europeas pertinentes a la relación entre administradores y accionistas, y otros asuntos propios del funcionamiento
de las compañías. Pero estos cambios y adaptaciones tienden a
reflejar las actividades de los poderosos grupos de interés conectados al Estado, en lugar de permitir la incorporación de ciudadanos con derechos iguales al proceso de la ley y la justicia.

Ésta es la razón por la cual la constante enmienda de los códigos comerciales desde el siglo XIX por parte de los países latinoamericanos (la Argentina y el Brasil han introducido el mayor número de cambios desde 1850) no ha redundado necesariamente en beneficio de la población. Ya que son los códigos legales fabricados por los políticos, y no las decisiones de los tribunales basadas en el mérito del caso, los que determinan la ley y la justicia en América latina, la modernización del sistema significa apenas la modernización de los códigos legales. Los códigos legales y los tribunales de justicia que los aplican forman parte, a su vez, de esa realidad más amplia en la que el poder y la influencia política o económica deciden lo que está bien. Normalmente, en las judicaturas latinoamericanas hay cientos de miles y hasta millones de casos pendientes más allá del tiempo razonable de espera, y casi todos ellos tienen que ver con personas poco influyentes y pequeños negocios que no gozan de contratos con el Estado y no emplean *lobbies* poderosos. Así como las reformas económicas han estado condicionadas por el corporativismo, el mercantilismo de Estado, el privilegio, la transferencia de riqueza y la ley política —el sistema que engendró los males que se pretendía curar—, la insignificante reforma judicial ha tendido a reflejar el sistema que creó los problemas que debía en principio resolver.

El hecho de que las instituciones judiciales sirvan a los ricos y a los poderosos mucho mejor que al resto de la población no implica, desde luego, que los negocios formales gocen de todas las garantías que quisieran. Un sondeo realizado entre empresas estadounidenses relacionadas con las industrias química y farmacéutica en plena era reformista indicó que la mitad de las empresas estadounidenses consideran que la protección a la propiedad intelectual en la Argentina es muy débil y no facilita la transferencia de tecnología de punta a ese país: 55% de ellas opinaron lo mismo acerca de Colombia, 51% de Venezuela, 45% de México y 42% inclusive de Chile[368]. La piratería resulta, en este caso, una forma irónica de venganza por parte de quienes care-

---

[368] El sondeo fue realizado por Eduardo Buscaglia y J. L. Guerrero en 1995 y es citado en *Law and Economics in Developing Countries*, por Eduardo Buscaglia y William Ratliff, Stanford, Hoover Institution Press, 2000, p. 26.

cen de protección por la ausencia de Estado de Derecho, en contra de aquellos que gozan de mayores garantías a su propiedad pero que, aun así, están expuestos a la precariedad general, que signa a la sociedad en su conjunto.

Las reformas latinoamericanas han hecho, pues, que tres factores se alíen para perpetuar la corrupción: la multiplicación de oportunidades para el funcionario público, el debilitamiento de la sociedad civil y la ausencia de un sistema judicial digno de ese nombre.

CUARTA PARTE

EL CAMBIO

X. Rumbo a la libertad

No es posible decretar o legislar el desarrollo. Ocurre, sin embargo, que todos los países subdesarrollados son gobernados —tanto por socialistas, conservadores o liberales utilitaristas— como si lo fuera. El cambio requiere, ante todo, que la clase política acepte la impotencia de quienes detentan el monopolio de la coacción para forzar la prosperidad. Ninguna ley o decreto diseñado para impulsar la producción o distribuir la riqueza es capaz de convertir a un país pobre en un país próspero. Se atribuye a Napoleón la afirmación de que fue la vanidad la que hizo la Revolución, y que todo lo demás fue el pretexto. Se podría aplicar el mismo concepto al rol del Estado en América latina. Aceptar la impotencia de la coacción en el campo del progreso humano será, pues, un acto de extrema humildad política. Las instituciones de la civilización no resultaron del designio deliberado sino de una larga evolución.

Si se aborda la función del Estado desde esta prevención, ¿quiere lo anterior decir que los responsables de los asuntos públicos deben simplemente hacerse a un costado, sin mover un dedo? No. Como todo gobierno entrante hereda un grueso legado de leyes coactivas y normas que constituyen las vanidades acumuladas de administraciones y legislaturas previas, no puede quedarse de brazos cruzados. Ese legado lo conforman, en América latina, cientos de miles de reglas que gobiernan las vidas de los ciudadanos de cada país, junto con la burocracia que las ejecuta y una porción muy pobre de la sociedad cuya mera existencia ha pasado a depender del soporte del Estado.

Esas reglas son el alma del corporativismo, el mercantilismo de Estado, el privilegio, la transferencia de riqueza y la ley política. Pero esto no es lo único que todo gobierno hereda de sus antecesores. También hereda una sociedad subdesarrollada que funciona bajo dichas reglas, aun cuando su respuesta a la ley incluya la desobediencia y el uso de reglas paralelas, espontáneas.

Si el Estado no puede legislar el progreso pero preside, por herencia, un universo de normas coactivas y una sociedad que vive o sobrevive bajo esas normas, ¿qué puede hacer? Puede hacer muchas cosas, a partir de la premisa de que la reforma implica "deshacer" antes que "hacer". Si nunca hubiese visto la luz el sistema estatista, la desatención, por parte de las autoridades, de cualquier exigencia proveniente de una facción social no implicaría necesariamente una expectativa frustrada. Pero la situación dada es harto más delicada, pues la reforma pasa por anular muchos compromisos suscritos por las autoridades a lo largo del tiempo, lo que afectará, en el corto plazo, a beneficiarios ya existentes y a determinadas expectativas.

Las acciones que componen la reforma se dividen en cuatro categorías. Las primeras dos —expurgar la legislación y sancionar las opciones de los pobres— son ambos lados de una misma moneda. La tercera —apoderar al sistema de justicia— es una consecuencia natural de las dos anteriores. La última —brindar una transición amable y segura a aquellas personas cuya subsistencia o cuya salud y educación dependen del Estado— es la única respuesta humanitaria posible a la situación dada, hija de todo aquello que debe ser cambiado.

Expurgar la legislación, legitimar a los pobres

La primera misión entraña someter el cuerpo de leyes y normas a un escrutinio que juzgue a cada una de ellas a partir de un mismo patrón. ¿Qué patrón? El que fijan cinco preguntas: ¿Se refiere tal o cual decreto a los individuos en general o a ciertas corporaciones? ¿Hace esta o aquella ley que el éxito o el fracaso dependan de la interferencia del Estado? ¿Favorece esta otra norma a determinados grupos de personas y, por tanto, discrimina al resto? ¿Transfiere aquella legislación riqueza de un grupo de ciudadanos a otro? ¿Deriva esta ordenanza su poder coactivo, ya sea para forzar o para prohibir algo, de la ley política, es decir de la autoridad de los políticos y burócratas que tomaron la decisión o, más bien, de un principio superior del que esos políticos fueron celosos guardianes?

La segunda misión, reverso de la misma moneda, equivale a un acto de aprendizaje. El Estado se aboca a un escrutinio igualmente diligente de la respuesta que la gente ha dado a esas normas y leyes en su vida diaria. El foso abierto entre la ley escrita y la vida real, y por tanto entre los objetivos que el Estado se propuso realizar y la forma en que la sociedad se desvió de ellos, es una fuente de gran inspiración. Esto vale tanto para los casos en que la gente ignoró las leyes y las normas, como para los casos en que la coacción pudo imponerse, porque en el segundo caso, aunque el Estado haya logrado forzar una decisión determinada, no ha podido impedir que el efecto final de un reglamento se desviara de la intención original de sus creadores. ¿Cuál es el propósito de este procedimiento altamente complejo por el cual el Estado observa las múltiples formas en que la gente realiza sus actividades y conduce sus vidas? Se trata de algo simple: aprender cómo se conduce la gente y, excepto en aquellos casos en que existe una conducta criminal, cerciorarse de que ninguna ley o norma contradiga lo que las personas hacen en la vida real, a fin de santificar los usos, costumbres y opciones de los ciudadanos comunes.

Ambos procedimientos —expurgar la legislación y sancionar las opciones personales— están íntimamente vinculados. Si se expurga el poder del Estado de todo estatismo, se acaba por liberar a la sociedad, de manera que la mayor parte de las opciones de la gente común, que el Estado ya no pretenderá anticipar o determinar, automáticamente recuperarán legitimidad. Del mismo modo, si el gobierno se dedicara sólo a estudiar cómo la gente viola la ley para iniciar un negocio, vender o comprar un producto o servicio, ejercer la propiedad de una casa, resolver una disputa, organizarse para compartir los costos de objetivos comunes y desarrollar una comunidad, y luego respetara tales acciones, el resultado sería un conjunto de normas que en gran parte equivaldrían a limpiar de estatismo el orden legal existente.

Se hace necesario el doble procedimiento porque la imperfección humana y la excesiva acumulación de poder implican que aquellos que se dediquen a expurgar la ley existente pueden acabar produciendo, paradójicamente, un conjunto de instituciones que entorpezcan o contradigan la conducta de la gente. Someter el proceso de higiene política —la expurgación legal— a la prueba de la vida real constituirá una salvaguarda.

Este proceso fortalecerá al individuo. En todas las áreas —la política fiscal, tributaria, comercial, financiera, la legislación laboral, el régimen de inversiones— el efecto será la liberación del ciudadano latinoamericano de las garras del autoritarismo.

Los ciudadanos no serán explotados por una política monetaria que deprecie su dinero mediante la expansión artificial del crédito o la devaluación, ni por tasas de interés y tasas de cambio arbitrariamente altas que eleven sus costos y encarezcan sus productos en el exterior. No serán obligados a confiar en un único (y poco fiable) emisor de moneda.

Los ciudadanos no padecerán la competencia de ninguna entidad que pertenezca, esté subvencionada o sea protegida por el Estado, en actividad productiva o comercial alguna.

Los ciudadanos no serán objeto de impuestos simultáneos en el caso de productores, ahorradores, inversores y consumidores, ni serán castigados por crear más riqueza que otros (los impuestos a las ventas son en la actualidad las únicas fuentes significativas de ingreso fiscal; tiene sentido concentrar los impuestos en ese punto durante la transición a la sociedad libre, y abolir los impuestos a la renta, a las corporaciones y a las ganancias de capital; un reducido impuesto a las ventas vincula en cierta medida la tributación a la opción personal, forma más sana de encarar el proceso de expropiación que entraña todo cobro de impuestos).

Los ciudadanos no se verán forzados a pagar más de lo necesario por los bienes y servicios que utilizan a causa de aranceles directos o indirectos, y nada les será descontado para estimular las exportaciones de sus vecinos o para pagar un canon por querer exportar algún producto.

Los ciudadanos no serán despojados para premiar la irresponsabilidad de un banquero o las pérdidas en que incurra una institución financiera por créditos otorgados a los allegados al gobierno. Tampoco padecerán apremio legal alguno para gestionar créditos ni, en caso de ser inversores, para introducir y sacar dinero del país. No sufrirán restricciones en tanto sean proveedores de servicios financieros, por ejemplo, tener que depositar reservas en el Banco Central o sufrir las consecuencias de operaciones de mercado abierto orientadas a influir en las tasas de interés, ser impedidos de fijar esas tasas según su criterio o tener que acatar el encaje bancario (reserva fraccionaria), arbitrario y siempre cambiante.

Los ciudadanos no serán víctimas de expropiaciones para subvencionar los subsidios a otros, ni afrontarán barreras contra el libre acceso, sutiles o desembozadas, en la actividad legal que sea, ni impedimentos contra la obtención y libre disponibilidad de utilidades. Aquellos que ya participan en negocios agrícolas, industriales, comerciales o relacionados con cualquier tipo de servicio (incluyendo los básicos, la educación y demás áreas sensibles) no podrán impedir, con mandato legal alguno, directo o indirecto, originado en el sistema político, que otros ciudadanos entren o salgan del mercado, si así lo desean, para competir con los productores existentes por el favor de los consumidores o retirarse de él. Del mismo modo, las asociaciones profesionales no usurparán el rol de los tribunales impidiendo, con el uso de normas políticas y leyes, que las personas ejerzan una profesión.

A los ciudadanos no se les descontará dinero para financiar actividades sindicales contra sus deseos, y ellos podrán acordar salarios y otras prestaciones laborales mediante contrato privado directo con el empleador si así lo desean.

Éstos son unos pocos ejemplos de cómo expurgar la actual

legislación, eliminando su raíz explotadora —y atendiendo a los medios que los ciudadanos comunes han opuesto a la coacción en su vida diaria—, le dará poder al individuo. El proceso no desterrará la compasión, ni entronizará el egoísmo, ni destruirá el sentido de comunidad, abriendo las puertas a una lucha darwiniana por la supervivencia: eliminará el efecto perverso de la autoridad sobre la libre asociación y el libre intercambio entre ciudadanos comunes cuya disposición es, mayormente, pacífica, sensata y trabajadora. Los ciudadanos ejercerán la compasión y fortalecerán a su comunidad porque esos impulsos pertenecen a la condición humana y porque el clima social que resulta de tales inclinaciones es mucho mejor garantía de éxito individual y familiar que cualquier otro. La historia ha probado repetidamente que, mientras más libre es, la gente es también más responsable. Nada desarrolla tanto la fibra moral de un país como la libertad. Los ciudadanos de una América latina libre seguirán siendo seres humanos, no ángeles, pero la transformación de la ley se encargará de que sus mejores sentimientos encuentren recompensa y opongan una lucha mucho más eficaz que la actual a sus instintos menos saludables.

El sistema legal afecta la conducta a través de los incentivos y desincentivos desencadenados por la coacción y las recompensas, influyendo en las percepciones y evaluaciones de los individuos. Así, un marco institucional sostenido que garantice la libertad puede suscitar una evolución cultural en dirección a aquellos valores que hoy parecen alejar a América latina del capitalismo liberal.

La derogación de miles de leyes y normas, así como la transformación de la naturaleza misma del derecho, disminuirá lo que los economistas llaman los "costos de transacción" y ofrecerá una seguridad sin precedentes para los latinoamericanos. Soy escéptico con respecto a las cuantificaciones que anticipan y amalgaman en estadísticas las infinitas opciones de individuos libres, pero no hay duda de que la libertad traerá prosperidad. Hay quienes sostienen, por ejemplo, que un impuesto horizontal (*flat tax*) de 10% sobre la renta (algo que no estoy proponiendo) provocaría un aumento de los ingresos fiscales por un monto equivalente a 4% del PBI[369] y quizá —tomando en cuenta el hecho de que mucha de la economía sumergida pasaría a ser legal— hasta un 7%. Hay quienes afirman que, precisamente debido al fin del sistema que obliga a millones de personas a hacer negocios burlando la ley, un país como el Perú podría ver crecer su economía en más de 50%. Estas cifras suenan muy razonables, como lo serían cualesquiera otras que pronosticaran un aumento exponencial de la riqueza una vez liberada América latina. Limpiar el sistema legal de corporativismo, mercantilismo de Estado, privilegio, transferencia de riqueza y ley política acabará con la ciudadanía de segunda clase, la condición de millones de latinoamericanos. Y si hacer negocios cumpliendo la ley se vuelve menos oneroso de modo que inscribir una empresa suponga dos procedimientos, dos días laborables y pagos insignificantes, como ocurre en el Canadá, en lugar de 40 procedimientos, 82 días laborables y más de dos veces y media el PBI per cápita, como sucede en Bolivia[370], el volumen de riqueza que resultará de la reducción de los costos de transacción y del aumento de la seguridad opacará las estadísticas anticipatorias de los macroeconomistas. Cuando los británicos se liberaron de las restrictivas Leyes del Maíz a mediados del siglo XIX, se volvieron una potencia económica. Ni qué decir de las sorpresas que ocurrirán cuando los latinoamericanos se liberen de miles de Leyes del Maíz.

---

[369] Alan Reynolds, "The Case For Radical Tax Reforms in Latin America", en *Fighting the War of Ideas in Latin America*, editado por John Goodman y Ramona Morotz-Baden, Dallas, National Center for Policy Analysis, 1990, pp. 235-236.

[370] Simeon Djankov, Rafael La Porta, Florencio López de Silanes y Andrei Schleifer, "The Regulation of Entry", *Harvard Institute of Economic Research, Discussion Paper Number 1904*, Cambridge, Mas., Harvard University, 2000, pp. 1, 35-37. Véase http://post.economics.harvard.edu/hier/2000 papers/2000list.html

Darle poder al sistema judicial

Las reformas propuestas carecen de sentido sin un sistema judicial. En América latina, no hay un sistema de justicia. Lo que hay es un sistema político: los tribunales son sus instrumentos. En los casos en que no se da la corrupción, o la persecución por razones políticas, y la gente logra acceder a los tribunales, lo que pasa por sistema judicial es una institución que sólo aplica el cuerpo de leyes, normas y reglamentos —varios cientos de miles en cada país— que fluyen del sistema político. Los tribunales son agencias del orden de un Estado basado en el corporativismo, el mercantilismo de Estado, el privilegio, la transferencia de riqueza y la ley política.

Para que tenga lugar la transformación del sistema político, debe ver la luz un sistema de justicia. Ya que, en buena medida, la esencia de la reforma consiste en sustraer a la ley de la esfera política para restaurar derechos y libertades, los tribunales de justicia deben pasar a ser los nuevos anfitriones del proceso legal. Su función no será, desde luego, la de producir leyes como lo hacían antes los políticos. Esto sencillamente convertiría a los tribunales de justicia en la nueva versión del viejo Estado. El sistema de justicia resolverá disputas basándose en principios de derecho que, divorciados del sistema político, se habrán convertido en garantías inalienables de la libertad de las personas. Esos principios deberán ser claramente consagrados en alguna forma de Constitución hasta que el curso natural de la sociedad haga de ella un documento innecesario, si alguna vez lo hace. Aun cuando el derecho consuetudinario (*common law*) es una mejor tradición que la de los códigos legales, no es inconcebible que unos códigos simples y claros otorguen ciertas pautas a los jueces, siempre y cuando no se desvíen en lo más mínimo de los principios constitucionales de la libertad.

Una razón esencial de que la reforma "neoliberal" nunca fue verdaderamente liberal es que atacó el tamaño del Estado —el síntoma— sin atacar el rol del Estado como fuente de las reglas que gobiernan la economía y la vida en general. Así, y paradójicamente, el tamaño mismo acabó creciendo. Aun en caso de no haber sido privatizado ningún activo estatal, los resultados habrían sido mucho mejores, y mayor el avance del capitalismo liberal, si se hubiera transformado de raíz el rol del Estado en tanto que instancia responsable de fijar las reglas. Con verdaderas reformas y sin estatismo, las normas recuperarán legitimidad y su autoridad será mayor. Bajo un sistema en el que no haya un Estado que limite la libertad de las personas y en el que, a través de los tribunales de justicia, se proteja la vida, propiedad y el derecho de cada ciudadano a llevar sus asuntos como lo desee, es impensable la crisis de legitimidad que sufrió el Estado latinoamericano en los siglos XIX y XX. La reforma pasa por sustraer de la esfera del Estado las causas mismas de su ilegitimidad. ¿Qué hay de menos compasivo que un Estado que invade la libertad de una persona y usa los tribunales para ejecutar, precisamente, las leyes que esos tribunales deberían estar atajando a fin de preservar los derechos individuales, lo que, después de todo, es su misión?

Los tribunales no producirán resultados impecables de modo automático. Los actuales jueces no están tan bien entrenados como deberían para comprender cada conflicto que pueda surgir en la economía moderna. Imponiendo severas restricciones al poder y por tanto también al criterio de los jueces —que se deben a los principios de los que se desprenden los derechos individuales—, se allana el camino para que los tribunales funcionen mucho mejor. Todo lo demás, incluida la adecuación a los avances tecnológicos y demás complejidades modernas, fluirá de la flexibilidad y apertura de un sistema que, independizado de la ley política, estará más cerca del pueblo.

Durante la transición y por muchos años, no cabe duda de que aquellos que antes usaron el sistema político para obtener favores y excluir a otros de actividades que pretendían controlar, intentarán hacer de los tribunales el instrumento de sus intereses. Pero, como los tribunales ya no estarán sujetos a la ley política y por tanto tendrán poder para cumplir su función, los incentivos para acatar los deseos de los intereses creados serán mucho menores. Al mismo tiempo, una sociedad civil mucho más vibrante, activa y vigilante gracias a las circunstancias de su nueva libertad, dispondrá de más armas para denunciar esas pretensiones. Tendrá, por primera vez, a la ley de su parte. Los intereses creados no se esfumarán, pero el poder del sistema judicial tendrá por lo general la capacidad de hacerles frente.

Al igual que con la expurgación de la ley, la metamorfosis de los tribunales pasará por prestar atención estrecha a la forma en que la gente del común ha venido llevando sus asuntos y negocios. Como la justicia no será impuesta a los litigantes sino que fluirá de los diversos casos de acuerdo con ciertos principios, en lugar de responder a leyes y normas políticas, tendrá sentido aprobar los múltiples usos con que los pobres, excluidos del laberinto judicial, se han organizado para establecer métodos alternativos de solución de disputas. El nuevo ordenamiento debe alentar y proteger a los jueces de paz, los árbitros y otras instancias locales, descentralizadas, de la solución de disputas, como las que existen en las comunidades campesinas de los Andes.

Un aterrizaje amable

Es un hecho que, por obra del ordenamiento que ha prevalecido en América latina, muchas personas han resultado dependiendo del Estado para la satisfacción de sus necesidades básicas. Millones de seres dependen de diversas formas de asistencia social para la mera supervivencia. De un modo más general, una mayoría de la población depende del Estado para acceder a la salud y la educación[371]. Esta dependencia es en gran parte una condición acumulativa, creada, década tras década, por la ausencia de libertad y el desplazamiento de la responsabilidad hacia el se-

---

[371] Se ofrece un análisis del estado calamitoso de la educación estatal en América latina en comparación con la del Asia oriental, donde el énfasis ha estado en el desarrollo del capital humano en vez de la redistribución de riqueza, en *Doing It Wrong and Doing it Right: Education in Latin America and East Asia*, por William Ratliff, Stanford, Hoover Institution Press, 2003.

no del Estado. El desafío de la reforma liberal consiste en conciliar el objetivo de hacer retroceder al Estado con la supervivencia de aquella porción de la sociedad que ya depende del Estado para cubrir necesidades básicas como la alimentación y el techo, así como dos servicios, la salud y la educación, considerados vitales aun cuando no entrañen para la mayoría situaciones de vida o muerte.

En rigor, limpiar el cuerpo de normas oficiales de toda forma de corporativismo, mercantilismo de Estado, privilegio, transferencia de riqueza y ley política anulará estas prestaciones estatales, ya que todo aquello que no tenga que ver con la defensa, el orden público y la judicatura entraña un expolio. ¿Qué hacer?

A la larga, la libertad dará a las personas los medios para sobrevivir y acceder a la salud y la educación, servicios que, exentos de intervención gubernamental y sujetos al poder de los consumidores, serán ofrecidos a bajo costo (muchas corporaciones privadas, como ocurre en los países desarrollados, tenderán de modo natural a atraer personal y mantener la lealtad de quienes ya están empleados ofreciendo cubrir los costos del seguro de salud con una modesta contrapartida por parte del trabajador). La caridad se habrá desplazado del seno del Estado al corazón de los individuos y, a través de instituciones privadas, la sociedad se ocupará de los desposeídos, una minoría pequeña, con mucho más altruismo del que mueve a Estado alguno. Pero mientras que la transición va multiplicando las oportunidades y devolviendo un sentido de responsabilidad a cada individuo (llegará el día en que resulte inconcebible para un ciudadano no dedicar voluntariamente una porción de sus ingresos a la educación de los hijos y a las cuentas médicas), ¿qué clase de aterrizaje vamos a ofrecer a aquellos pasajeros que se encuentran ya en el avión equivocado?

Deben prevalecer tres principios. El Estado no proveerá ninguno de los servicios en cuestión, sólo los medios para acceder a ellos. El Estado focalizará los subsidios —ya sea en la forma de créditos tributarios, vales, dinero efectivo o préstamos— sólo en aquellas personas que no estén en condiciones de pagarlos. Por último, se fijará un cuidadoso calendario para la gradual eliminación de estos subsidios, aun si el proceso se extiende a lo largo de mucho tiempo; el calendario se irá ajustando de modo que refleje las condiciones de los beneficiarios, pero en ningún caso funcionará bajo la premisa del derecho permanente. La reducción escalonada de los subsidios permitirá disminuir aun más el impuesto a las ventas que alimentarán los ingresos del Estado durante la transición.

La transición de la dependencia a la independencia puede empezar a apoderar rápidamente a aquellos ciudadanos cuyas necesidades esenciales son ahora satisfechas por el Estado. Una difusión masiva, entre los ciudadanos, de los activos actualmente en poder del Estado (acto, ante todo, de justicia) multiplicará la propiedad y el capital, y surtirá alicientes para la administración productiva (los entes reguladores, por su parte, deben ser abolidos). Como los activos deben ser devueltos a la sociedad civil, no pueden dejar de ser transferidos a alguien. Ya que los trabajadores y administradores han mezclado su trabajo con los recursos que serán privatizados, y ya que la privatización —una acción del gobierno— puede, en el corto plazo, afectar a quienes dependen de un puesto estatal, es justo transferirles las acciones a ellos, en proporción alícuota. Los nuevos dueños podrán disponer de esas acciones como lo crean conveniente. Este proceso incluirá la transferencia de escuelas públicas y centros de salud estatales a los profesores y médicos, y de las estaciones de televisión del Estado a los trabajadores de la esfera de la cultura actualmente empleados en esa área. Como, en virtud del sistema estatista, otros ciudadanos, no directamente empleados por el Estado, dependen de él para su mera subsistencia, también tiene sentido extender a quienes viven en la extrema pobreza el acceso a la propiedad de algunos de los activos que serán privatizados (ellos pasarán, junto con los actuales trabajadores y administradores estatales, a ser los nuevos accionistas). El principio que alienta esta acción es el de la justicia compensatoria ante una situación que constituye consecuencia evidente del estatismo. A diferencia de todas las demás personas perjudicadas por el estatismo, los ciudadanos que viven en la extrema pobreza no dependen parcial sino totalmente de las dádivas del Estado. Esa dependencia integral crea una oportunidad filosófica para incluirlos entre los beneficiarios de las transferencias. Extender la propiedad más allá, a la sociedad en general, puede implicar un número tan grande de acciones que haga imposible la privatización. Existen, desde luego, razones filosóficas para propugnar una transferencia a *todos* los ciudadanos, pero mi propuesta se circunscribe a los trabajadores, los administradores y los ciudadanos que viven en la extrema pobreza, cuyas vidas dependen en la actualidad del Estado.

La participación de los trabajadores en la propiedad de empresas en las que trabajan ha mejorado el rendimiento general en los Estados Unidos, donde la quinta parte de los empleados poseen acciones en las compañías de las que son asalariados. Un estudio reciente indica que la productividad aumenta el primer año en que una compañía otorga a sus trabajadores participación en las acciones, y que en los años siguientes la productividad continúa siendo mayor que la de otras empresas[372]. El principio de la participación de los empleados en la propiedad de las empresas ya fue invocado en los Estados Unidos desde la administración de Thomas Jefferson. Albert Gallatin, secretario del Tesoro de Jefferson, afirmó: "El principio democrático sobre el que fue fundada esta nación no debería circunscribirse a los procesos políticos sino que debería aplicarse a la operación industrial"[373]. En América latina, la privatización de empresas estatales mediante programas de difusión masiva del acceso a las acciones entre los trabajadores no sólo estimulará el compromiso con el proceso económico y potenciará la productividad: en lo inmediato, afir-

---

[372] Douglas Kruse, "Research Evidence on Prevalence and Effects of Employee Ownership", testimonio ante el Subcomité de Relaciones Empleador-Empleado, Comité de Educación y Empleomanía, Cámara de Representantes de los Estados Unidos, 13 de febrero, 2002. Véase http://www.nceo.org/library/kruse_testimony.html

[373] La frase es citada por Douglas Kruse en "Research Evidence on Prevalence and Effects of Employee Ownership", testimonio ante el Subcomité de Relaciones Empleador-Empleado, Comité de Educación y Empleomanía, Cámara de Representantes de los Estados Unidos, 13 de febrero, 2002. (*T. del A.*) Véase http://www.nceo.org/library/kruse_testimony.html

mará la transición, convirtiendo en oportunidades e incentivos las incertidumbres relacionadas con la estabilidad laboral una vez que las empresas pasen a ser privadas. Nada contribuirá más a desarrollar la fibra moral que requiere la sociedad libre y responsable que ver sus efectos positivos desde el comienzo. Pero hay una razón adicional por la cual la difusión de la propiedad facilitará la transición a la sociedad libre: fortalecerá la capacidad de los ciudadanos para hacer frente a futuras transgresiones contra su libertad por parte de los representantes políticos.

En vista de que las autoridades son siempre un peligro para la libertad de los pueblos, la propiedad puede conferir a los ciudadanos un arma para la protección de su espacio. Isabel Paterson aludía a esta idea en *The God of the Machine*, cuando escribió: "Si el representante asume el cargo simplemente como expresión formal de una opinión o señal, se piensa que debe estar sujeto, de la misma manera, a futuras opiniones. Por lo contrario, como se permite al representante desatar *verdadera energía física*, ninguna señal futura será obedecida *a menos que los votantes retengan bajo su control privado un poder de resistencia correspondiente pero preponderante contra cualquier uso inadecuado del poder delegado en sus representantes*"[374].

La concesión de un estatus legal —consecuencia directa del fin del costoso y discriminador sistema jurídico— a la multitud de asociaciones vecinales de los barrios populares, muchas de las cuales son de origen familiar, les permitirá, gradualmente, acceder al crédito o a donaciones caritativas en casa y en el extranjero, lo que equivaldrá a disminuir su dependencia y a aumentar su responsabilidad. Pero hay una forma en que el Estado puede ayudar a dejar de ser indispensable para los pobres: permitiendo que se conviertan en compañías las organizaciones que ahora funcionan exclusivamente como canales de transmisión de los subsidios estatales. En vista de que los pocos subsidios restantes ya no irán en forma de productos o servicios sino de dinero o fór-

---

[374] Isabel Paterson, *The God of the Machine*, Nueva York, Putnam, 1943, p. 288. *(T. del A.)*

mulas equivalentes, estas organizaciones, instancias intermedias entre el individuo y el todopoderoso Estado, adquirirán total autonomía con respecto a los burócratas estatales, siéndoles posible, de forma progresiva, recaudar fondos de fuentes privadas y dedicarse a actividades productivas. Muchas de ellas poseen magníficas redes de voluntarios, descentralizadas y con arraigo en los barrios populares, a través de las cuales se distribuyen en la actualidad los alimentos y otros abastos básicos. En cada localidad, son grupos de familias, con presencia preponderante de las mujeres, quienes están a cargo. La conversión de redes pasivas de distribución de subsidios en compañías productivas propiciará la gradual transición de la dependencia a la responsabilidad, de la sociedad antiética a la sociedad ética. La difusión de la propiedad y la transformación de la naturaleza legal de los canales de distribución de subsidios son, pues, dos formas en que el Estado, a medida que se desprende de su antiguo rol, desencadenará la expansión de la sociedad civil.

¿Y qué ocurrirá con la salud y la educación? ¿Hay alguna manera de que el Estado facilite la transición de la cultura de la dependencia a la cultura de la responsabilidad?

En el norte de los Estados Unidos, la educación obligatoria y financiada con el dinero de los contribuyentes no se difundió hasta la década anterior a la Guerra de Secesión, mientras que en el sur el sistema no se importó hasta después del conflicto[375]. En América latina, la educación estatal no abarcó a un segmento grande de la población hasta finales del siglo XIX. Desde entonces, no ha sido instrumento del desarrollo sino del subdesarrollo, a pesar de gozar de una proporción del presupuesto fiscal superior a la de otras partes del mundo (en los comienzos ayudó a reducir el analfabetismo). En las últimas tres décadas, se ha ampliado la brecha entre América latina y otras regiones en vías de desarrollo: en promedio, los latinoamericanos tienen dos años menos de escolaridad de lo que cabría esperar dado su ingreso

---

[375] Jeffrey Rogers Hummel, *Emancipating Slaves, Enslaving Free Men*, Jeffrey Rogers Hummel, Chicago, Open Court, 1996, p. 315.

per cápita, nivel muy inferior al de Asia y similar al de África subsahariana. Un porcentaje pequeño de la población completa la educación secundaria o superior; las universidades están divorciadas de la vida productiva y no contribuyen a ningún tipo de investigación tecnológica. Entre 30 y 40% del financiamiento estatal está concentrado en el nivel universitario, lo que equivale a redistribuir riqueza de abajo hacia arriba, ya que quienes optan por la educación superior son los más acomodados. Los trabajadores calificados, que son pocos en términos relativos, ganan mucho más que el resto: el sistema educativo resulta una fuente de desigualdad, aquello que, se suponía, debía corregir. Las limitaciones de salud y las carencias nutritivas agravan, por cierto, los problemas de la educación primaria. Ambas cosas tienen que ver con la deficiencia, más general, de la sanidad pública, que, al igual que la educación, absorbe entre 3 y 4% del PBI de cada país, proporción de ningún modo menor que la de los países desarrollados, de mejor rendimiento[376].

La transición a la sociedad libre requiere que el Estado deje de proveer el servicio de la educación y provea, más bien, de acuerdo con la vieja fórmula de Milton Friedman, los fondos para que los padres que no puedan afrontar el costo ejerzan las opciones que el actual sistema no permite, y los estudiantes accedan a las instituciones actualmente reservadas para una ínfima minoría. Siempre y cuando el Estado no sofoque la competencia, los costos y tarifas de la educación privada no serán muy altos. Siempre y cuando el Estado no limite la iniciativa ejerciendo una dictadura sobre el currículum, las escuelas ofrecerán a los padres un tipo de educación más pertinente y comprometida. Siempre y cuando el Estado no imponga barreras entre el aprendizaje y la empresa, la educación estará firmemente enrai-

---

[376] Nancy Birdsall, Nora Lustig y Leslie O'Connell, "The United States and the Social Challenge in Latin America: The New Agenda Needs New Instruments", en *The United States and the Americas: A Twenty-First Century View*, editado por Albert Fishlow y James Jones, Nueva York, Norton, 1997, p. 95. La estadística se basa en las cifras del Banco Interamericano de Desarrollo.

zada en la vida productiva de la sociedad y las instituciones del conocimiento serán motores del progreso científico y tecnológico (como lo es, por ejemplo, el Instituto Tecnológico de Monterrey en México, notable excepción latinoamericana).

Diversos países han dado pasos en dirección al sistema de subsidio directo a las personas, en reemplazo de la provisión estatal directa de los servicios de la salud y la educación. El efecto es siempre el mismo: ampliar las opciones disponibles para el público. Peter Bauer dio en el clavo cuando escribió: "La ampliación del abanico de opciones, es decir el aumento de las alternativas reales a disposición de la gente, es para mí el objetivo y el criterio principal del desarrollo económico"[377]. Nueva Zelanda separó la adquisición y la provision de los servicios relacionados con la salud estableciendo cuatro autoridades regionales que utilizan fondos del Estado para comprar servicios médicos a proveedores privados que son libres de competir por los contratos. En materia de educación, se introdujo un cobro a nivel universitario y se puso a disposición de los estudiantes —para cubrir el costo de la enseñanza lo mismo que el costo de vida— préstamos garantizados por el Estado que se devuelven a través del sistema tributario. En Chile, está vigente desde hace algunos años un tipo de vale o bono escolar: el resultado ha sido que un 45% de los estudiantes van a escuelas privadas (la cifra incluye al 10% que paga la escuela de su propio bolsillo), mientras que 55% de ellos van a escuelas públicas administradas por los gobiernos locales. De forma gradual, las escuelas solicitan pagos suplementarios a los beneficiarios del programa de vales escolares. En vista de que la reforma no ha ido lo bastante lejos (entre otras cosas, el Estado aún controla el currículum), las pruebas de matemáticas y ciencias realizadas a chicos de 13 años muestran que ese país sigue detrás de naciones más pobres como Túnez e Indonesia, aunque va mejor que el resto de América latina, donde la reforma ha sido escasa o nula (ha habido una reforma limitada en Nicaragua y un plan piloto de vales escolares en una provincia co-

---

[377] Peter T. Bauer, *Economic Analysis and Policy in Underdeveloped Countries*, Durham, N.C., Duke University Press, 1957, p. 113. *(T. del A.)*

lombiana)[378]. El Estado chileno también ha transitado lentamente de la provisión de servicios relacionados con la salud a un sistema que permite a los individuos salir del programa estatal y destinar parte de sus ingresos a la compra de un seguro privado. Más de un tercio de los trabajadores ha pasado al sistema privado.

Estas reformas no equivalen a una transición cabal hacia un sistema en el que el Estado resulte sólo proveedor de fondos directamente otorgados a los beneficiarios para que puedan tener acceso a instituciones privadas muy superiores, y en el que la ausencia de criterio político permita a muchas más organizaciones ofrecer servicios de salud y educación a precios verdaderamente competitivos, elevando de modo sustancial la calidad de vida.

La transición misma, como vimos en el caso de la extrema pobreza, generará instituciones intermedias que fortalecerán la fibra social y abrirán las puertas a una cooperación más fructífera y sana entre los individuos.

Ya existen en muchos países asociaciones de padres de familia formadas con el propósito de recaudar fondos para comprar desde lápices hasta cemento o ladrillos. Cuando accedan al registro legal, les será posible también comprometerse en la educación de los hijos a través de mecanismos que obliguen a los profesores a rendir cuentas, y hasta participar en la oferta de educación privada.

Como cesará la discriminación legal y las iglesias protestantes, asociaciones laicas y otras organizaciones relacionadas con la fe estarán en pie de igualdad con el catolicismo, toda clase de grupos religiosos afincados en los barrios populares podrán jugar un papel en la educación y aun en el cuidado preventivo de la salud del público.

Como el sistema de impuestos será transformado y el capital será liberado de los actuales constreñimientos, surgirá el mecenaz-

---

[378] Se ofrece el resultado de una investigación comparativa acerca de los diversos tipos de escuelas que hay en Chile en "Compassion in Chile: School Vouchers in Chile Yield Resulta", por Marvia Olaski, *Compassion & Culture*, Washington D.C., Capital Research Center, enero 2003.

go privado: ha ocurrido en todas las sociedades en las que el Estado no lo ha desalentado. La educación será beneficiaria directa de esta novedad. Habrá otras formas, más indirectas, de contribuir a la educación de los individuos. Una vez que puedan formar parte del sistema legal, las asociaciones de artesanos y otros grupos culturales de raigambre vecinal podrán competir por fondos privados.

Como desaparecerá la discriminación contra todos los tipos de educación, la enseñanza en el hogar será otra opción posible, con la consiguiente participación de la familia en la educación de los hijos, y acaso mediante la reunión de varias familias del vecindario.

Las nuevas universidades, institutos de tecnología y colegios técnicos dejarán de estar en desventaja por obra de la protección oficial de los centros ya establecidos. En consecuencia, habrá una mayor y mejor oferta de instituciones de educación superior y la competencia reducirá los costos.

Toda clase de asociaciones deportivas gozarán de acceso al estatus legal, en pie de igualdad con instituciones deportivas anteriormente consideradas como oficiales y otro tipo de organizaciones. Aumentará el acceso a los fondos privados a medida que sean eliminadas las cargas contra el capital privado —tales como la doble o triple tributación— y el dinero esté disponible con mayor facilidad.

Rumbo a la libertad

El estadista británico Edmund Burke definió a la Revolución Americana como "una revolución no realizada, sino prevenida"[379]. La idea moderna de revolución —nacida en el siglo XVIII— gira en torno a la subversión violenta del orden establecido y el surgimiento de una autoridad central todopoderosa. La vieja idea, más literal, evocaba la imagen de la rueda girando hacia su posición original: el regreso de las cosas a su lugar. Al restaurar la libertad,

[379] La frase es citada por Gregory Wolfe, *A New Dawn of Liberty: The Story of The American Founding*, Century City, Cal., The Henri Salvatori Foundation, 1992, p. 13. *(T. del A.)*

la condición justa del individuo, los héroes estadounidenses emprendieron la segunda forma de revolución y sí, de acuerdo con la lúcida descripción de Burke, previnieron la primera.

La historia de América latina es la historia de la violencia contra el individuo, una revolución recurrente del tipo equivocado. Demasiados síntomas de soberanía individual parpadeando en la espesa noche de la opresión nos indican que ése no es un destino inevitable de los latinoamericanos. La recurrencia, generación tras generación, de los cinco principios de la opresión, sin embargo, ha grabado en la mente de mucha gente ciertos supuestos que conspiran contra su propia liberación. Existe una inercia de la opresión. La idea de que ciertas cosas no pueden ser diferentes, de que la culpa del daño que acarrean ciertas instituciones es causado por determinados individuos a cargo de ellas y no por la naturaleza misma de dichas instituciones, debe ser disipada.

Ya es hora, pues, de que la rueda gire de regreso a esa posición original que nunca existió en la historia conocida de la región, pero que desde tiempos inmemoriales parece ser la aspiración común —una suerte de nostalgia— de aquellos que dan lo mejor de sí, hasta ahora con resultados dolorosos, a fin de sobrevivir y derrotar las adversidades que el poder arroja en su camino. En rigor, no es una aspiración puramente latinoamericana. Todas las naciones que se han liberado de la servidumbre parecen haber respondido a su nueva libertad con la familiar resolución de individuos que, aun sin estar acostumbrados a ella en la práctica por culpa de antiguas tradiciones de opresión, nunca han cesado de procurar, en su entraña, una condición más justa para ellos. Es cierto: habitan la sociedad humana instintos no menos poderosos de violencia contra la libertad y, por tanto, una vez conquistada, la libertad es una revolución permanente del tipo restaurador, nunca un hecho concluido.

Uno de estos días, América latina emprenderá la revolución acertada, previniendo la enésima revolución del tipo equivocado. Entonces, a contrapelo de los enemigos de la libertad, que nunca cesarán de estar activos, empezará lo que promete ser una apasionante revolución permanente para hacer girar la rueda del individuo hacia su justo lugar.

APÉNDICE*

Crecimiento promedio del PBI per cápita real en América latina

	2000-2003	2004 (estimación)
Argentina	–3,9	2,8
Bolivia	0,1	2,1
Brasil	0,8	1,8
Chile	1,9	3,2
Colombia	0,3	1,7
Costa Rica	0,2	0,7
República Dominicana	0,9	–1,0
Ecuador	1,7	3,2
Guatemala	0,0	0,9
Honduras	0,5	0,0
México	0,7	1,9
Nicaragua	0,0	1,0
Panamá	0,2	1,3
Perú	1,5	2,4
Uruguay	–4,8	3,9
Venezuela	–6,9	5,6

Fuente: Fondo Monetario International.

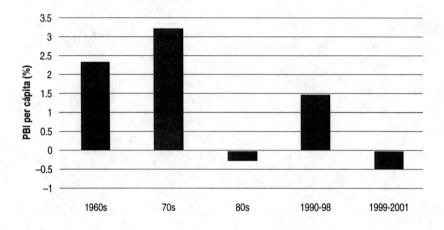

Crecimiento económico en América latina

Fuente: Banco Mundial y Comisión Económica para América Latina y el Caribe (CEPAL).

Tamaño del Estado. Año 2001/2000

	PBI per cápita (US$ 1995 constantes)	Consumo general del Estado (% del consumo total)	Empresas e inversiones del Estado (% de la inversión bruta)	Formación bruta de capital (% del PBI)	Ahorro interno bruto (% del PBI)	Impuestos s/ renta, utilidad y plusvalía (% de impuestos totales)	Impuestos s/renta, utilidad y plusvalía (% de ingresos actuales)	Comercio (% del PBI)
Argentina	7.933	17,00	5,90	15,90	15,30	18,70	17,00	22,20
Bolivia	952	15,80	33,80	18,20	10,70	9,90	8,00	42,60
Brasil	4.624	24,90	17,10	20,50	19,20	23,00		
Chile	5.354	16,50	28,20	23,40	24,50	22,90	18,40	62,60
Colombia	2.290	27,10	40,20	12,20	13,70	42,30		
Costa Rica	3.912	22,90	23,20	17,10	19,30	14,50	13,00	94,30
R. Dominicana	2.062	10,90	24,80	23,70	14,20	69,10		
Ecuador	1.425	13,30	18,10	16,80	28,40	73,20		
El Salvador	1.752	10,40	23,40	17,00	1,80	24,20	20,10	70,30
Guatemala	1.558	8,40	16,40	16,80	8,90	47,90		
Honduras	711	16,10	35,00	21,00	98,70			
México	3.819	14,20	10,50	23,30	21,50	64,60		
Nicaragua	466	17,10	48,30	34,40	−6,60	14,10	12,80	121,30
Panamá	3.279	22,10	17,10	30,20	24,40	72,10		
Paraguay	1.700	9,20	35,70	22,10	7,00	55,60		
Perú	2.368	13,40	20,80	20,10	18,20	24,70	20,10	33,80
Uruguay	6.115	15,30	23,00	13,90	12,50	16,90	15,00	40,00
Venezuela	3.300	10,00	42,40	17,50	29,90	42,90	27,80	46,40

Fuente: Banco Mundial y *Economic Freedom of the World, 2003 Annual Report*, The Fraser Institute.

Comercio. Año 2001

	Arancel promedio (%)
Argentina	12,6
Bolivia	9,5
Brasil	14,4
Chile	8,0
Colombia	12,8
Costa Rica	5,4
República Dominicana	9,0
Ecuador	12,8
El Salvador	7,4
Guatemala	7,2
Honduras	7,9
México	16,2
Nicaragua	3,2
Panamá	9,5
Paraguay	10,9
Perú	13,0
Uruguay	11,1
Venezuela	7,5

Fuente: *Economic Freedom of the World, 2003 Annual Report*, The Fraser Institute.

Reglamentos

	Usos de contratación y despido	Nuevos emprendimientos	Tiempo dedicado a la burocracia estatal
Argentina	2,4	2,7	5,0
Bolivia	3,8	2,8	4,3
Brasil	5,5	4,6	6,3
Chile	3,2	4,9	6,3
Colombia	2,9	3,4	6,0
Costa Rica	5,5	4,0	5,3
República Dominicana	4,6	4,8	5,8
Ecuador	2,9	2,9	5,5
El Salvador	6,4	5,2	7,0
Guatemala	4,6	3,8	4,8
Honduras	3,3	2,0	5,5
México	3,1	3,0	4,3
Nicaragua	5,9	4,0	7,0
Panamá	2,5	4,9	6,0
Paraguay	2,2	4,2	6,0
Perú	4,9	2,9	5,8
Uruguay	2,7	3,5	5,8
Venezuela	3,2	3,0	5,3

Fuente: *Economic Freedom of the World, 2003 Annual Report*, The Fraser Institute.

Las cifras miden el clima reglamentario en una escala del 1 (menos libre) al 10 (más libre).

Los sistemas legales

	Independencia judicial	Tribunales imparciales
Argentina	1,0	1,4
Bolivia	1,4	2,1
Brasil	5,3	4,6
Chile	5,4	5,4
Colombia	3,9	4,0
Costa Rica	5,9	5,5
República Dominicana	3,8	3,3
Ecuador	1,0	1,3
El Salvador	3,3	3,9
Guatemala	1,7	1,9
Honduras	1,7	2,0
México	3,0	3,4
Nicaragua	1,5	2,2
Panamá	2,5	3,2
Paraguay	1,7	1,9
Perú	2,2	3,0
Uruguay	7,1	5,2
Venezuela	0,5	0,9

Fuente: *Economic Freedom of the World, 2003 Annual Report*, The Fraser Institute.

Las cifras miden los sistemas legales en una escala del 1 (menos independiente e imparcial) al 10 (más independiente e imparcial).

Reglas de Acceso (para que una nueva compañía opere legalmente)

	Número de procedimientos	Tiempo en días laborables	Costo (% del PBI per cápita: 1997)
Argentina	24	71	23
Bolivia	40	82	260
Brasil	30	67	67
Chile	24	78	11
Colombia	34	55	12
Ecuador	24	141	15
México	30	112	57
Panamá	14	14	31
Perú	28	171	21
Uruguay	18	105	5,5
Venezuela	30	124	11

Fuente: Simon Djankov, Rafael La Porta, Florencio López de Silanes, Andrei Scleiler, Harvard Institute of Economic Research.

Tamaño de la economía informal. Año 2000

	% del PBI	US$ actuales (en miles de millones)	PBI per cápita
Argentina	25,4	704,7	1.894,8
Bolivia	67,1	54,1	664,3
Brasil	39,8	2.267,7	1.424,8
Chile	19,8	134,9	908,8
Colombia	39,1	308,3	789,8
Costa Rica	26,2	38,3	998,2
República Dominicana	32,1	59,8	683,7
Ecuador	34,4	42,6	416,2
Guatemala	51,5	96,5	865,2
Honduras	49,6	28,7	426,6
México	30,1	1.684,9	1.526,1
Nicaragua	45,2	9,5	180,8
Panamá	64,1	60,1	2.089,7
Perú	59,9	311,0	1.245,9
Uruguay	51,1	99,0	3.066,0
Venezuela	33,6	400,0	1.448,2
Promedio	41,81	396,57	1.166,19

Fuente: Friedrich Schneider, "Size and Measurement of the Informal Economy in 110 Countries Around the World", *Survey*, Universidad Jonannes Kepler, Linz.

Crecimiento Económico: década de 1990

	Crecimiento del PBI per cápita promedio anual consolidado (%)	Crecimiento de la formación de capital promedio anual consolidado (%)
Argentina	4,6	2,5
Bolivia	1,8	3,3
Brasil	0,1	2,6
Chile	6,1	6,8
Colombia	1,9	3,8
Costa Rica	1,4	4,6
México	1,2	2,4
Perú	2,8	2,9

Fuente: André A. Hofman, Comisión Económica para América Latina y el Caribe (CEPAL).

Productividad: década de 1990

	Crecimiento de la productividad del capital promedio anual consolidado (%)	Crecimiento de la productividad laboral promedio anual consolidado (%)
Argentina	2,7	4,3
Bolivia	1,0	0,8
Brasil	−0,7	0,4
Chile	0,9	4,8
Colombia	−0,2	1,6
Costa Rica	−0,6	0,9
México	0,7	0,0
Perú	1,7	1,6

Fuente: André A. Hofman, Comisión Económica para América Latina y el Caribe (CEPAL).

Índice

ESTUDIOS DE POLÍTICA ECONÓMICA DEL INDEPENDENT INSTITUTE

Para información adicional y un catálogo de nuestras publicaciones, por favor contacte:
THE INDEPENDENT INSTITUTE
100 Swan Way, Oakland, California 94621-1428, EE.UU.
510-632-1366 · Fax 510-568-6040 · info@independent.org · www.independent.org